本书出版得到云南大学一流大学建设项目（项目编号：C176210207）、云南大学国家社科基金培育项目（项目编号：18YNUGSP017）、云南省教育厅科学研究基金项目（项目编号：2020J0045）资助，谨致谢忱

对外汉语语素法、语境法对比研究
——基于阅读课的词汇教学实验

赵玮 著

中国社会科学出版社

图书在版编目（CIP）数据

对外汉语语素法、语境法对比研究：基于阅读课的词汇教学实验 / 赵玮著．
—北京：中国社会科学出版社，2020.10
ISBN 978-7-5203-7243-5

Ⅰ.①对⋯ Ⅱ.①赵⋯ Ⅲ.①汉语—词汇—对外汉语教学—教学研究 Ⅳ.①H195.3

中国版本图书馆 CIP 数据核字（2020）第 175607 号

出 版 人	赵剑英
责任编辑	顾世宝
责任校对	赵雪姣
责任印制	戴 宽

出　　版	中国社会科学出版社
社　　址	北京鼓楼西大街甲 158 号
邮　　编	100720
网　　址	http://www.csspw.cn
发 行 部	010-84083685
门 市 部	010-84029450
经　　销	新华书店及其他书店

印　　刷	北京明恒达印务有限公司
装　　订	廊坊市广阳区广增装订厂
版　　次	2020 年 10 月第 1 版
印　　次	2020 年 10 月第 1 次印刷

开　　本	710×1000 1/16
印　　张	14.5
插　　页	2
字　　数	216 千字
定　　价	86.00 元

凡购买中国社会科学出版社图书，如有质量问题请与本社营销中心联系调换
电话：010-84083683
版权所有　侵权必究

序

  2015年10月17—18日，由华东师范大学教育学部等多家教学、科研及出版单位联合主办的"全国首届教育实证研究论坛"在华东师范大学举行，参会的专家学者及相关人员多达600余位。此后，"全国教育实证研究论坛"年年举办，迄今已成为有4届会史的教育界品牌论坛。与我国教育实证研究论坛有相同主旨的是，2016年4月1—3日在马里兰大学召开"美国中文教师学会第二届中文教学国际研讨会"特设的"对汉语作为第二语言教学实证性研究的检视与反思"圆桌论坛。这些具有"风向标"和"助推器"意义的学术会议直指当前教育研究和汉语作为第二语言教学研究的短板——现代科学的主流研究范式"实证研究"还相当匮乏。

  我国缺乏教育实证研究的原因何在？有学者分析，一是高等教育的课程培养体系中对实证研究基本工具（如教育统计和测量评价）的传授存在较大不足；二是我国有重思维的治学传统，学者习惯于坐而论道，从直观的认识，结合自己的内省得出感悟；三是目前的科研机制和评价机制影响了实证研究的发展，多数科研项目要求在三年内完成，实证研究费时费力，得到的结论可能也不具有普适性，开展实证研究面临着较大的成本风险［参见王春丽、顾小清（2015）所引郑金洲教授在"全国首届教育实证研究论坛"上的报告］。相比较而言，汉语作为第二语言教学实证性研究尤显不足。除了上述原因之外，还由于对外汉语教师的教育背景主要是中文专业，他们大多没有受过课堂实验研究方法的训练，即便想做实证研究，也很难合理地进行研究设计，用科学的手段或工具收集证据、处理数据。

我在《世界汉语教学》工作十多年，对教学实证研究稿件求贤若渴，每当看到经验之谈、实验设计不严谨、统计方法有问题之类的专家审稿意见时，真是又痛心又忧心。为此，我常跟年轻教师和研究生说，你们学习能力强，在外语水平、数理基础及计算机应用能力等方面也比老一代汉语教师有优势，应该担起推动汉语作为第二语言教学实证研究的重任，力争做出符合国际学术规范的实证研究成果。

本书作者赵玮就是既"听劝"又肯钻研的年轻学者之一。2014—2015年，她在充分的学术准备和教学观摩的基础上，通过精心设计的两轮教学实验，首次对对外汉语阅读课语素法和语境法词汇教学进行了实证性的对比研究。我个人以为，这是一个符合实证研究规范的汉语作为第二语言教学实证研究案例，是一项具有开拓性和创新性的研究成果。之所以这样说，是基于以下几点认识。

1. 抓住了词汇教学中亟待澄清的现实问题

近年来虽然出现一些实证研究成果，但其选题主要来自英语作为第二语言教学研究提出的（或有争议的）教学方法，也就是说，是在汉语作为第二语言教学中，对西方学者提出的教学策略或教学方法进行重复性检验。尽管重复性实证研究是必要的，但汉语作为第二语言教学实践中与汉语特征相关的教学问题更需要我们去发现，去做实证研究，语素法和语境法词汇教学效果及适用性就是其中之一。在课堂直接词汇教学中，语素法和语境法是汉语教师常用的两种方法，但什么时候用语素法，什么时候用语境法，大多是根据个人经验或偏好，缺乏基于理论指导的理性选择和设计。在研究层面，力挺语素法者有之，力挺语境法者亦有之，但多属理论推导或经验总结，而且，只言其长，不见其短。赵玮以她对这些实践问题和学理之争的洞察力，抓住了两种词汇教学法的有效性及适用性进行实证研究，这无疑是一个非常有现实意义的课题。

2. 为课堂教学实证研究提供了一个颇具参考价值的案例

赵玮这项研究，无论是实验设计，还是实验操作、数据统计和分析都相当规范严谨。体现在：

（1）总体方案设计合理。把研究的问题分解为四个子问题，一是比较语素法和语境法的整体教学效果，二是考察语素法和语境法对不同类型词语的适用性，三是考察语素法和语境法词汇教学对于促进学生词汇能力发展的作用，四是调查学生对语素法和语境法教学的态度和感受。这样的总体设计有利于从多个维度全面探究语素法和语境法词汇教学的利弊得失。

（2）严格控制自变量和干扰变量。在自变量的选择、控制及排除干扰变量等方面，这项研究做得相当不错。举一个细节来说，以往有些注重语素法教学的教材和语素法教学实验研究，在扩展词语时，对同一语素的意义、复合词的结构及语义透明度等方面缺乏控制，例如，有一部教材"行"后用两个英语词来对译，一个是 to work，另一个是 to go，扩展出的词语是"行不行？行人，行李，行书，五行"，其中"行不行"的"行"跟 go 和 work 根本没关系，是"可以"的意思；只有"行人"的"行"意思是 to go，"行李""行书""五行"的词义都不透明。再如，有一项语素法教学实验研究在教"风景"时，围绕核心字"风"扩展的词语有"风光、风俗、风格、风险、风度、风暴、风味、风趣、风车"甚至"风水"，这些扩展复合词多是并列结构，但也有偏正结构（如"风车"）；"风"的意义更是复杂多样，有的是"风"的本义（如"风暴""风车""风水"），有的是引申义，或指景象（如"风景""风光"），或指风气、习俗（如"风俗"），或指态度、风范（如"风格""风度"），或指风波（如"风险"）。而赵玮课堂教学扩展生词环节，在词语的选择上格外注意两个问题：①尽量保证构成扩展词的语素的意义与目标词语素项的意义相同。②尽量保证扩展词的另一个语素是学习者已学过的，或是在其他词语中见过的。这样的控制可以避免把同素多义和语义不透明的词一股脑儿地塞给学生，有利于培养学生的语素意识，也有利于客观地检验语素教学法的效果。

（3）定量研究和定性研究有机结合。这项研究以定量研究为主，通过精心设计的各种题型的前测、即时后测和延时后测，获取了丰富的语言测试量化数据；在进行定量统计分析的基础上，辅以调查问卷、教学日志、课堂录音、教案以及学生对问题的开放性回答等质性材料来解释量化结果。通过多源数据、多元证据的有效整合和彼此印证，增强了论证的严密性和结论的可信度。

（4）实验操作规范清晰。对于这项研究来说，实验操作主要体现为两种教学方法的运用和实施。书中对语素法和语境法词汇教学的各种具体方法都有清晰的说明和基于课堂实录的示例。这种做法既方便读者审视主试的教学活动是否遵循特定教学法的宗旨和原则，也为一线教师运用语素法和语境法进行词汇教学提供了范例。

3. 研究结论对课堂词汇教学有重要的指导意义

这项研究得出不少有价值的结论，主要涉及：语素法和语境法的总体教学效果；对不同类型词语的适用性；对词语扩展、词语使用、词义猜测能力的影响；学生对语素法和语境法的态度和感受。这些方面的研究结论对于汉语教师深入了解语素法和语境法的功效、适用性及局限性大有助益，有利于纠正对某种词汇教学法的偏好或盲目崇信，比如，偏好语素法的老师或学者以为课堂上对同素词语的扩展多多益善，但这项研究证明，对初级水平学习者来说，对补充型、引申型词语来说，语素法的教学效果并不理想；另外，不少学生感觉，"很多词有一样的字，容易把 A 词记成 B 词"，也就是说，过度使用语素法可能会埋下同素词语混淆的隐患。相信读者认真读过这本书之后，在合理适度地使用语素法和语境法进行词汇教学方面，一定会获得不少借鉴和启发。

赵玮是师从云南大学赵倩教授攻读的硕士学位，硕士学位论文做的是汉语词汇史方面的题目，博士阶段才转型做汉语作为第二语言的词汇教学实验研究。透过这项研究及书稿，不难看到她不畏艰难的学术勇气、开阔的学术视野、严谨的学术风格和过硬的研究功力，这令我们对新一代学者学习运用科学研究方法的学术潜力充满信心。希望有更多像赵玮这样的年轻学者，大家共同努力，促进汉语作为第二语言教学研究向实证研究范式转型，为科学决策汉语国际教育的发展方向与实现路径、解决汉语教学的理论问题和实践问题、提高课堂教学效率提供更多坚实可信的、有价值的证据和依据。

张博

2019 年 2 月 24 日

目 录

第一章 绪论 (1)
  第一节 研究对象与目标 (1)
  第二节 相关研究述评 (4)
    一 间接词汇教学与学习 (4)
    二 阅读课直接词汇教学 (12)
    三 语素教学法 (22)
    四 语境教学法 (37)
  第三节 研究方法 (48)
    一 运用实验法进行语素法和语境法的对比研究 (48)
    二 定量研究和定性研究相结合 (49)
    三 过程研究和结果研究相结合 (49)
    四 诱导法、内省法和课堂观察法相结合 (49)

第二章 实验设计 (50)
  第一节 主要研究问题 (50)
  第二节 基本研究假设 (51)
  第三节 先导实验 (55)
  第四节 被试 (58)
  第五节 实验词语 (61)
    一 实验词语的筛选步骤 (61)
    二 实验词语的分类 (63)

三　实验词语基本情况 …………………………………… (74)
第六节　教学计划 ……………………………………………… (77)
　　一　教学安排 …………………………………………… (77)
　　二　实验词语教学方法 ………………………………… (79)
第七节　测试方法 ……………………………………………… (86)
　　一　词语了解情况测试 ………………………………… (86)
　　二　词义记忆测试 ……………………………………… (88)
　　三　词汇能力测试 ……………………………………… (90)
第八节　问卷调查 ……………………………………………… (94)
第九节　教学日志与课程录音 ………………………………… (95)

第三章　语素法和语境法教学效果的分析与比较 ………… (96)
第一节　研究问题与假设 ……………………………………… (96)
第二节　实验方法 ……………………………………………… (96)
第三节　实验结果 ……………………………………………… (96)
　　一　成绩计算方法 ……………………………………… (96)
　　二　结果分析 …………………………………………… (99)
第四节　讨论 …………………………………………………… (100)
　　一　语素法和语境法的有效性 ………………………… (100)
　　二　语素法和语境法的教学效果基本一致 …………… (105)
　　三　语素法不利于初级水平学习者词义记忆的保持 ………… (107)
第五节　结论 …………………………………………………… (108)

第四章　语素法和语境法对不同类型词语的适用性 ……… (110)
第一节　研究问题与假设 ……………………………………… (110)
第二节　实验方法 ……………………………………………… (110)
第三节　语素法和语境法对不同关系类型词语的适用性 …… (111)
　　一　实验结果 …………………………………………… (111)
　　二　讨论 ………………………………………………… (114)
第四节　语素法和语境法对不同常用度词语的适用性 ……… (121)

一　实验结果 …………………………………………………（121）
　　二　讨论 ……………………………………………………（123）
　第五节　语素法和语境法对不同具体性词语的适用性 ………（126）
　　一　实验结果 …………………………………………………（126）
　　二　讨论 ……………………………………………………（128）
　第六节　结论 …………………………………………………（130）

第五章　语素法和语境法带来的其他学习效果 …………………（132）
　第一节　语素法在词语扩展方面的作用 ………………………（132）
　　一　研究问题与假设 …………………………………………（132）
　　二　实验方法 …………………………………………………（132）
　　三　实验结果与讨论 …………………………………………（132）
　第二节　语境法在词语使用方面的作用 ………………………（135）
　　一　研究问题与假设 …………………………………………（135）
　　二　实验方法 …………………………………………………（136）
　　三　实验结果与讨论 …………………………………………（136）
　第三节　语素法和语境法对词义猜测能力的影响 ……………（140）
　　一　研究问题与假设 …………………………………………（140）
　　二　实验方法 …………………………………………………（141）
　　三　实验结果与讨论 …………………………………………（142）
　第四节　结论 …………………………………………………（149）

第六章　学生对语素法和语境法接受度的调查 …………………（150）
　第一节　调查目的 ………………………………………………（150）
　第二节　调查对象及问卷设计 …………………………………（150）
　第三节　调查结果与分析 ………………………………………（151）
　　一　学生对语素法和语境法的态度和感受 …………………（151）
　　二　学生对阅读课和课堂词汇学习的态度和感受 …………（162）
　　三　学生的词汇学习习惯 ……………………………………（168）
　第四节　小结 …………………………………………………（171）

第七章　结语 …………………………………………………（172）
第一节　本研究的基本结论与教学建议 …………………（172）
　　一　本研究的基本结论 ……………………………………（172）
　　二　教学建议 ………………………………………………（174）
第二节　本课题的研究价值 …………………………………（179）
　　一　为 CSL 词汇教学方法研究提供新的路向 ……………（179）
　　二　探明语素法和语境法对不同类型词语、不同学习
　　　　群体的适用性 …………………………………………（180）
　　三　为汉语作为第二语言课堂词汇教学提供有针对性、
　　　　可操作性的建议 ………………………………………（181）
第三节　有待进一步研究的问题 ……………………………（181）

附录一　初级班先导实验词表 ………………………………（183）

附录二　准中级班先导实验词表 ……………………………（184）

附录三　调查问卷 ……………………………………………（185）

参考文献 ………………………………………………………（194）

后　记 …………………………………………………………（218）

第 一 章

绪　　论

第一节　研究对象与目标

阅读与词汇关系密切。一方面，词汇水平对阅读水平有较大影响。达到一定的词汇门槛后，学习者才能基本理解文章大意（劳弗尔，1991），认知性、产出性词汇知识均与阅读水平显著相关（白丽芳、戴春燕，2013）。另一方面，阅读是词汇学习的重要途径。纳吉等（Nagy et al.，1985）根据儿童母语词汇学习的实验研究推断，阅读是母语者学习词汇的主要方式。此后，皮茨（Pitts，1989）、戴等（Day et al.，1991）、奥斯汀（Hulstijn，1992）、迪普伊、克拉申（Dupuy & Krashen，1993）、钱旭菁（2003、2005）、朱勇、崔华山（2005）等研究显示，第二语言（以下简称"二语"）学习者同样可以通过阅读习得词汇。

通过阅读学习词汇，属于伴随性词汇学习，又称间接词汇学习，它与有意学习或称直接学习相对。内申（Nation，1982）指出，直接词汇学习是刻意地进行生词学习，包括在语境中学习生词，也包括孤立地学习生词；间接词汇学习则是在听读过程中偶然习得生词。内申（Nation，1990/2004：2）进一步指出，直接学习中，学习者通过词汇活动或练习习得生词，如构词法练习、词义猜测练习、词表学习及词汇游戏等，在此过程中，学习者的关注焦点是所学生词，而在间接学习中，学习者的关注焦点通常是说话人或作者所传递的信息。

课堂上的词汇教学，也可根据教师是否使学生的注意力集中于词汇学习，分为直接教学和间接教学。内申、牛顿（Nation & Newton，1997/

2001:240)指出"运用直接法进行词汇教学,就是给予词语显性关注",教学会涉及显性词汇练习,教师还会进行常规的词汇测试,布置一些需要死记硬背的作业,并留出专门的时间用于策略教学;运用间接法进行词汇教学,"教师一般会将词汇学习融入各种交际活动中……还会鼓励和引导学生阅读大量分级读本"。

从研究者对直接教学与学习和间接教学与学习的界定可以看出,间接教学与学习和阅读有着更为密切的联系,不过,这种伴随性词汇学习存在着一些不足,如学习效率较低,学习者以文本理解为目的,一些不影响理解的生词可能无法引起学生的注意,不认识的生词过多,难以猜测词义等,因此,阅读课上,不仅需要间接教学,还需要进行一定的词汇指导,以提高词汇学习效率,增强学习的针对性。

在二语直接词汇教学中,有两种使用广泛的教学法:语素教学法和语境教学法(以下简称语素法和语境法)。语素法是利用词的构成成分——语素进行词汇教学的方法。在教学中,语素法主要用于解释词义,巩固已学词语和扩展词汇;还可包括构词法知识的教学及运用语素和构词知识猜测词义的策略训练。语境法是利用上下文语境和情景语境进行词汇教学的方法,还包括利用语境线索猜测词义的策略教学。

语素法和语境法代表了不同的教学本位观,即有关教学基本单位问题(刘颂浩,2007)的不同观点,其中,语素法强调以词的构成成分为单位进行教学,是"字本位[①]"教学观倡导的教学方法,而语境法强调以整词为单位进行教学,是"词本位"教学法的一种,两种教学法体现了教学基本单位的对立。此外,语素法和语境法提供的词汇知识类型不同,根据斯塔尔(Stahl,1985)的划分,词汇知识分为定义知识和语境知识,

---

[①] 与"字本位"相关度比较高的是"语素本位"。有学者认为二者差别不大,"字本位"就是"语素本位"(贾颖,2001;肖贤彬,2002)。从教学角度看,严格意义上的"字本位"教学法强调以字为纲,学习中以字带词,先对字进行教学,再扩展出一系列词语(王若江,2000)。本书中所说的语素法不同于严格意义上的"字本位"教学法,我们的教学过程还是先给出词语,然后再分解词中的语素,最终目的是让学习者利用语素理解目标词语。此外,由于本书的研究旨在对以词的构成成分为单位和以整词为单位的词汇教学进行实验对比研究,且从教学的角度看,学习者并不清楚"语素"的含义,在学习者看来,他们是通过"字"来学习"词"的意思,因此,文中不对"字本位"和"语素本位"做严格区分。

语素法只提供了定义知识，而语境法还提供了语境知识。

同时，在一些学者眼中，语素法和语境法也具有一定的共通性。菲尔默（Fillmer, 1977）将词汇教学法分为具有生成性的（generative）和不具生成性的（non-generative）两类，具有生成性的教学法指该方法不仅教授学习者目标词语的意义，还帮助他们将生词与已有的知识和经验联系在一起，这有助于学生学习其他相关词语；而不具生成性的教学法，无法使生词与其他词语发生联系。菲尔默（Fillmer）认为具有生成性的教学方法比不具生成性的教学方法更具系统性，因此更有效，也更高效。在菲尔默看来，利用语境和语素教授生词，都属于具有生成性的教学方法。一些学者将语境法和语素法都纳入利用语境教学的范畴，如斯滕伯格等（Sternberg et al., 1983）将有助于词汇学习的语境线索分为两种：外部语境线索和内部语境线索，前者即我们通常所说的上下文语境，后者指词根和词缀。尽管斯滕伯格有关语境的界定与本书不同，但通过各位学者的观点，我们可以发现，语素法和语境法都有利于词汇学习，且在教学效果和使用范围上存在一些共通之处。

那么，这两种在微观层面存在较大差异，在宏观层面又具有一定一致性的教学方法，在课堂教学中，总体教学效果是否存在差异？具体到特定词语，应当选择何种方法教学？选择的标准是什么？哪种方法学生更易于接受？

作为汉语词汇教学重要且常用的两种方法，几乎所有有关词汇教学的著作都会对语素法和语境法的优势、重要性及操作方法进行探讨和举例（盛炎，1990；吕必松，1994；崔永华、杨寄洲，1997；万艺玲，2010 等），但以上这些问题少有学者谈及，讨论到相关问题时，也以理论分析为主。这就造成了"许多教师在选择或拒绝使用某种处理词汇的方法时……常是凭借个人经验或一代代流传下来的所谓的'真理'而做出决定。"（李庆燊，2006）以往经验和"真理"是否准确？尚需实证研究进行证实。因此，本书拟运用实验的方法，对阅读课[①]词汇教学中的语素

[①] 本书的阅读课指泛读课。本章第二节对以往学者有关精读课和阅读课（泛读课）差异的论述进行了总结。

法和语境法进行对比研究，探讨以下几个问题：

（1）语素法和语境法的总体教学效果有无差异？

（2）"在课堂二语习得中，词汇习得的主要任务在于记住词语。"[①] 对于属性不同的词语，通过语素法和语境法教授时，学习者词义记忆效果是否存在差异？

（3）除了帮助学习者记忆词义，语素法和语境法还能为词汇能力的发展提供哪些帮助？

（4）学习者对语素法和语境法的接受度如何？

张博（2018）指出，高效率的词汇教学应基于汉语词汇的主要特征、遵循二语词汇习得规律。本书希望通过以上问题的回答，探索语素法和语境法适用的词语类型和学习者群体，为两种教学方法的选择提供依据，提高词汇教学的有效性。

第二节　相关研究述评

大量阅读是增加词汇量的重要方式，指导学习者通过阅读习得词汇一般属于间接词汇教学的研究内容。但对于本书的研究对象——初级、中级学习者而言，阅读课上的直接词汇教学有重要意义。语素法和语境法则是直接词汇教学的重要方法。因此本节将分别对间接词汇教学与学习、阅读课直接词汇教学、语素教学法和语境教学法的研究进展及重要成果进行述评。

一　间接词汇教学与学习

间接词汇教学与学习是二语词汇教学研究的热点，研究者对间接词汇学习的发生原理、效率、影响因素、增强附带习得效率的方式等问题进行了广泛而深入的探讨，该领域的研究成果极为丰富，下面我们仅就与本书内容关系较为密切的间接词汇学习影响因素的相关研究做一简要

---

① Jiang, Nan, "Lexical representation and development in a second language", *Applied Linguistics*, 2000, 21 (1), p.50.

梳理。本书主要进行的是阅读课直接词汇教学研究，而直接词汇教学的目的有两个，一是提高阅读课词汇学习的效率。了解间接词汇学习的影响因素，可以使我们的教学设计更有针对性，帮助学习者更有效地学习生词。二是让学习者掌握在阅读过程中学习生词的策略，其中最为重要的一项策略就是词义猜测，而词义猜测影响因素的研究是间接词汇学习影响因素研究的重要组成部分。因此以往有关间接词汇学习影响因素的讨论对本研究有很大参考价值。此外，在这一小节，我们还将考察间接词汇教学与学习的局限性，探讨初中级阅读课上进行直接词汇教学的必要性。

（一）间接词汇学习的影响因素

以往研究显示，二语学习者间接词汇学习主要受到语篇、语境、词汇、学习者四方面因素的影响。各方面影响因素的研究又可以分两个小类，一是这些因素对词义猜测的影响，正确猜测词义是伴随性词汇学习的前提，未能猜出词义或词义猜测错误，伴随性学习就无法发生；二是这些因素对词汇记忆的影响，即学习者猜出词义后，哪些因素会影响学习者对这些词语的记忆情况。其中第一类研究较为丰富，第二类研究相对较少。

1. 语篇对间接词汇学习的影响

考察语篇对词义猜测影响的相关研究主要包含两方面内容：①文章生词率对词义猜测的影响。本苏桑、劳弗尔（Bensoussan & Laufer, 1984）曾使用生词率为12%的文本进行词义猜测研究，学习者只能猜测出13%的生词词义。刘、内申（Liu & Nation, 1985）的研究显示，文章生词率最好控制在5%以内，即每20个词中最多有一个生词，高于这个比例，学习者很难利用上下文语境猜测词义。钱旭菁（2005）使用生词率为5%左右的文本进行词义猜测研究时发现，学习者正确猜测和部分正确猜测的生词数量达到生词总量的55%。此外，赫什、内申（Hirsh & Nation, 1992）提出，要达到"快乐阅读"的目的，学习者需掌握文中98%的词语，达到这一水平后，学习者可以轻易地猜出剩余2%词语的意义。②文体对词义猜测的影响。王平（2009）的研究显示，学习者对说明文中生词的猜测得分高于议论文，且差异显著。

考察语篇对词汇记忆影响的研究主要是探讨目标词复现率与词汇习得的相关性。萨拉吉等（Saragi et al., 1978）的研究显示，完全习得一个词语，需要接触10次以上。罗特（Rott, 1999）的研究发现，阅读中与生词接触2次或4次，学习者的词汇测试成绩没有明显差异，而接触次数达到6次时，学习者的测试成绩显著提高。韦林、高木（Waring & Takaki, 2003）的研究则发现，大部分词语的习得需接触20次，甚至30次。埃尔高特、沃伦（Elgort & Warren, 2014）的研究发现，重复次数是预测词汇学习效果的关键因素，但在重复次数很多的情况下，二语水平较低的学习者还是无法习得词汇，他们需要刻意学习和策略学习。

2. 语境对间接词汇学习的影响

考察语境对词义猜测影响的相关研究主要有两方面内容：①语境线索丰富度对词义猜测的影响。劳弗尔（Laufer, 1997b/2001：27—30）总结了影响词义猜测的语境因素，认为不存在的语境线索、不可用的语境线索、误导性的和不完全的语境线索都会使学习者得出错误的猜测。多项实证研究也显示出语境线索丰富度对词义猜测有较大影响，如奥斯汀（Hulstijn, 1992）的实验研究显示，缺乏语境线索时，学习者往往给出的是错误推断。福尔斯（Folse, 2002）请一位日语背景的英语学习者（以下简称ESL学习者）通过语境猜测词义，该被试能够很好地运用语境猜词策略，但由于文本缺乏明晰的线索和文本较高的生词率，被试的词义猜测并不成功。（转引自福尔斯，2004：100）王平（2009）对112名ESL学习者语境猜词的实验研究也显示出，语境对词义猜测有显著影响。王改燕（2013：176）则考察了误导线索、无线索、笼统线索、具体线索等四类上下文线索对ESL学习者词义猜测的影响，研究结果显示，误导线索和无线索不利于词义的准确推测，笼统线索和具体线索则有利于词义猜测。在对外汉语教学领域，干红梅（2011）以中级水平汉语作为第二语言学习者（以下简称CSL学习者）为研究对象，通过自然阅读后的口头报告和录音转写，发现强语境能降低词语的学习难度，尤其"对不透明词的学习有显著促进作用"。②语境线索与目标词在句中的位置关系对词义猜测的影响。海恩斯、贝克（Haynes & Baker, 1993）将语境线索分为局部线索（local context clues）和整体线索（global context clues），局部线索距离生词较近，与生词有句法上的联系，整体线索距离生词较远，与生词有意义上的联系，研究发现，学习者一般能较好地利用局部线索，但大部分学习者都不能有效运用整体线索。帕里巴科特、韦舍（Paribakht & Wesche，1999）、干红梅（2011）也得出了相似的结论。在对外汉语教学领域，朱勇、崔华山（2005）对19名中级以上水平CSL学习者词义猜测的调查显示，居于目标词之后的语境线索比之前的更有助于猜测。干红梅（2011）则得出了相反的结论，该研究发现前语境能够降低生词理解难度，在词义猜测方面，比后语境的促进作用更大。

考察语境对词汇记忆影响的研究主要探讨了词义猜测难易度对记忆的影响。蒙德里亚、维特-德博尔（Mondria & Wit-De Boer，1991）的研究发现，语境线索较为丰富时，猜测更容易，但学习者对生词的记忆效果不如语境线索较为缺乏时猜出的词语。

3. 词语特征对间接词汇学习的影响

词语各方面的特征几乎都会对词义猜测有所影响，蒙德里亚、维特-德博尔（Mondria & Wit-De Boer，1991）曾对词义猜测的词汇影响因素做过一个总结，认为词性、词义具体性、词语结构的透明度、目标词词义与学习者母语词义的对应性、目标词的对译词在学习者母语中的常用度等因素都会对词义猜测效果产生影响。值得注意的是，研究者从语篇、语境角度考察词义猜测的影响因素时，研究对象多是ESL学习者或其他与英语具有同源关系的语言的学习者，研究材料多是文章或短句。但在探索词汇因素对词义猜测的影响方面，专门针对CSL学习者，从汉语词汇自身特点出发的研究，取得了丰富的成果，其中少数研究通过语境展示目标词，大部分研究的目标词是脱离语境独立呈现的。

考察词语特征对词义猜测影响的相关研究主要包含六方面内容：①词长对词义猜测的影响。张江丽（2013）发现，多义词的音节数对词义猜测的成绩有一定影响。②词性对词义猜测的影响。干红梅（2010）发现，名词、动词的学习效果最好，形容词的学习效果次之。③词语语法结构对词义猜测的影响。大部分研究者认为合成词结构类型会对词义猜测产生影响，不过哪种结构类型的词语最易猜测，学者们的研究结论不尽相同。刘颂浩（2001）认为并列式合成词的猜测最容易，偏正式合成词次之，陈述、支配、补充式合成词的猜测难度最大。而郭胜春（2004）、干红梅（2009）、江新、房艳霞（2012）等均认为偏正式词语最易猜测。许艳华（2014a）的研究结论与以往学者有一定差异，该文发现五种结构类型的易猜顺序是：主谓结构 > 动宾结构 > 偏正结构 > 并列结构 > 动补结构。还有一些研究者认为，学习者进行词义猜测时，较少利用词语结构知识，如朱湘燕、周健（2007）的研究显示，学习者对复合词构成方式的认知"建立在语素义和词义理解的基础上"。④词义类型对词义猜测的影响。张江丽（2013）发现，在提供核心义的情况下，学习者猜测词义的成绩明显好于提供非核心义的情况。⑤语素的多义性及常用度对词义猜测的影响。刘颂浩（2001）、郭胜春（2004）、朱湘燕、周健（2007）均发现，多义语素会给词义猜测带来困难。朱勇、崔华山（2005）发现语素义的常用度也会对词义猜测产生影响，某个词的语素都是常见义项时，学生易于猜测词义。⑥语素义与词义之间的关系对词义猜测的影响。郭胜春（2004）发现，"词义等于语素义直接加合"的加合型词语比"词义在保留原语素义的基础上，需补充必要的附加成分"的融合型词语更易猜测，尽管如此，该文认为对于加合型词语，学习者猜测词义的能力也十分有限。干红梅（2008）的实验研究显示，透明词的学习效果显著优于不透明词。张江丽（2010）的实验研究发现，"词义与语素义之间意义的融合程度越高，被试猜测的难度越大；词义与语素义之间关系的复杂程度越高，被试猜测词义的成绩越差"。洪炜、冯聪、郑在佑（2017）的研究显示，语义透明度高的词语词义猜测成绩显著优于语义透明度低的词语，且对于语义透明词，不同语境、不同复现频率下学习者的猜词成绩无显著差异；而对于非透明词，强语境或高复现频率下学习者的猜词成绩显著优于弱语境或低复现频率。

4. 学习者因素对间接词汇学习的影响

早在 1940 年，吉本斯（Gibbons）就发现学习者通过语境猜测词义的能力具有极大的个体差异（转引自内申，2001：234）。研究显示，学习者的二语水平、词汇水平、语法知识、阅读能力、母语背景等都会影响词义猜测的效果。①二语水平对词义猜测的影响。彻恩（Chern，1993）、莫里森（Morrison，1996）、凯万帕纳、阿拉维（Kaivanpanah & Alavi,

2008）的研究均发现，与二语水平较低的学习者相比，高水平学习者进行词义猜测时会运用更多的知识，综合运用各类知识的能力也更强。朱勇、崔华山（2005）、王平（2009）、王瑛、黄洁芳（2014）等研究均显示，二语水平对词义猜测成绩有较大影响力，二语水平较高的学习者词义猜测的正确率也较高。②词汇水平对词义猜测的影响。研究显示，词汇量未达到门槛水平，很难成功推测词义（劳弗尔，1991）。王改燕（2013：176）发现，词汇量与词义猜测能力正相关，钱（Qian, 2005）的研究显示，词汇深度知识掌握得越好，词义猜测能力越强。纳萨吉（Nassaji, 2004）、寻阳、孙丽（2006）发现与词汇知识深度较弱的学习者相比，词汇知识深度较强的学习者更频繁地使用一些词义推测策略，使用效果也更好。③语素意识对词义猜测的影响。张东波、幸田惠子（Zhang Dongbo & Keiko Koda, 2012）发现，英语二语学习者的语素意识能间接地作用于词义猜测能力。柯思慧、幸田惠子（Ke Sihui Echo & Keiko Koda 2017）对50名英语背景汉语学习者语素意识与词义推测能力关系的研究表明，语素意识可以促进二语语言知识的发展，进而间接地促进词义猜测能力的提高。朱文文、程璐璐、陈天序（2018）的研究显示，同形语素意识强的初级水平学习者汉语词义推测能力更强。④语法知识水平对词义猜测的影响。凯莉（Kelly, 1990）、帕里巴克特、韦舍（Paribakht & Wesche, 1999）、帕里巴克特（Paribakht, 2004）、钱旭菁（2005）均发现，学习者会主动运用语法知识猜测词义。兰杰巴尔（Ranjbar, 2012）研究发现，语法知识是推断词义的关键性因素。还有研究表明，语法知识对ESL学习者和CSL学习者词义猜测的重要程度并不相同，干红梅（2012）对比了CSL学习者和ESL学习者猜词过程的差异，认为词性和词语结构对ESL学习者比较重要，而对CSL学习者来说，语素是猜词最重要的因素。⑤阅读能力对词义猜测的影响。沈等（Shen et al., 2009）、凯万帕纳、莫伽达姆（Kaivanpanah & Moghaddam, 2012）、王瑛、黄洁芳（2014）等研究发现，学习者的阅读能力与词义猜测成绩正相关。⑥母语背景对词义猜测的影响。徐晓羽（2004）、江新、房艳霞（2012）发现，学习者的母语背景会对词义推测产生影响。

(二) 间接词汇教学与学习的局限性及直接词汇教学的必要性

劳弗尔（Laufer，2003）通过分析词汇附带习得的几个基本假设的不合理性，探讨了间接词汇学习的局限性。这些假设包括"注意"假设、"猜测能力"假设、"猜测与记忆相关性"假设及"积累"假设。"注意"假设认为学习者遇到不认识的词语时，就会注意到该词语，劳弗尔则认为学习者不一定能够识别出不认识的词语，很多词语学习者并没有储存在心理词库中，但看起来觉得很熟悉，这种情况下学习者不会对生词产生"注意"。"猜测能力"假设认为学习者能够利用语境线索成功猜测出词义，劳弗尔则指出在大部分情况下，文本的语境线索并不充分，且学习者需要认识文本98%的词语，才能保证猜测成功，但学习者的词汇量往往达不到这一水平。"猜测与记忆相关性"假设认为学习者猜测出词义，就能记住这个生词，劳弗尔则反驳说，根据以往研究结论，词义易于猜测时，学习者能够猜测出词义，但对该词的记忆效果不如词义较难猜测的词语，但如果词义猜测较难，则花费时间较长，还可能导致错误猜测。"积累"假设认为学习者即使在第一次遇到生词时没有记住该词，在日后的反复接触中，也会慢慢记住该词，劳弗尔则持不同意见，他指出，一般情况下，一个词接触10次才能够习得，而内申、王（Nation & Wang，1999）的统计结果显示，108个生词出现10次大概需要200000个词的文本，差不多相当于9本书所包含的词汇量，学习者根本无法完成如此大量的阅读。

纳吉（Nagy，1997/2002）曾从母语者的角度出发，撰文称词汇教学是在浪费时间，因为词语数量极多，直接教授词汇需要花费大量的时间。内申（Nation，2001：156）则认为纳吉（Nagy）的观点并不适用于二语学习者，有两点原因，一是词语有高频词和低频词之分，母语者在上学之前词汇量已接近5000词族，他们需要学习的主要是低频词，而二语者需要学习高频词，通过直接教学教授的主要是这部分词语，因此需要教授的词语是有限的；二是词汇教学并不需要太多的时间，直接教学可以与伴随性词汇学习结合在一起，教师只需花少量的时间，用直接教学的方法让学生在阅读时注意到这个生词即可，学生可以在长期的学习中，慢慢习得该词。

一些间接词汇学习和直接词汇学习的对比研究也显示出直接词汇学习的优势。齐默曼（Zimmerman，1994）的研究发现，对于准专业术语的学习来说，阅读伴随一定量的互动词汇教学的效果好于单纯的阅读。劳弗尔、西麦里（Laufer & Shmueli，1997）的实验研究显示，通过词表或句子学习生词的效果优于通过普通文本或复杂文本学习生词。帕里巴克特、韦舍（Paribakht & Wesche，1997/2001：174）的研究结果表明，相较于纯阅读的教学活动，附加词汇教学的阅读活动带来的词汇学习效果更为显著。劳弗尔（Laufer，2003）通过三项实验对比了阅读附带词汇习得和专注于词语的任务对词汇学习的影响，实验结果显示，学习者只能通过阅读学到少量词语，而阅读附加一定的词汇任务及单纯词汇任务的学习效果均优于阅读附带习得。

　　在对外汉语教学领域，学者们也进行了一些直接词汇学习和间接词汇学习的对比研究。张金桥（2008）比较了词表背诵法和文本阅读法对词汇学习的影响，实验结果显示，直接学习能够促进理解性词汇知识的学习，而间接学习更有利于产出性词汇知识的学习。干红梅（2008）的研究则显示出，无论即时测试还是延时测试，直接学习加附带学习的习得率和保持率都最好，直接学习次之，附带学习最低。吴门吉、陈令颖（2012）考察了刻意学习法（背词表）和伴随性学习法的学习效果，发现背词表组成绩普遍高于伴随性学习组，但词义抽象的词语掌握不佳，伴随性学习组虽成绩不佳，但有机会掌握词义抽象的词语，词汇输出能力更强，学习积极性更高。对外汉语教学领域的相关研究虽然提到了间接词汇学习的一些优势，但从总体上看，直接词汇学习的效果明显优于间接词汇学习。

　　理论分析和实证研究结果都显示出，在阅读课上，进行一定的直接词汇教学有其必要性，对于初级、中级的二语学习者来说更是如此。科迪（Coady，1997/2001：229）探讨阅读中的词汇学习时，提到了"初学者的悖论"，即阅读是词汇学习的最重要途径，但当学习者的词汇量不足以支持他们进行流畅的阅读时，他们又如何通过阅读学习词汇？按照劳弗尔（Laufer，1989）的研究，认识文中95%的词语才能理解文本，猜测词义。以汉语学习者为例，依据《现代汉语频率词典》的统计，8000个常用词的文本覆盖率才能达到95%，而按照《汉语国际教育用词汇等级划分》的规定，中级水平学习者的词汇量仅为5000个。也就是说，阅读普通文本时，初级、中级学习者的词汇量尚无法支持他们正确猜测词义，习得生词。学习者阅读简化读本时，也有可能面临词汇量不足的问题。陈贤纯（2008：70）统计了《汉语系列阅读》第一册第三课的生词，发现432个字的课文，有50多个生词。可见，教材中的课文虽然经过了简化，但生词覆盖率仍远远高于5%，不利于学习者附带习得词汇。

此外，学习者也希望阅读课中涉及一定的直接词汇教学内容。吴门吉（2010）对108位中级水平学习者喜欢的阅读课教学方式的调查结果显示，中级1、2的学生最喜欢的教学方式是"老师先讲生词，再让学生阅读、练习"，而中级3、4的学生对该类教学方式的欢迎度排在"介绍相关的中国文化"和"详细讲解阅读技巧，然后做技能练习"之后。这说明，至少对于初级和刚刚进入中级的学习者来说，词汇还是主要的阅读障碍，阅读课进行直接词汇教学有其必要性。正如埃利斯、新谷（Ellis & Shintani, 2014：15）所言："显性词汇教学非常必要，单纯依靠隐性教学不足以帮助学生构建一个庞大的词库，这一观点在二语词汇研究界已达成广泛共识。"

本小节对间接词汇学习影响因素的相关研究进行了简要梳理，可以看到，该领域的研究成果十分丰富，且以实证研究为主，研究结论对课堂教学具有直接借鉴意义，也为本研究的教学设计提供了多样化的思考角度，具有较大的启发意义。此外，我们还在本小节考察了以往研究中有关间接词汇教学局限性的讨论，并对直接词汇教学和间接词汇教学的对比研究进行了梳理，该领域的研究证实了阅读课，尤其是初中级阅读课进行直接词汇教学的必要性。

二 阅读课直接词汇教学

阅读课直接词汇教学的相关研究主要涉及四方面内容，分别是阅读课直接词汇教学的重要性、词汇教学的时间安排、教学内容及主要教学方法。

（一）阅读课直接词汇教学的重要性

研究者在探讨汉语阅读教学时，常常谈及词汇教学的重要性。吕必松（1996）指出，"通过培养阅读能力来全面提高学生的语言水平"是对外汉语阅读训练的目的和任务之一，这其中就包含词汇水平的提高。李世之（1997）提出阅读教学的最终目的是语言能力的形成，尤其对于初级阶段学习者来说，"认记汉字、掌握词语、扩大词汇量"是阅读课的"第一重点"。陈贤纯（1994）也强调"初级阅读训练的首要任务是帮助学生积累词汇"。刘颂浩（1999）、乔印伟（2001）、周小兵等（2008：23）同样认为词汇学习是阅读教学的重要内容。

研究者为何如此重视阅读课上的词汇教学与学习？安德森（Anderson，1999/2009：25）认为，这主要由于词汇在阅读过程中起着极为关键的作用。一方面，较低的词汇量会阻碍文本理解。劳弗尔（Laufer，1991）分析了92名被试词汇成绩与阅读成绩的相关性，发现学习者在词汇量低于门槛水平时，无法使用二语进行良好的阅读。一些针对学习者的调查也显示出，学习者自身普遍认为词汇量不足对阅读影响很大。高彦德等（1993：63）针对1178位留学生的调查结果显示，"专业词汇少"是阅读的第一大困难，难度总分远远高出第二位困难"句子结构不清楚"。连先（1998）对229位博士英语班学生的调查显示，在作者假定的影响阅读效率的十项因素中，"英语词汇量"的影响排在首位。相宜君（2012）对50名CSL学习者的调查显示，66%的学生认为阅读课最难的部分是生词太多。另一方面，词汇量与阅读能力显著相关，词汇量大的学习者阅读速度更快，理解正确率也更高。幸田惠子（Koda，1989）、劳弗尔（Laufer，1991）、白丽芳、戴春燕（2013）的研究均显示，词汇测试成绩与二语学习者的阅读分数显著相关。吴思娜（2017）对143名泰语背景汉语学习者的测试显示，词汇知识对阅读理解有直接作用，且作用大于语素意识和词汇推理。正是词汇在阅读中的重要作用，使研究者十分重视阅读课上的词汇教学与学习。

（二）阅读课直接词汇教学的时间安排

本小节主要考察研究者如何处理词汇教学与文章阅读之间的关系，即研究者对"何时教"这一问题的思考。关于这个问题，研究者主要有四种观点：

一是在阅读文章前集中教授生词。研究者一般倡导在初级阶段阅读课上采用这种方法，如周小兵等（2008：134）指出，针对初级水平的学习者，教师可以带读生词，讲解每一个生词的意思，学完生词后，再导入课文。王建彬（2011）对多位教师阅读课教学步骤进行了总结，发现这些老师课堂教学的第一步均为生词教学，然后才是课文教学。金季涛（2006）、相宜君（2012）采用的也是先教生词再阅读文本的方法。这种生词处理方法适宜词汇量未达到词汇门槛的学习者，阅读前集中教授生词能够帮助学习者跨越生词障碍，降低阅读过程中的焦虑感，增强阅读的信心。

二是学生读过一遍文章后，再讲解生词。一种方式是，学生读完课文后，教师集中讲解生词。陈贤纯（2008：69）提出对不同课文采用不同方法，对于主课文，可以在阅读前教授生词，对于其他课文，则可以让学生先读课文，之后讨论课文主要内容，然后再讲解关键的生词，之后让学生再一次阅读。另一种方式是，先让学生读课文，之后教师讲课文，同时讲解生词。内申（Nation，1990/2004：3）认为很多教师都是在词语自然出现时讲解生词，教师一般会尽量教授课文中出现的所有生词，不过在每个生词上花费的时间并不相同，主要依据生词出现频率和实用性决定教授时间。吴平（1995）列出了一个生词处理步骤：①向学生提供或让学生找出词义、同义词或反义词，②指出上下文线索，③让学生熟悉词族，④利用同类题材帮助学生理解词义等。可以看出，作者是在学生读完课文后，先看学生是不是猜出了词义，如果没有猜出，再引导学生猜测词义，进而帮助学生理解词义，扩展词汇。先读文章再讲生词的方法可以训练学生跳跃障碍和猜测词义的能力。

三是阅读完成后，让学生进行词语练习。帕里巴克特、韦舍（Paribakht & Wesche，1997/2001：174）的研究比较了两种阅读课教学方法对词汇学习的影响，其中一种为附加词汇教学活动的阅读，这里所说的"词汇教学活动"就是让学生读完文章后完成一定量的词语练习。陈贤纯（2008：49）也提到，可在阅读后设置一些词语方面的练习。词语练习虽然同样属于直接词汇教学，但它跳过了词语展示、解释的步骤。这种教学方法主要基于词汇附带习得理论，即学习者可以通过阅读习得词汇，但研究者同时认为附带习得效率较低，需进行一定的教学干预，在此理念下，教师一般不单独讲解词义，主要通过练习检验学习者是否正确理解了生词，并以此加深学生对生词的记忆。

四是不讲生词，或只讲解个别关键词。一些研究者提出，随着学习者语言水平的提高，教师应逐渐减少生词的讲解，学生可通过猜测或阅读后查检词典等方式获得未讲解生词的词义。（陈贤纯，2008：90；周小兵等，2008：159）还有一些研究者反对在阅读课上进行专门的词汇学习，认为这会让学生误以为他们应该在阅读前知道文本中每一个生词的意思（特瓦德尔，1973），且阅读课的主要任务是训练学生的猜词能力，而不是直接学习生词（张淑文，1999）。克拉申（Krashen，1989）则主张，阅读时遇到不认识的单词，应先跳过单词，阅读后面的文本，如果这个词对文本的理解非常重要，可对词义进行猜测，文章认为，只有在阅读时跳过一些不太重要的词语，才能读得更多，理解更多词语的意义。

从词汇教学与阅读的先后顺序来看，第一种方法"先讲后读"是在阅读前学习生词，后几种方法"先读后讲""阅读+词语练习"和"以读为主，尽量少讲"是在阅读中和阅读后学习生词。从心理学角度看，四种方法都可以引起学生对生词的注意，有利于生词的学习。对于阅读前生词教学，陈贤纯（2008：87）提到的一项实验显示这种方式有利于增强词汇学习效果。实验要求被试阅读1000多个词的海洋学文章，其中一组先学习一些术语性概念再阅读，结果显示，学过相关概念的被试把更多的时间花在处理与概念有关的句子上，这使他们记住了更多的与已学概念有关的信息，研究者认为，这是选择性注意的结果。对于阅读中/后期再进行生词教学，伴随性词汇学习的"注意"假设提出，阅读过程中，学习者会注意到不认识的生词并由此习得该词（盖斯，1999；劳弗尔，2003）。由此可见，四种教学方法都可以引起学习者对生词的注意，而"注意是输入转化为吸收的必要充分条件"（施密特，1990），"不管通过何种方式，学习者一旦有意识地注意到某一语言项目，就很有可能再次注意到该项目。越关注这个语言项目，越易于在输入中发现该项目。这样，关注次数就会呈几何级数增长"（阿特曼，1997/2001：93），最终促使学习者习得该词。斯潘塞（Spencer，2000）的实证研究结果也显示出词汇教学安排在阅读前期、中期还是后期对学习效果的影响不大。该研究被试为四年级小学生，其中有母语者，也有 ESL 学习者，被试分为三组，一组学生的生词教学主要在阅读前进行，教师教授一组有联系的生词，学生分小组造句，然后阅读，之后再进行一些生词活动；另一组学生的生词教学主要在阅读中进行，学生在教师的指导下阅读，遇到生词时，暂停阅读，教师解释生词并提供例句和近义词，阅读完成后，再进行一些生词活动；还有一组学生的生词教学完全在阅读后进行。即时测试和延时测试都显示三种教学方法的教学效果没有显著差异。

　　从是否包含专门的词汇强化活动及词汇强化活动在课堂教学中的重要性来看，第一种方法"先讲后读"更倾向于直接词汇教学，第四种方法"以读为主，尽量少讲"基本可归为间接词汇教学，第二种、第三种"先读后讲"和"阅读＋词语练习"则处在直接和间接之间，学生一方面通过阅读学习生词，另一方面通过词语讲解或练习学习阅读中未理解的生词，强化阅读中已学会的生词。需要注意的是，"先讲后读""先读后讲"和"阅读＋词语练习"三种教学方法都涉及直接词汇教学，这三种方法并非非此即彼的关系，有时阅读文本生词量较大，一次性教完不利于学生记忆生词，有时教师希望通过不同时段、不同种类的练习加强词汇学习效果，因此，教师常常将三种方法结合在一起，把生词分配在阅读前、中、后教授。如上文提到的斯潘塞（Spencer，2000）的实验，在阅读前期、中期进行词汇教学的两个实验组，阅读完成后还是要安排词汇活动。翟艳、苏英霞、戴悉心（2006：110—123）主张阅读前讲解意义重要或难以设计练习的生词，阅读中引导学生通过猜测词义学习生词，阅读后要求学生整理词汇知识，建立新词与已学生词的联系。再如洪炜、徐霄鹰（2016）提出的中级阅读课词汇教学模式，主张在阅读前进行猜词技能训练培养学生猜词能力，在阅读中通过形义连线等方式学习目标词，在阅读后通过集库式完形填空等练习巩固目标词学习。

　　（三）阅读课直接词汇教学的内容

　　本小节主要考察阅读课直接词汇教学"教什么"的问题。在分析直接词汇教学的内容之前，我们首先要明确阅读课的课型特点。CSL 课程设置中，有两门课程都包含提高学习者阅读能力的任务，分别是阅读课和精读课，但二者有所不同，一方面，阅读课的任务是单项技能训练，仅训练"读"的技能，而精读课的任务是进行听说读写的综合训练，另一方面，阅读课的课时相对较少，且要求达到一定的阅读量，每篇课文上花费时间也就相对较少，而精读课课时较多，有充足的时间处理课文，进行各类练习，阅读课与精读课的这两点不同决定了阅读课词汇教学的侧重点（鲁健骥，2001；陈贤纯，2008：86；朱勇，2010）。

  阅读课的课时较少，教师不可能在课堂上对生词逐一讲解，因此研究者提出结合教学目标有选择地教授生词。（刘颂浩，1999；安德森，1999/2009；周小兵等，2008）一是重实词，不重虚词。纳丁格（Nattinger，1988：64）指出，实词承载着大量信息，要想恰当理解文本，必须了解这些实词的意义。刚刚学习汉语的二语学习者，不使用虚词，仅用几个实词进行表达时，汉语母语者也能大概明白他们的意思，这表明，对于理解而言实词更加重要。重实词，不重虚词，符合阅读课的课型要求。二是依据频率选择直接教学的词语。科迪（Coady，1997/2001：232）认为，在教学中应重点教授使用频率最高的3000词，从而使初学者能够自动识别这些词语，低频词则应在大量阅读的过程中，通过在语境里偶然接触习得。安德森（Anderson，1999/2009：25）提出，在阅读课上应主要对基本词汇进行直接教学，另外还应教授学习者利用语境猜测词义的方法，帮助他们更有效地猜测低频词词义。

  阅读课主要目标在于训练学生的阅读能力，因此并不要求学生掌握词汇知识的全部。词汇知识包含三方面内容：形式、意义和运用（内申，2001：27），阅读课上一般只要求学习者看到生词时，能够想起它的意思，即能够将词语的形式和意义联系起来，就达到了阅读课的词汇学习要求。陈贤纯（1994：4）明确指出"阅读课的任务不是培养学生的表达能力，不应该要求学生熟练运用学过的生词和语法结构"。刘颂浩（1999）强调，阅读课上学习的词语是部分习得，阅读课上积累的词语，应是接受性的。周小兵等（2008：130）同样提出阅读课词汇教学应当"重理解，不重运用"。张如梅（2012）也指出阅读课只要求学生对生词做"领会式掌握"，即"见形知义"。

总的来说，阅读课的课程目标和课时较少的现状要求教学词语的选择以词类和词频为标准，在课堂上重点处理实词和基本词汇；教学内容以接受性词汇知识为主，对词语运用不做过多要求。

（四）阅读课直接词汇教学的教学方法

本小节主要考察阅读课直接词汇教学"怎么教"的问题。专门探讨阅读课直接词汇教学教学方法的文献相对较少，这可能由于阅读课词汇教学虽有其独特性，但本质上还是属于词汇教学，大部分词汇教学方法和技巧都可以应用在阅读课上。下面我们从词语的展示、讲解与练习三个角度考察词汇教学的具体方法，并探讨这些方法如何应用于阅读课上。

1. 词语展示

崔永华、杨寄洲（1997：33）将词语展示分为独词展示和综合展示，独词展示"以单个词的教学为讨论对象"，可使用听写、领读、认读、卡片等方式帮助学生了解生词的形、音、义；综合展示指"根据教学方法的需要，对生词表中（生词）的次序加以调整或重新排列"，然后再按照重新排列的词表开展教学活动，常见的方法包括按词类排列、按词义的相关性排列、按生词在课文中出现的顺序排列、分话题排列。万艺玲（2010：180）讨论了词语展示的顺序和方法，在词语展示顺序方面，除了崔永华、杨寄洲（1997）提到的几种生词排列方法，万文还提出可按字的偏旁排列生词，在词语展示方法方面，万文也提到了听写、领读、认读、实物或图画、卡片等几种方法。

在实证研究方面，廷汉姆（Tinkham, 1993、1997）分别比较了语义相关词语同时呈现和语义无关词语同时呈现两种呈现方法，以及语义相关词语同时呈现和主题相关词语同时呈现两种呈现方法对ESL学习者词汇学习的影响，研究结果显示，将语义相关的词语同时呈现给学习者不利于词汇学习，但将同一主题的相关词语同时呈现给学习者有利于词汇学习。韦林（Waring, 1997）使用日语词和研究者自造的假词作为实验材料，也发现将同一语义场的词语同时呈现出来，不利于词汇学习。芬博纳、尼科尔（Finkbeiner & Nicol, 2003）亦得出了同样的结论，不过在实验过程中，廷汉姆（Tinkham, 1993、1997）和韦林（Waring, 1997）为被试提供的是目标词和第一语言翻译，而该研究提供的是目标词和图片。埃滕、特肯（Erten & Tekin，2008）不仅提供了图片，还进行了操练及连线练习，且将生词放入故事中学习，得出的结论亦是如此。张荔、盛越（2009）的研究也显示，对 ESL 学习者而言，语义无关词语的共同呈现比语义相关词语的共同呈现更有助于词汇习得。

对外汉语教学领域，张和生（2010：71）首次对不同排列顺序的生词词表的教学效果进行了实验研究，该项研究将汉语水平相同的被试分为实验组和对照组，两组使用相同的实验词语，生词分别按音序和义类排列，在教学中，教师向被试发放词表，请学生朗读词语，老师带读词语，之后被试自行默记生词。研究分别针对初中级水平学习者和中高级水平学习者进行了实验，即时测试和延时测试结果显示，义类学习方法指导的实验组成绩显著高于对照组。陈琳（2016）的实验研究则得出相反的结论，即语义不相关组的学习效果显著优于语义相关组。该实验中，语义相关组的学习材料为根据每个语义类别编写的 4 个故事，语义不相关组则从每个语义类别中各随机选取 2 个词汇，编写 4 个故事作为学习材料。教学中，学习材料通过 PPT 呈现，研究者朗读实验故事，读到目标生词时，点击鼠标出现生词的图片、汉字和拼音。之后教师领读 3 遍生词，板书汉字和拼音，被试抄写汉字和拼音各 2 遍。最后，教师领读所有生词 2 遍。测试包括再认测试和回忆测试，前者要求被试匹配汉字、拼音和图片，后者要求被试根据图片写拼音或汉字。

2. 词语讲解

内申（Nation，1990/2004：58）将词语释义方法分为四种：演示法、分析法、语境法和翻译法。盛炎（1990：276）谈到了词汇教学的九种方法，包括翻译法、直接法、语素法、语境法、词根法、词源法、搭配法、话语联结法、比较法。吕必松（1994）列举了六种词义解释的方法，分别是用实物或图片解释、用同义词和反义词解释、用语素义进行解释、类比、叙述情景和用学生已经掌握的语言译释。崔永华、杨寄洲（1997：38）将词语讲解分为两类：讲解词的意义和词的用法，并总结了十数种词义解释方法。万艺玲（2010：186）也分别总结了词语意义和用法的讲解方法，在解释词义的方法方面，作者认为主要有四种途径：非语言法、母语法、汉语法和猜测法，在讲解词语用法方面，作者认为教师应对词语的搭配、句法功能、感情色彩、语体色彩进行讲解。高燕（2008：20）从是否对词语进行内部解析的角度，将词语释义方法分为整体法和分析法，此外，作者还对虚词、抽象词语、国俗词语和语块的教学进行了特别说明。曹慧（2002）概括了对外汉语词汇教学的三种模式：一对一翻译、搭配和扩展、简单讲解+例句。

一些文献特别讨论了阅读课生词处理的方法。内申（Nation，1990/2004：129）认为在选择教学方法前，应先确定阅读课的教学目的：如果阅读课的主要目的是训练阅读技巧或理解文章内容，就要保证词汇教学不会中断阅读进程，这种情况下，可使用查词典、迅速告知词义、注释、忽略、阅读前集中教授词语的方法；如果阅读课的主要目的是增加学习者的阅读词汇，教师可以教授一些常用词语、词汇知识和词语学习策略，可采用通过语境猜测词义、利用构成成分教授词语、词语练习、词表、语义地图等方法。安德森（Anderson，1999/2009：26）认为以下四种词汇学习方法适合在阅读课上使用：机械背诵、通过语境猜测词义、利用记忆技巧学习生词、分析词语结构。格雷夫斯等（Graves et al.，2014）认为要针对不同词语采用不同教学方法，对于意义复杂和对理解文章有关键作用的词语来说，需要有充足的教学，包括释义、例句、讨论等；对于语义较为简单的词语来说，提供简单的例子即可；那些易于猜测的词语，则让学生通过语境和构词法线索推测词义。周小兵等（2008：130）提出了四种阅读课词汇教学方法：讨论法、情景展示法、实物—图片法和词汇联想法。陈贤纯（2008：87）认为可以在阅读课上提供给学生一个生词表。

3. 词语练习

吕必松（1994）将词语练习分为感知性练习、理解性练习、模仿性练习、记忆性练习和应用性练习等，崔永华、杨寄洲（1997：54）将词语练习分为记忆练习、辨别练习、理解练习和用法练习四种。高燕（2008：106）认为从题型的角度可将词语练习分为字词听写、义项选择、多音字注音组词、填空、选择、造句等十三类练习。万艺玲（2010：186）将词语练习分为识别词语的练习、辨别词语的练习和应用词语的练习三类。

专门针对阅读课课堂词语练习方式的研究较少。内申（Nation，2001：255）提出了阅读课词语练习设计需要考虑的五个问题：①练习的目的是什么？②练习能够促进词汇学习的心理条件是什么？③通过哪些迹象可以观察到学习者在通过练习学习生词？④练习通过什么方式达成促进词汇学习的心理条件？⑤练习是否适合在课堂上进行？帕里巴克特、韦舍（Paribakht & Wesche, 1996）将英语作为第二语言的阅读课词语练习分为五类，分别是选择性注意、识别、操作、解释和输出。在对外汉语教学领域，刘颂浩（1999）的研究非常具有借鉴意义，该文对词语练习方式的讨论紧紧抓住了阅读课词汇教学的特点，练习主要针对实词，且主要训练学生的词语识别能力，文章将词语练习分为"辨认、联想、搭配、评价、总结"五类，对每类练习都进行了举例，并详细说明了各类练习的难度和注意事项。

对外汉语学界有关阅读课词语练习方式的研究大都是针对教材词语练习进行的，其中有的文献是针对阅读课本词语练习的专项研究，如陈楠（2013）对《发展汉语》和《阅读教程 I》两套对外汉语中级阶段阅读教材的词语练习的题量、题型和内容进行了考察；有的文献在对比分析不同等级、不同类别阅读课本的练习方式时，也对词语练习进行了归纳总结，此类研究较多，如颜彦（2008）、刘琴（2012）、郑媛（2013）对初级阅读课本的词语练习进行了考察，梁静（2006）、王丽宏（2007）、刘秋丽（2007）、高杰（2010）对中级阅读课本词语练习进行了研究，欧阳普全（2010）、施雯（2012）则对报刊阅读教材的词语练习进行了探讨。

本小节对阅读课直接词汇教学的重要性、何时教、教什么、怎么教的问题进行了回顾和总结。总的来看，阅读课词汇教学研究具有良好的基础，研究者根据自身的实践经验，对阅读课词汇教学的重要性进行了论证，对词汇教学的时间安排和教学内容进行了总结，有关词语展示、讲解和练习方式的研究对教师增加词汇教学的多样性，增强教学的针对性有很大帮助，具有较大的实用价值。在上述研究的基础上，我们总结出一些研究空缺：

（1）从研究方法看，绝大部分研究都是经验性总结，缺乏实证研究，各类教学方法的有效性还有待检验。

（2）从研究内容看，研究者大多是在探讨阅读课教学时，提及词汇教学，专门针对阅读课词汇教学的文献较少；研究者比较注重教学方法的多样性，但不同教学方法适用性的研究较为缺乏。

三 语素教学法

本小节主要从语素法的界定、可行性、优势、教学设计和有关语素法的实证研究五个方面对语素教学法的相关研究进行总结。

（一）语素法的界定

盛炎（1990：276）在词汇教学方法中特别提到了语素法，但没有给出明确界定，主要指出词汇教学要利用语素法"把学生的注意力由词引到语素上来"。

吕必松（1993）提出"汉语教学中语素教学是一个不该忽视的方面，应考虑把语素作为最小的教学单位"，在吕先生看来，语素教学应当指教学时，把语素作为最小教学单位。

吕文华（1999）指出语素教学是"以提高词汇教学的水平和效率为目的，用分析语素的构词功能和语素义、词义的方法，使学生从长期被动的学习状态和死记硬背的苦恼中解脱出来，有效地提高词汇的记忆、理解和运用能力，从而为提高语言能力打下坚实的基础"。该文对语素教学的界定涉及教学目的、主要教学内容以及语素教学的意义。

肖贤彬（2002）对"语素法"的界定重在强调该法在扩大词汇量上的作用，该文指出，"语素法"实际上应称为"语素扩展法"，指的是"除了讲练目标词语的词义（这常常可以依赖外语注释或翻译）和用法外，还要将词语中的语素（字）加以离析，然后以一定的义项为单位与其他已学或未学的词素再行组合，从而巩固所学词语和扩大新词的学习范围"。该界定注意到了语素法具有解释词义、巩固所学词语和扩大新词三方面的作用。

李如龙、杨吉春（2004）认为"语素法"就是按照"语素类推法和语素分析法来教学复音词"。其中语素类推法指"按照合成词的结构方式，保留其中一个语素，以同类表义的语素替换另一个语素，类推出其他未经教学的词",语素分析法指"用语素义解释合成词的词义的教学方法"。该界定注意到了语素法的适用词语类型主要是复音词,并依据语素法的主要功用将该法下分为"语素类推"和"语素分析"两种具体方法。

研究者对语素法的界定各有侧重点,但从各位学者的论述可以看出,CSL 教学中,语素法主要用于具体词语的教学,包括解释词语和联系其他词语。这不同于 ESL 教学中语素法的应用取向,在 ESL 教学中,研究者更倾向于将语素法视为一种学习策略而非一种教授具体词语的方法,教师通过常用词缀的教学,识别词语组成部分以及合并组成部分推断词义的练习,提高学习者在阅读中猜测生词词义的能力。例如,内申(Nation,1990/2004)将"使用前缀、词根和后缀"放在"学习者策略"这一章节下论述,鲍曼等(Baumann et al.,2002、2003)、张(Zhang,2009)、帕切科(Pacheco,2005)等有关语素教学的研究认为,教学内容主要是常用词缀的意义和利用词缀猜测词义的方法。这种应用取向的不同,可能源于 CSL 和 ESL 教学中,语素法提出的不同背景以及汉语、英语构词方式的差异。

ESL 教学逐渐开始关注词语的组成部分——词根和词缀的教学源于 20 世纪 60 年代,以乔姆斯基的转换生成语法为语言学理论基础的认知法的兴起让研究者开始关注语言规则的讲练,认知法认为外语教学应当先让学生理解语言规则,强调词汇习得过程中的创造性,在这一理念影响下,ESL 教学开始引导学生关注词语内部各组成部分之间的联系,经常在课堂上展示前缀、后缀和词根的意义如何合并在一起构成了词义(摩尔,1989:7)。可以看到,ESL 的研究者开始关注语素教学时,强调的是规则的学习,重点教授的是语素分析的方法,目的是让学习者在阅读中遇到生词时,能够应用这种方法分析含有词缀的复杂词语。

而在 CSL 教学界,语素法是针对留学生汉语词汇学习中出现的问题,结合汉语词汇特点提出的。胡炳忠(1987)认为留学生将"鸡"描述为"鸡蛋的妈妈",主要源于汉语教学中用翻译法教授生词,导致学生学了"鸡蛋"却不懂"鸡"的意思,该文指出了汉语语素和构词在教学中的重要性,明确提出应"在语素和构词法的理论指导下进行词汇教学"。此后,有关语素教学的研究也大多从汉语词汇特点入手,以此分析语素法的重要性。可以看到，CSL教学中的语素法是针对学习者对词语理解和运用中的具体问题提出的，它关注的是运用语素法教授词语时，学习者是否能够更好地理解和记忆生词，是否能够通过教师利用语素进行的词语扩展教学学会更多的生词。

ESL教学注重语素分析的策略教学，CSL教学注重利用语素进行词语解释和扩展，这种应用取向上的差异可能还源于英汉词语构词方式的不同。将语素分析方法作为策略教授给学习者，包含两方面内容，一是教材料——语素，二是教方法——把语素组合成词的方法。语素如何组成词属于语言规则的教学，规则是有限的，常用的构词规则不用花费太长的时间就可以教授完毕，所以另一个教学内容——语素的性质和语素数量的多少，对ESL和CSL教学中语素法的应用取向有较大影响。

英语多是由"词根+词缀"构成新词，派生词占英语词汇总量的70%。（宋志勤，2010：46）英语常用词缀的数量是极为有限的，斯托弗（Stauffer, 1942）的统计发现，15个前缀覆盖了 *The Teacher's Word Book* 中带有前缀词语的82%，萨拉吉（Saragi, 1974）的统计显示，14个后缀覆盖了 *General Service List* 中带有后缀词语的60%。（转引自内申，1990/2004：169）因此通过集中教学让学生在短时间内掌握常用词缀较易实现，而英语派生词又占大多数，当学习者掌握了常用词缀的意义和语素分析方法，就可以将之应用于阅读中大多数词语的词义推断，同时，语境可以帮助学习者推断词根的意义，即使推断不出词根意义，词缀也可以帮助他们了解一部分词义。而在英语课堂上使用语素解释词义、巩固已学词语和扩展新词不一定具有优势，因为英语中很多词根在不同的词语里面形式不同，如escape、cattle、chapel、chief、achieve中都包含词根cap（内申，2001：265），这不利于学习者把已学词语和新词联系起来。

而汉语不同，汉语多由词根复合构成新词，该类词语占汉语复合词的96.5%（吕文华，1999），相比于英语词缀，汉语中可以作为词根的语素数量极为丰富，据邢红兵（2006）统计，仅《汉语水平词汇等级大纲》（以下简称《大纲》）甲级词中单用语素和自由语素的数量就达1411个，"与孤立地习得复杂词语相比，相似的词语组成部分有助于词汇学习，但前提是，学习者能够认出这一组成部分"（卡莱尔，2003）。让学习者在短时间内掌握这么多的语素是有难度的，让他们自己利用这些语素推断词义或理解、记忆生词难度更大，在学生词汇量不足的情况下将语素分析法作为学习策略系统地教授给学生，学生可能并不能很好地运用该策略。所以更具操作性的方法是，在具体词语的教学中，老师根据生词语素的意义和学生的语言水平，选取一定量的生词进行词语扩展，这种情况下，同素词语素形式和意义的一致性对于构建词语网络非常有益，同时也可以循序渐进地培养学习者的语素意识，为学习者自觉利用语素学习生词奠定基础。

当然，这并不是说 CSL 教学不可以进行或完全没有涉及语素分析的策略教学，而是说与英语相比，汉语语素分析策略的实施对学习者水平有更高的要求。语言教学除了传授语言知识，还要培养学生自我学习的能力，因此，策略教学是必不可少的一环。事实上，近年来，一部分汉语阅读教材已开始将构词法的相关知识作为一种词义猜测策略介绍给学生（周小兵、张世涛，1999；张世涛、刘若云，2002；李晓娟，2009等），其中以中级汉语阅读教材为主，中级水平的学习者对常用语素的意义已有一定的了解，从理论上说，学生通过策略学习，应该可以利用已知语素和构词法知识猜测词义，但在实际运用中，可能还存在一些问题，如干红梅（2009）的研究显示，绝大多数学生进行词义猜测时，都是先猜词义再猜结构，学习者对语素义的判断直接影响猜词结果，也就是说，学习者还是凭借自己对于语素意义的理解猜测词义，而非使用"语素义＋构词法"的猜词策略。但是经过一段时间专门的策略训练，学习者综合运用语素义和构词法猜词的能力是否有所提高？学习者能否在词语学习中自觉利用这一策略理解和记忆生词？如何促使学习者在词语理解、记忆和词义推测过程中主动运用语素分析策略？还需要更多的研究。

通过以上总结和分析，本书将语素法界定如下：语素法是利用语素进行词汇教学的方法。在教学中，主要用于解释词义，巩固已学词语和扩展词汇；还可包括构词法知识的教学及运用语素和构词知识猜测词义的策略训练。

(二) 语素法的可行性和优势

1. 语素法的可行性

吕文华（1999）、李如龙、吴茗（2005）、杨捷（2006）、陈俊羽（2007）、杨涛（2011）、郝静芳（2014）等从本体和学习者角度对语素法的可行性进行了讨论。下面我们先从本体的角度入手，通过分析汉语词汇特点是否有利于语素教学各步骤的实施对语素法的可行性论证进行总结。

哈里斯等（Harris et al., 2011）认为语素教学包含四个步骤：①将词语切分为不同的组成部分；②确定各语素的意义；③根据各语素的意义，推测出词义；④查检词典得到确切释义。其中，前三个步骤与语素法可行性的分析相关。

第一步，将词语切分为不同的组成部分。在 ESL 教学中，这一步需要专门的训练，因为英语中一个语素由多个字母表示，学习者需要识别哪些字母表示了一个语素。而汉语中，单字语素占绝大多数（苑春法、黄昌宁，1998），即绝大多数情况下，一个语素对应一个汉字，因此学习者将汉语词分解为语素基本没有什么困难。

第二步，确定各语素的意义。这一步如果由学习者自己完成可能会遇到较大困难，同形语素、多义语素和多音语素的存在，常常使学习者难以判断语素义。学习者可能只能想到他最熟悉的语素义，至于生词中语素的意义是否就是自己熟悉的那个语素义，学生根本无从分辨。如果学习者的母语文字是表音文字，受母语文字背景的影响，他们还可能面临区别同音语素的困难。但需要注意的是，在此分析的是课堂直接教学中语素法的可行性，而不是学习者阅读过程中词义猜测的成功率。课堂教学中，在教师的刻意引导下，让学习者将语素形式和意义联系起来是没有问题的。

第三步，根据各语素的意义，推测出词义。在这一步骤中，汉语词汇的两个特点有利于学习者通过语素理解和记忆词语。其一，汉语主要通过词根复合构成新词，而构成复合词的语素绝大多数在构词时保持意义不变，根据苑春法、黄昌宁（1998）的统计数据可以计算出，汉语中基本语素①构成的名词、动词、形容词中，有89.8%的词语语素在构词时意义不变。即使我们将6763个常用汉字构成的所有二字词作为分母（共计45960个二字词，其中2863个不是由基本语素构成的，余下的由基本语素构成的词语中，2139个是属于非名、动、形的其他词类的词语），语素构词时意义不变的词语比例也高达80%。语素进入词时意义不变，为学习者确定词义提供了可能。其二，汉语中大多数复合词的词义都可由语素义直接加合而成，这有利于学习者通过语素义推知词义。据朱志平（2005：137）统计，《大纲》甲、乙、丙三个级别的双音节复合实词中，61.1%的词语语素结合的语义结构是"直接生成"，即"语素义通过相应的语法结构方式直接生成词的使用义"（王宁，1999）；另据李如龙、吴茗（2005）的统计，《大纲》甲、乙级双音词中，47.39%的词语意义由语素义直接加合而成，41.66%的词语意义由语素义稍作引申或转换可得到。汉语词汇的这两个特点便于学习者利用语素学习生词，不过，通过语素义理解词义时还需要结合词语的结构方式，一个词是偏正式还是联合式？两个语素间是修饰限定关系还是并列关系？这方面需要老师指导。

从语素教学的实施步骤来看，尽管一些语素义的分辨和词义的推断必须在教师的刻意引导下才能完成，但汉语本身的词汇特点还是为学习者通过语素理解和记忆词义提供了诸多便利。也就是说，从语言本体的角度观察，语素法是可行的。

接下来，我们从学习者的角度分析语素教学的可行性。以往研究显示，初级水平学习者已初步具有语素意识（邢红兵，2003；冯丽萍、宋志明，2004；孙晓羽，2004），且语素意识随着汉语水平的提高而发展（冯丽萍，2011：191）。语素意识指"学习者对词内在结构的意识以及操纵这种结构的能力"（郝美玲、张伟，2006）。也就是说，学习者具备语素意识，意味着他们能够意识到语素的存在，也对语素如何构词有一定的认识，同时他们能够运用这种认识识别语素和词语结构。尽管在初级

---

① 苑春法、黄昌宁（1998）所说的基本语素，是指语素库中0义项语素之外的语素。"难以确定这些语素在组词中的作用，难以断定它的构词方式"时，该文将之标记为0义项语素。

阶段，学习者的"整词识别能力显著优于语素识别能力"（桑显洁，2014），直到中级阶段，学习者的"中文词素意识尚处于发展过程中，他们对合成词的词汇结构、对两个词素之间的语义关系还不敏感"（冯丽萍，2003），但学习者具备了这种潜在能力，就说明他们可以接受把词语拆分成语素来讲解。

那么学习者具有了语素意识，是否能够利用以往词汇学习中形成的对语素义和词语结构方式的认识，来理解新词的词义呢？答案也是肯定的。因为语言学习者具有类推能力，可以依据自己熟悉的模式理解新的模式，汉语中绝大部分合成词都由词根复合构成，这种构成模式是学习者所熟悉的，因此学习者可以利用这种构成模式理解新词。在各类词义猜测测试中，学习者能够作答，就是因为他们能够运用类推能力理解词义，错误答案的出现，也往往源于学习者熟悉的语素义与该语素在测试词中的意义不一致，或学习者熟悉的词语结构方式和测试词的结构不一致，出现了错误类推。学习者所具备的类推能力，使学习者利用语素义理解词义成为可能。

可以说，学习者所具备的语素意识以及语言类推能力，使他们能够接受利用语素学习词语的授课方式，也就是说语素法是可行的。同时，也正因为学习者的语素意识还较为薄弱，掌握的语素知识相对较少，对词语结构方式还缺乏了解，易于出现错误类推，才需要教师进行引导，这也体现了语素教学的必要性。

2. 语素法的优势

吕必松（1993）、吕文华（1999）、肖贤彬（2002）、王周炎、卿雪华（2004）、李如龙、吴茗（2005）、侯宇（2008）、周天致（2014）等研究都对语素教学法的优势进行了讨论。从上文我们对语素法可行性的分析中可以看到，汉语词汇的特点非常适宜语素法的应用，换言之，语素法是一种符合汉语词汇特点的教学方法。总体而言，研究者认为语素法最主要的优势有三个。

一是有助于学习者准确理解和运用词语，这是与通过对译词学习词语相比较而言的。前文已谈到学习者知道"鸡蛋"却不知道"鸡"的意思，就是由于"学习者通常是经由母语词的对译来整体识解二语复合词的意义"（张博，2015）。如果能够通过语素法教授词语，让学习者知道词语各构成要素的意义，知其然且知其所以然，将对学习者准确理解和运用词语有很大帮助。

二是语素法可以帮助学习者构建同素词词汇网络，增强词语的记忆。心理词典中，词语不是单独储存的，而是以网络的形式储存在一起，网络中每个节点都代表一个概念或词语，增强词语间有意义的联系，可以使这些节点之间的连接更为紧密，从而使词语的记忆更为牢固。汉语主要由词根复合构成新词，字少而词多，因此存在大量的同素词，语素法注重系联相同语素的词语，这可以加强学习者心理词典中同素词的联系，有助于构建词汇网络，增强词语记忆。

三是语素法可以利用有限的语素学习大量的词语，减轻学生记忆负担，提高学习效率，达到以简驭繁的效果。从汉语字、词的构成情况来看，《现代汉语常用词表》中的 2500 个常用字和 1000 个次常用字可构成七万多个词，1056 个汉字构词数在 20 个以上。（张凯，1997）从初级阶段 CSL 学习者所接触的语素、词的构成情况来看，《高等学校外国留学生汉语言专业教学大纲》中一年级一级双音节词拆分所得的语素中，构词数量 2 以上的语素有 442 个，平均构词数 3.82，综合一年级一级二级，构词数量 2 以上的语素 488 个，平均构词数 4.67。（冯丽萍、宋志明，2004）学会一个语素，可以扩展出一系列词语，因此很多学者认为语素法对于迅速扩充词汇量有很大益处。

此外，还有学者提出，语素法可以为辨析近义词，识别、记忆汉字，培养学生对汉语的语感，调动学生主动学习的积极性提供帮助。

（三）语素法的教学设计

一些研究探讨了利用语素进行汉语词汇教学的整体构想。吕文华（1999）首次对语素教学法进行了专题研究，文章在对《大纲》的语素进行分析的基础上，提出了语素教学的方案，对教学语素的选择、语素教学的具体方法、在教材中的操作及语素教学的分级进行了论述。王周炎、卿雪华（2004）提出在教学中，可先教一些构词能力强的单音节语素，语素和复合词教学应同步进行，语素教学需结合构词法进行，在辨析发音相同的词、近义词时也应突出语素教学。周健、廖署业（2006）指出合成词的教学要突出语素分析原则,并提出了五种贯彻语素分析原则的教学策略:语素义提取、联系旧词中的语素、语素组合关系判断、对比词义以及词语搭配与扩展。施正宇(2008)提出"词·语素·汉字"为基本框架的教学理念,建议建立教学词库和字库,并在语素的基础上拓展学生的汉语能力和汉字能力。汪礼俊(2010)分析了单音节语素的教学方法和利用语素教授双音节(多音节)词的方法,并提出了可用于语素教学的八类练习。王丽(2011)考察了利用语素教授单音词、复音词、成语、新词新语和缩略语的方法。

一些研究考察了利用特定语素进行词汇教学的构想。杨晓黎(2010)、舒春晖(2013)、曹梦芸(2013)、贺晶晶(2013)、芦洁媛(2013)、方冰(2014)、徐洁(2014)考察了利用传承语素,即"从上古汉语的词发展而来,在现代汉语中作为构词成分而存在的语素"(杨晓黎,2010)进行汉语词汇教学的方法。

一些研究考察了利用语素对不同水平学习者进行词汇教学的构想。杨捷(2006)探讨了初级阶段和高级阶段语素教学的策略,认为高级阶段可利用语素教学法释义、讲解词语结构、适当扩展词汇。韩涛(2011)从字本位理念出发,对汉语初级阶段精读课词汇教学模式进行了设计。梁茜(2012)考察了语素法在高级阶段词汇教学中的应用。

一些研究考察了利用语素对不同国别学习者进行词汇教学的构想。梅重楠(2012)结合教学实验,针对面向越南语背景学习者的汉语语素教学提出了一些建议。乌云赛汗(2013)对蒙古国立大学汉语词汇教学方法进行了调查,并结合语素法对对蒙中级汉语词汇教学模式进行了设计。

此外,还有一些研究讨论了利用语素法编写教材的设想。肖贤彬(2002)分析了语素法在对外汉语词汇教学中的优势和困难,对贯彻语素法理念的教材如何处理语法体系的问题、语素扩展范围的问题、处理超等级词语的问题进行了讨论。贾鸿杰、贾鸿丽(2011)提出在中高级词汇教学和教材编写中应有意识地突出语素意识,帮助学生建立语素与词汇的对应关系。李英、华瑞杰(2013)探讨了编写精读教材时,如何将语素教学的理念融入生词表的制定、注释内容的选取和处理以及练习的设计中。

（四）有关语素法的实证研究

有关汉语作为第二语言语素教学的实证研究相对较少，因此本小节还对英语母语和英语作为第二语言教学中有关语素教学的实证研究进行了考察，下面我们分别对这几方面的研究进行简要介绍和评价。

1. 英语词汇教学中有关语素教学的实证研究

英语教学倾向于将语素分析方法作为策略教授给学生，重点教授的是前缀和后缀，较少涉及词根的教学。尽管课程中包含具体词语的教学，但主要目的是让学生学习和练习利用词语组成部分和语素分析方法猜测词义的策略，因此测试使用的词语一般为学习者未接触过的，研究结果反映的更多是学习者策略掌握情况，而非具体词语的理解和记忆情况。下面我们对英语语素教学的实证研究进行综述。

首先是英语母语教学中有关语素教学的实证研究，其中一些研究显示出语素法的优势，例如：奥特曼（Otterman，1955）对七年级学生，进行了30次、每次10分钟的有关前缀和词根的课程，测试结果显示，被试在语素和拼写测试中优于对照组，但只有高水平学习者能够利用已教授的语素解释生词词义；汤普森（Thompson，1958）教授大学生20个前缀和14个词根，研究发现，经过教学，学习者能够在词语中分辨出这些语素；格雷夫斯、哈蒙德（Graves & Hammond，1980）对七年级学生，进行了3次、每次20—25分钟的课程，教授9个常用前缀，测试发现，当要求被试把已教授的前缀知识运用到其他词语的理解上时，实验组表现显著优于对照组；尼科尔等（Nicol et al.，1984）和瓦特等（White et al.，1989）的研究也显示出小学生可以将前缀的相关知识运用到新词语的猜测中。

不过也有一些研究显示出了语素教学的某些不足。弗莱德、巴伦（Freyd & Baron，1982）通过5次、每次45分钟的课程向五年级和八年级的学生介绍了一些词语后缀的知识，测试发现，虽然派生词语的测试成绩优于简单词语，但是学生主要通过词根判断派生词语的意义，而很少利用后缀知识。鲍尔斯等（Bowers et al.，2010）希望通过一组同素词的教学，提高学生利用语素猜测词义的能力。被试为81名小学四年级和五年级学生，实验持续 20 周，每周 3—4 节课，每节课 50 分钟。测试包括语素辨别和词义解释，测试词语中 1/3 是已学的，1/3 是学过词根的，1/3 是学过前缀的。实验结果显示，实验组成绩优于对照组。作者认为，这显示出学生掌握了那些通过一般课堂教学方法无法掌握的形态学知识，说明将形态学系统作为一种生成性词汇知识教授给小学生是成功的。但需要注意的是，该研究中那些已学词语和学过词根的词语，实验组成绩都显著优于对照组，而未学过词根，只学过前缀的生词，两组学生成绩差异不大。因此，作者指出，学习者是无法依靠那些没有学过的语素推断和学习词义的，并特别指出词根是一个词语意义的核心，除非学习者已经学会了一个词根，否则形态学上的分析无法帮助学习者获知词义。彼得、约翰（Peter & John，2010）的研究得出了相似的结论。该研究的被试为四年级和五年级的英语母语儿童，形态知识的教学持续了 20 个课时，每课时 50 分钟。教学内容包括两个方面，一是关键概念和规则，包括何为词根、前缀、后缀，加前缀后缀时，何时词根要发生变化等；二是具体词根、词缀的教学，首先让学生根据一系列词语发现共同的部分，猜测这些部分的意义，再给出更多的例子让学生去验证自己的猜测，之后讲解、练习。测试材料为 30 个词语，其中 10 个词语在教学中出现过，10 个词语的词根和词缀分别教授过，10 个词语只教授过词缀。测试形式有二，一是分辨词语组成部分，要求被试识别出词根和词缀；二是形态学知识的考察，要求学生根据上一测试的划分说出词语的意思。实验结果显示，实验组和对照组在 30 个测试词中的第一组和第二组上存在显著差异，在第三组词语上没有显著差异，即形态知识的教学可以帮助学生识别词语组成部分，但是那些未教授词根义的词语学习者是无法猜测出词义的。

哈里斯等（Harris et al.，2011）对比了具有学习障碍的高中生和普通高中生接受语素法和关键词法学习生词后，对词语的记忆效果，以及运用策略推测词义的能力。语素法的教学步骤为：学生依次写下生词、词语的组成部分及每个组成部分的意义→预测生词的意义→查检词典修改自己的回答。关键词法的教学步骤为：学生写下词语和释义→联想一个读音或词形相近的词语→想出一个包含新词和联想词的故事、句子或词组→根据自己的故事画一幅画。在语素分析测试中,接受语素法教学的学生成绩远优于接受关键词法教学的学生,这显示出,不经专门的语素教学,学习者自己离析出语素的能力较低,也说明了语素教学能够提高学习者的语素分析能力。而在词义测试中,尽管两组被试的词汇掌握情况都远远优于未教授词汇策略的学习者,但后测成绩中,使用关键词法的学生成绩更好。

　　需要特别提出的是,鲍曼等(Baumann et al.,2002)进行的一项和本书内容直接相关的考察语素分析策略和语境分析策略教学效果的研究。该研究被试为88名五年级学生,被试分为4组,分别是语素组、语境组、混合组(语素+语境)和对照组。教学持续4周,共包含12节50分钟的课程。语素组的教学内容为:8类常用前缀,包括表示重复和移除的前缀、表示以前和以后的前缀、表示否定的前缀、表示超越的前缀等;语境组的教学内容为:一般语境线索策略和8种具体语境线索策略,包括下定义、近义、反义、语气、举例等;混合组的教学内容同语素法和语境法教学内容一样,为了保证不同组别实验时间一致,混合组的举例和练习减少;对照组的教学内容为:阅读、讨论一本故事书,对书中出现的目标词进行讨论。测试内容包含10个课上学过的词语和20个未学过的词语。测试形式包括写出词语释义和根据短文判断正误,后一测试中被试理解了测试相关词语才有可能做出正确判断。测试后进行访谈,访谈向语素组的被试出示8个词,4个词教过前缀,但没教过词根,4个词前缀和词根都没教过,要求学生说出词义,陈述自己想出词义的策略,画出前缀和词根,陈述自己还知道哪些结构分析的知识。语境组的题目为4个句子,要求学生说出词义,陈述自己想出词义的策略,标示出语境线索,陈述自己还知道哪些语境分析方法。研究结果显示,对于课上教授过的词语,语素法和语境法有即时和延时效果,学习者可以将这种技能应用到其他词语上,但对学习者的文本理解没有显著影响,在推断词义测试中,混合教学法和单独的语素法或语境法的效果没有太大差异。该研究设计严密,研究结论具有很强的借鉴意义,但其研究目的和教学内容与本书有较大差异:第一,该研究中,语素组的教学词语和测试词语不同于语境组,因此该研究的测试结果只能表明两种策略学习方法都有助于学习者理解和记忆生词，也有助于提高学习者语素线索和语境线索运用能力，但无法体现两种教学法的教学效果有何差异；第二，从教学内容看，该研究重点教授的是语素线索和语境线索的识别和运用方法，而非具体词语的理解和记忆；第三，该研究的被试为英语母语者，而本书的研究对象为 CSL 学习者，该研究的结论是否同样适用于 CSL 学习者，还有待进一步研究。

以上为英语母语教学中有关语素教学的实证研究，与之相比，ESL 的相关研究略显薄弱，不过，各项研究都显示出了语素教学的良好效果。其中，贝洛莫（Bellomo，1999）旨在研究语素法对具体词语理解和记忆的帮助，其他三项研究旨在考察语素分析策略的学习和使用情况。

贝洛莫（Bellomo，1999）对不同母语背景的 ESL 学习者进行了语素教学，希望考察词根和词缀知识的讲解对学生理解词义的帮助。教学持续 12 周，测试为单项选择，要求学生辨别 10 个词根、5 个前缀和 15 个生词的近义词。第一次实验中，被试为 11 名不同母语背景的大学预科班学生，其中 3 名学生的母语属于拉丁语族，其余学生不是。第二次实验中，9 名学生的母语都不属于拉丁语族。第三次实验中，7 名学生的母语属于拉丁语族，7 名学生不是。研究结果均显示，无论对于何种语言背景的学习者来说，使用词语组成部分教学都能促进词汇学习。

帕切科（Pacheco，2005）针对 30 名西班牙语背景 ESL 学习者进行了一项行动研究。教学活动持续 5 周，每周 2 次课，每次 1.5 小时。教师在阅读前对生词进行直接教学，包括使用词缀扩展词语，并要求学生在语境中使用这些词语，之后全班同学对阅读文本进行讨论并进行词汇小测试。研究结果显示，前缀的直接教学有助于提高学生对前缀的识别和使用，从而增加他们的词汇知识。访谈显示，经过前缀教学，学生的学习态度更为积极，学习者普遍认为这一教学方法让阅读更为简单，还可以学到新的词语。

张（Zhang，2009）考察了语素法的教学效果，被试为 40 名汉语背景 ESL 学习者，前测后，研究者对被试进行 15—20 分钟的语素知识讲解，并发放了一份包含 100 个高频英语语素的材料。3 周后进行后测。测试结果显示，实验组后测成绩提高了 25%，而对照组仅提高了 1%，作者认为这可以看出语素教学的有效性。需要注意的是，该研究并没有针对测试词语的词义或用法进行教学，因此，测试结果反映的是语素教学有助于提高学习者的词义推测能力。

刘（Liu，2014）使用眼动仪对接受语素法和传统法教学的学生的词汇学习效果进行了观察。被试为68名汉语背景ESL学习者，实验词语共计70个，涉及5个前缀、5个词根和4个后缀。实验组和对照组的教学材料都包含例句和汉语翻译。在实验组，目标词语按照词缀排列，教师引导学生拆分词语、确定语素义、合并语素义得到词义；在对照组，目标词语按照音序排列，教师给出词语释义，并要求学生用自己的话释义或举例，对照组的教学还包括定期的书面练习和学生互相讨论词义。每周学习时间为1小时，为期4周的教学结束后，对学习者进行后测。后测为14个单选题，让学习者选出英语单词的汉语释义，这些词语包含的语素实验组的被试学习过，但测试词语实验组和对照组的学生都未接触过，在测试过程中，使用眼动仪记录学习者的答题过程。后测成绩显示，语素实验组的学习者在词缀上注视时间更长，说明学生遇到关键组成部分时会减慢阅读速度，而那些无用的部分则会略过。研究者认为，这说明接受过语素教学的被试在词义推测过程中会更加重视语素的作用。

2. CSL教学中有关语素法的实证研究

CSL语素教学的实证研究重在考察语素法对具体词语学习的影响，其中两项研究旨在探讨语素教学法对提高词汇水平的影响，分别为王骏（2005）和高珊（2009）；另几项研究则比较了语素法和整词法在教学效果上的差异，分别为陈俊羽（2007）、梅重楠（2012）、王莹（2014）和左一飞（2014）。下面我们分别对这几项研究进行简要介绍和评述。

王骏（2005）报告了一项语素教学法的实验研究，实验在两个平行班的口语课上展开，实验时间为一个学期，实验对象为中级初始阶段的日、韩留学生，对照班采用讲解、引导学生造句的传统方式教学，每课讲授的生词为10个左右，实验班则选择4个到5个词，对其中的常用语素进行扩展。测试选用HSK模拟试题。实验结果显示，实验班词汇水平的提高程度明显优于对照班。与王骏（2005）的实验设计类似，高珊（2009）同样在两个中级平行班的口语课教学中进行了一个学期的教学实验,对照班采用讲解和引导学生造句的方式教授生词,实验班则对部分语素进行扩展教学,请学生猜测含有该语素的词语的意思。测试采用 HSK 初级、中级模拟题的客观选择题和填空题,测试结果显示实验班成绩优于对照班。这两项研究中,使用语素法教授的词语和使用传统方法教授的词语并不一致,测试也主要是考察学习者的词汇水平而不是对已学词语的掌握情况,这可能由于作者的目的在于考察长期语素教学对提高学生词汇水平的影响,而不是语素教学在具体词语上的教学效果。

陈俊羽(2007)报告了一项对比语素法和整词法教学效果的实验研究,该研究以 5 个月在华汉语学习经历的 24 名留学生为实验对象,采用组内设计,实验词语共计 22 个,分为 A、B 两组,两组词分别使用整词法和语素法进行教学,每个词的教学时间为 3 分钟。整词法的教学步骤为:展示生词、拼音和英语对译词→教师领读→学生造句→剩余时间学生自行复习记忆;语素法的教学步骤为:展示词语→教师分析语素→对比较灵活、常用的语素进行复习和扩展→对表义性较强的汉字字形进行分析→造句。教学完成后,进行了听写测验、拼音测验和母语对译词测验。测试结果显示,利用语素法教授的词语的学习效果明显好于整词法。梅重楠(2012)也进行了整词教学法和语素教学法的对比试验,实验共教授 16 个生词,其中 8 个使用语素法教学,8 个使用整词法教学,实验结果显示语素法的教学效果优于整词法,但该文中作者未对具体的教学步骤进行说明。两项研究都非常具有启发意义,但也存在一个问题:两项实验均是组内设计,即被试相同,实验词语不同,但研究者没有对实验词语的选择进行严格控制,陈俊羽(2007)只保证了学习者不认识词语,两组词的笔画数匹配,梅重楠(2012)也仅对词类和笔画数进行了控制,其他因素未加考虑,词语的难易度可能会对实验结果产生影响。

王莹(2014)对俄语背景 CSL 初级和中级汉语学习者进行了语素教学和整词教学的对比研究,初级实验词语共计 20 个,中级实验词语共计 25 个,测试包括听写汉字、根据汉字写拼音、写出汉字对应的俄语单词、用汉字组词,测试结果显示,进行语素教学法的 A 班成绩均高于进行整词教学法的 B 班。遗憾的是,文章没有对教学实施步骤进行说明,且测试题目的设计均针对学习者对汉字的理解和记忆情况,因此测试可以证实语素教学法有利于汉字学习，也在一定程度上说明不经教师指导，初级、中级学习者提取语素义的能力还较低，但不能证实词语学习上语素法优于整词法。

左一飞（2014）对字本位和词本位教学法进行了对比研究，并考察了语义透明度对两种教学法词汇学习效果的影响。实验中，作者为实验组（使用字本位教学法）和对照组（使用词本位教学法）的被试提供了包含20个生词的讲义，这20个生词由4个汉字组成，其中一些词透明度较高，一些词透明度较低。讲义上列有生词、拼音和主要义项的英文翻译，在实验组的讲义中，4个核心字以大号字体呈现，在其右边列有5个扩展词语，对照组的讲义上，不呈现核心字，20个生词随机排列。实验要求被试学习讲义10分钟，然后进行单项选择测试。实验结果显示，透明度较高的词语，实验组的成绩显著高于对照组，而透明度较低的词语，实验组和对照组的成绩差异不大。这篇论文考虑到了语义透明度对教学效果的影响，反映出教学法对不同词语的适用性有所不同，这是以往语素教学的实证研究中很少涉及的问题，有较大的应用价值。但是该研究只通过呈现方式区别两种教学方法，设计略显简单，特别是实验组，使用字本位教学法，却缺少对字义的解释，这与真实课堂中的字本位和词本位教学还有一定差异。实际上，该实验设计与王骏（2009：106—110）报告的一项实验十分相近，只不过王骏（2009）没有考察词语的透明度对学习效果的影响，王书中也提到，该实验的目的是比较"围绕核心字及其语义展开的汉语词汇信息输入（方式）"与"传统的按整词输入的方式"对词义记忆的影响，所以，左一飞（2014）的研究严格意义上说不能算作两种教学方法的对比，而是两种呈现方式的对比。

四　语境教学法

利用语境进行二语词汇教学的历史非常悠久，早在20世纪20年代，英国语言学家帕默尔（Palmer）和霍恩比（Hornby）就提出了情景教学法，该教学法以结构主义语言学为理论基础，反对死记硬背双语词表的传统方法，"将口语视为语言的基础，将结构视为口语能力的核心"（理查兹、罗杰斯，2001/2008：40），而"基本结构的练习需要在以有意的语境为基础的活动中进行"（齐默曼，1997/2001：9），生词作为替换练习的材料，也是放在句型中进行教授的。

对外汉语词汇教学十分重视语境法的使用，盛炎（1990）、吕必松（1994）、崔永华、杨寄洲（1997）、万艺玲（2010）、高燕（2008）、曹慧（2002）探讨词语讲解方法时，无一例外地提到了利用语境教学的方法。下面我们从语境法的界定、优势、具体教学方法和有关语境法的实证研究几个方面对语境教学法的相关研究进行总结。

（一）语境法的界定

关于语境法的界定，学者们的观点比较一致，认为语境法就是"把词放在一定的语境中教"的方法（盛炎，1990：277），但语境法中的"语境"指什么，学者们的观点并不一致。

一些学者对语境的界定较为宽泛，包括上下文、言语交际活动中的主客观因素以及语言的社会环境因素等。如常敬宇（1986）认为所谓"语境"，就是指人们在交际活动中的各种语言环境，包括社会环境、文化背景、自然地理背景等。常敬宇（1994）进一步指出，语境包含文章的上下文或话语的前言后语等外显性语境和社会时代背景、文化背景、作者的主观意图等内隐性语境。盛炎（1990：277）认为语境包含上下文、社会文化背景等。程朝晖（1991）认为语境包含语言上下文、副语言环境、语体风格环境、社会文化环境和自然环境等。刘颂浩（2002）在总结前人观念的基础上，提出将语境分为"上下文语境"和"非上下文语境"，前者又分为"高层上下文"（即语体和风格）和"低层上下文"（即"一般意义上的'上下文'"），后者分为"情景语境"（即交际时的具体情景）和"文化语境"（包括历史文化背景、社会规范和习俗等）。

一些学者将语境限定为教学中词语出现的上下文及课堂教学创设的情景。高燕（2008：31）、万艺玲（2010：168）探讨词汇教学中的语境法时，将语境限定为上下文语境和情景语境。陆巧玲（2001）认为语境是"一个生词或短语在毗邻单词、短语、句子或段落中所处的环境，这些毗邻的字词、短语、句子或段落经常可以用来规定目标语词或短语的意思，帮助解释目标字词或短语的意义"。方艳（2004）针对词汇教学，特别提出了词汇语境，指"词在毗邻词、短语、句子或段落中所处的上下文语境"。彭志平（2012）借鉴王建华（2002）对语境的分类，将其中的"言内语境"与汉语教学联系在一起，提出"言内语境"就是"存在于汉语课堂教学中的与词语、语句、篇章理解相关的文本和媒体语境"，这里的语境既包括目标词前后的词语、小句或整句，也包括文章的标题、插图、生词表和思考题等。

可以看到，学者对语境的界定有宽有窄，从广义上对语境进行界定的学者，一般意在强调语境对教学的重要性，从狭义上对语境进行界定的学者，则旨在考察不同类别的语境在课堂教学中的实际应用情况。本书所说的语境倾向于后者，指上下文语境和情景语境。

需要注意的是，ESL教学中，利用语境教授生词既包括直接词汇教学，又包括间接词汇教学。斯塔尔（Stahl，1983）把词汇教学法分为三种类型，第一种是"定义式的"，该类方法侧重于教授目标词语和其他词语间逻辑上的联系，如利用词典教学、近义词教学、对词表上的词语进行分类等；第二种是"语境式的"，斯塔尔（Stahl）认为广泛阅读是一种最纯粹的语境教学方法；第三种属于"混合式"。从该文的分类可以看出，ESL教学中指导学生通过阅读学习词语也属于语境教学法，但本书所说的语境法只限于直接词汇教学。

与语素法类似，直接词汇教学中的语境教学法也包括两方面教学内容：利用语境教授具体词语，以及利用语境线索猜测词义的策略教学。因此，我们将语境法界定如下：语境法是利用上下文语境和情景语境进行词汇教学的方法，还包括利用语境线索猜测词义的策略教学。

（二）语境法的优势

常敬宇（1994）、李立新（2006）、高燕（2008）、万艺玲（2010）等学者对语境法的优势进行了分析，学者普遍认为语境法最主要的优势在于该法将词语置于真实使用环境中，这可以帮助学习者理解词义，体会词语的用法。其一，语境具有制约和解释作用，单纯的释义可能让学生难以理解，为学生提供语境，可以让学生借助语境理解词义，特别是意义抽象的词语和虚词，斯塔尔、费尔班克斯（Stahl & Fairbanks，1986）对1985年之前的52项有关词汇教学的实证研究进行元分析时，也发现同时提供定义信息和语境信息比单纯提供定义信息有效；其二，除了帮助学习者理解概念义外，语境可以展现出词语的色彩义、常用搭配、通常的使用情境等，这一方面可以加深学生对词义的理解和词语用法的认识，另一方面也可以让学生意识到汉语词和母语词的差异，避免学生将二者完全等同；其三，语言学习的目的在于交际，语境让学生对词语的用法有了直观感受，能够帮助学生更好地使用词语。

研究者还认为，语境可以用于辨析易混淆词语，直接说明词语之间的差异，学生一般很难理解，通过例句展示这种差异，便于学生理解和记忆。教师还可利用语境法培养学生的词义猜测意识和能力，"利用语境学习词汇这种技能只能通过练习才能获得"（布莱特、麦格雷戈，1970：31，转引自陆巧玲，2001），利用语境讲授词语过程中，先让学生尝试猜测词义，再给出准确释义，可以增加练习猜词能力的机会。此外，研究者认为，语境教学法对于培养学生汉语语感，活跃课堂气氛也有好处。

（三）语境法的具体教学方法研究

研究者对课堂教学中如何运用语境法进行了探讨，涉及以下几个问题：

1. 语境教学的侧重点

西槙光正（1990）谈到讲读课教学中语境的运用时，提出要注意词语的多义性和词外义。程朝晖（1991）提出可利用语境帮助学生学习多义词，培养学生利用语境猜测词义的能力。张剑（2010）认为在词汇教学中，语境可运用于生词导入、生词解释、同义词区分和避免歧义中。

2. 利用语境教学时，语境设置应当注意的问题

方艳（2004）提出教师利用语境呈现词汇的意义和用法时，应注意该语境能否实现学生相应认知语境的触发和建立，文中建议教师注意在语境例句的顺序安排中体现词语使用规则的类化，注意利用语境提供词语的语义背景、语用背景，注意对比语境的利用以及语境信息的相关性。李立新（2006）探讨了典型语境设立应当注意的三个问题。高燕（2008：31）认为教师使用的语境应尽量贴近学生的学习生活，做到真实可感。张剑（2010）探讨了结合语境教学的三项原则：真实性原则，以学习者为中心原则以及把握课堂整体性的原则。卢晓等（2011）也提出了对外

汉语词汇教学中运用语境法的三个原则，分别为针对性原则、适度原则和典型性原则，并举例说明了如何运用语境法教授名词、动词。彭志平（2012）分别讨论了句内语境、句际语境和语篇语境的设计方法，并对各类方法进行了举例说明。

3. 基于语境的课堂词汇教学设计

厉力（2006）、于小雨（2008）、杨晶晶（2009）探讨了基于语境的中级阶段对外汉语综合课词汇教学模式，将语境融入词语的展示、解释、练习和复习中。曾敏（2013）从语境设计的原则、方法、技巧三个方面考察了对外汉语初级阶段副词教学语境设计的策略。

4. 运用语境法解决词义教学中的具体问题

杨倩（2010）考察了上下文语境、情景语境和文化语境在对外汉语词汇教学中的释义作用和释义方式。李响（2013）总结出五种对外汉语词义教学中常见的词语使用偏误类型，探讨了借助语境应对词义偏误的策略。

（四）有关语境法的实证研究

本小节分别对英语词汇教学和汉语作为第二语言词汇教学中有关语境法的实证研究进行考察。

1. 英语词汇教学中有关语境法的实证研究

直接词汇教学中语境法的运用包括两方面内容，一是教授具体词语，二是教授利用语境线索猜测词义的学习策略。具体词语的教授与本书内容相关度较高，我们将对这方面的主要研究做详细介绍，策略教学本书涉及相对较少，在这里仅做简单描述。下面我们先对策略教学的相关研究进行概述。

策略教学的实证研究主要在母语教学中展开，绝大部分研究都显示出策略训练能够提高学习者的猜词能力，如卡宁（Carnine et al., 1984）的研究向三、四、五年级的被试教授了使用近义词和对比两类语境线索猜测词义的学习策略，这些学生在通过阅读猜测词义中的表现优于对照组；斯滕伯格（Sternberg, 1987）为十年级和十一年级的学生提供了六类语境线索的教学，这些学生的测试成绩也优于对照组；布克曼、格雷夫斯（Buikema & Graves, 1993）的研究中，七年级和八年级的学生接受了如何使用描述性语境线索的策略训练，他们在推测词义方面的表现也优于对照组；上文提到的鲍曼等（Baumann et al.，2002）的研究也显示出策略教学的良好效果。此外，福根克、德格洛佩（Fukkink & De Glopper, 1998）和库恩、斯塔尔（Kuhn & Stahl, 1998）分别对21项和14项训练学生通过语境猜测词义的教学研究数据进行了元分析，结果都显示出相关策略训练的积极效果。二语中有关策略教学的研究相对较少，不过也显示出该类教学的优势，如赫金、靳（Huckin & Jin, 1987）的研究仅对高水平ESL学习者进行了15分钟的通过语境猜测词义的简单训练，被试的词义推测成绩就显著优于对照组。沃尔特斯（Walters, 2006）比较了教授猜词步骤、识别和解释语境线索和完形填空练习三种训练方法对不同母语背景ESL学习者通过语境猜测词义能力的影响，研究结果表明，无论接受何种策略训练方法，他们在后测中的词义推断成绩都优于没有经过策略训练的对照组，三种方法中，教授猜测步骤对被试的帮助最大。袁（Yuen, 2007）考察了确定反义关系、寻找释义以及使用已有知识三种语境线索策略的教授对12名ESL学习者伴随性词汇学习的影响，教学持续三周，研究结果显示，在阅读过程中教授学习者如何使用语境线索有助于学生理解新词语，此外，作者在访谈中发现，接受策略训练的被试能够在阅读中有意识地使用相关语境线索猜测词义。

下面是一些利用语境教授具体词语的实证研究。斯滕伯格等（Sternberg et al.，1983）对英语词汇教学方法进行评述时提到最受欢迎的三种教学方法，分别为：死记硬背法、关键词法[①]和语境法，实际上，与语境法相关的实验研究基本上都是围绕该法与死记硬背法或关键词法的比较展开的。其中较早的一篇是吉佩、阿诺德（Gipe & Arnold, 1979）针对母语者的一项实验，被试为113名三年级学生和108名五年级学生。该研

---

① 关键词法（keyword method）是记忆术的一种，学生通过这一方法"建立起词形与意义之间不同寻常的联系"（内申，1990/2004：166）。关键词法包含3个步骤：（1）在一语或二语中选取一个与二语目标词在读音和/或拼写上具有相似性的词语，最好是指称具体事物的词语；（2）在目标词与关键词之间建立起紧密的联系，以便学习者看到或听到目标词后，能够立刻想起关键词；（3）以明显的、不同寻常的或古怪的方式建立起关键词和目标词的指称对象之间的视觉图像，以增强该词的记忆效果（奥斯汀，1997/2001：204）。

究比较了联想法、分类法、语境法和词典法。联想法类似于死记硬背法，它为被试提供目标词语的近义词，或用2—3个词为目标词释义，要求被试记住目标词及其近义词或释义；使用分类法教学时，每张词表上写有1个目标词和3个相关词语，被试学习这个词表，根据自己的知识增加一些词语，学习任务是对课程涉及的所有词语进行分类；语境法教学中，被试读3个句子，每个句子都包含目标词，其中1个句子是目标词的释义，为了使学生感到语境比较熟悉，提供给学生的句子结构简单，并尽量使用常用词，学习任务是让学生回答一个问题，回答问题时需使用目标词；词典法教学中，要求被试查检词典，写下释义和句子。实验结果显示语境法的学习效果显著优于其他方法。

斯塔尔（Stahl，1983）也针对母语者进行了一项通过释义学习生词和通过语境学习生词的对比研究，研究发现接受语境法教学的学生在词语使用上更具优势。该研究的被试为28名五年级小学生，被试分为3组，每组学生都接受三种教学方法，分别为定义式：让学生查检5个目标词的词义，记录并且讨论，第二天让被试做生词与其近义词的配对练习，然后用自己的话写下词语释义；混合式：教师给出5个词语的简短释义，让被试讨论释义以及两个例句中词语的意义，然后造句，第二天，进行填空练习和造句练习；对照组：没有特别的训练，要求学生完成补充的阅读技巧教材中的练习并进行讨论。测试结果显示，两种教学法的教学效果都优于对照组，说明阅读前教授词语有效。此外，在错句选择和填空测试中，混合法的成绩优于定义法，但近义词选择测试差异不大。这说明语境法（混合式）让学习者对词语的用法有了更多了解，而在词语的记忆方面，直接释义和提供语境效果差不多。

ESL教学的相关研究中，姜淑熙（Kang Sook-hi，1995）实验中的教学方法涉及死记硬背法和语境法。被试为103名韩国小学五年级的初级水平ESL学习者，实验词语共计100个，学习分为5段，每段时长25分钟，学习20个生词。5段学习结束后，进行15分钟的即时后测，3天后进行延时后测。被试分为四组："纸笔"组，教师在黑板上展示生词、词义以及一个或多个例句，并领读、带读生词，学完一组生词后教师组织英—韩对译词的配对练习，练习是完全脱离语境的；"基于计算机的词—词对译"组,教学和练习步骤与"纸笔"组基本一致,但教学媒介为计算机,学生自主性更高;"基于计算机的词—词对译+图片"组,教学和练习步骤同"词—词对译"组,不同的是展示生词时附带图片;"基于计算机的语境教学"组,每课都根据一个故事展开,生词通过句子展示,句子通过图片解释,鼠标点击图片相应位置会出现目标词的韩语对译词、例句,并附有英文发音,生词练习同样在语境中进行。测试包括翻译英语目标词、听力理解和知识迁移。知识迁移的测试形式为选择,每道题都是一个真实场景,学习者需要理解目标词才能够解决问题。实验结果显示,在前4段学习的生词中,语境法没有表现出明显的优势,但第五段生词中,接受语境法训练的被试三项测试成绩都显著优于其他三种教学方法。作者对此的解释是计算机操作程序较为复杂,需要一段时间去适应,适应之后才能显示出语境法和基于计算机学习的优势。

普林斯（Prince,1996）对比了翻译法和语境法的教学效果,被试为法语背景的 ESL 学习者,实验词语共计 44 个。使用翻译法进行教学时,教师提供给被试 44 个英语词及它们的法语翻译,并指导学生学习这些词语;使用语境法教学时,教师提供 44 个句子,每个句子包含一个生词,被试读这些句子,然后猜测词义并学习这些生词。测试形式包括翻译和生词填空。研究结果显示,无论水平较低的学习者还是水平较高的学习者,接受翻译法教学的被试成绩都显著高于语境法,不过水平较低的学习者在选词填空测试中成绩偏低,说明他们无法把词汇知识迁移到词语的使用中,而水平较高的学习者,在翻译和选词填空测试中成绩没有什么差异。需要注意的是,该文中的语境法没有为学生提供生词释义,这不同于一般的直接词汇学习,但由于在学习过程中,学生的关注焦点在于生词,而不是句子所表达的信息,我们认为该方法更倾向于直接词汇学习。

劳弗尔、西麦里（Laufer & Shmueli,1997）对比了四种词汇学习方法,第一种孤立地呈现词语,包括 20 个目标词及其一语翻译或英语近义词;第二种在较小的语境中呈现词语,该方法除了呈现释义信息外,还提供一个例句;第三种在文本中呈现词语,被试阅读一篇短文,里面包括 20 个目标词语,词义注释在页边空白处;第四种同样是在文本中呈现词语,但对包含目标词语的句子进行一些处理,使之提供更多的信息,让生词更易理解。被试为希伯来语背景的 ESL 学习者。测试形式为选择近义词或释义。研究结果显示，前两种方法比后两种方法更有效，在即时测试中，在句子中呈现词语比孤立学习词语的效果更好，但在延时测试中，二者没有差异。

柯葳、董燕萍（2001）比较了单词表、内容易懂短文、内容费解短文三种学习条件下，学生学习配有母语翻译的二语词汇，在词义和拼写方面的表现。被试为 30 名汉语背景 ESL 学习者，实验词语均为生造词。测试方式为根据所给的英语词或中文意思写出对应的中文意思或英语词。研究结果显示，内容易懂的上下文有利于词义的记忆。

陈达芬（2010）比较了单词表、句子语境和语篇语境三种词汇学习方式的效果，被试为 30 名汉语背景 ESL 学习者，实验词语共计 30 个，被试在 30 分钟内通过以上三种方式学习目标词语。测试形式为写出目标词语的汉语意义。实验结果显示，即时测试中单词表的学习效果优于另外两种学习方法，但差异不显著。一周之后的延时测试中，三种学习方式的效果出现显著差异。多元比较分析显示使用单词表和句子语境学习生词，以及使用句子语境和语篇语境学习生词的学生成绩存在显著差异，而单词表和句子语境间不存在显著差异。

以上研究显示，利用语境教授生词和利用翻译或释义教授生词，哪种方法的教学效果更好还没有定论，被试、教学方法、测试方法的不同都可能对实验结果产生影响。比较看来，语境法教学效果较好的研究中，一般都为被试提供了 2 个以上的例句，或提供了明确释义，普林斯（Prince，1996）指出"利用语境学习词语时，有效的学习必须经历的阶段就是将词语从语境中独立出来，进行深度加工"，较多的例句或明确的释义能够为学习者建立词语形式和意义之间的联系提供帮助。

下面是一些语境法和关键词法的对比研究。较早进行这方面研究的是麦克丹尼尔、普雷斯利（McDaniel & Pressley，1984），该研究报告了两项语境法和关键词法的对比实验，但该研究中的语境法没有提供释义，只提供了例句，这样一来，就需要学生对词义进行猜测，但它也不同于伴随性词汇学习，因为学习者的关注焦点在于目标词的学习，所以我们将之归为直接词汇教学方法的对比研究。实验一中被试为 69 名母语学习者，他们被分为4组，分别为对照组、关键词组、语境组和关键词+语境组。教学过程中，使用录音机带读生词，对三种方法进行具体指导，并提示学习者开始学习新的生词，以保证不同方法下每个学习者的学习进度一致。同时，为学习者提供一个小册子，对照组的小册子上是一对一的生词释义，关键词组除了释义还包括一个关键词，语境组没有释义，只有三个句子，关键词+语境组提供关键词和三个句子，无释义。测试结果显示，使用关键词法学习生词的学生成绩显著优于语境法和语境+关键词法，与对照组差异不大。实验二仅比较了关键词法和语境法，被试为42名母语学习者，测试形式为造句，要求学生用其中11个词语造句，并请学生解释词义。测试发现，语境法仍旧不占优势，不过，根据释义正确率和造句正确率的对比，可以发现学生能否造出正确句子主要取决于是否理解词义，这说明，使用语境法学习生词的被试成绩较低，主要由于没有猜出词义，或只是部分猜出词义。

二语教学语境法和关键词法的比较研究中，摩尔（Moore，1989）属于较早的一篇，该研究的被试为英语背景德语学习者，被试共计150名，分为三个等级（大学一、二、三年级）。被试通过电脑程序学习。使用关键词法学习生词时，目标词出现在屏幕左侧，关键词在屏幕中央，英语翻译在屏幕右侧。使用语境法学习生词时，目标词和翻译出现在屏幕左侧，同时提供三个包含目标词语的句子。实验词语为12个动词和12个名词。测试形式为根据德语写出母语对译词、使用德语词填空。测试结果显示，两种方法的成绩没有显著差异。在即时测试中，使用关键词法学习的一年级和三年级学生的成绩略高于语境法，而在延时测试中，三个年级中使用语境法的学习者的成绩均略高于关键词法。

布朗、佩里（Brown & Perry，1991）比较了关键词法、语义法和关键词+语义法的教学效果，其中语义法的教学步骤为举出两个例句，提出一个问题，让学生用生词回答问题，该模式类似于语境法。被试为60名阿拉伯语背景ESL学习者，经过4天每天15分钟的学习后，被试参加了识别测试和线索提示测试。识别测试为单选题，测试题目为句子，要求学生用选项填空；线索提示测试要求学生写出目标词的英语释义。测试词语共计40个，均为名词或动词。研究结果显示，接受关键词+语义法的被试的测试成绩略高于语义法,但差异不显著,语义法的教学效果优于关键词法。

麦克丹尼尔、普雷斯利(McDaniel & Pressley,1984)未提供释义,语境法的教学效果不太理想,摩尔(Moore,1989)和布朗、佩里(Brown & Perry,1991)的研究则表明语境法比关键词法的效果更好。前文谈到的利用语境和利用翻译或释义教授词语的比较研究也显示出,明确提供释义时,语境法的教学效果会更好。

罗德里格斯、萨多斯基(Rodriguez & Sadoski,2000)综合比较了死记硬背法、语境法、关键词法和混合法,被试为9年级的西班牙语背景ESL学习者,死记硬背组的被试多次重复英语和西班牙语翻译,从而建立起词语读音和意义的联系;关键词组的被试按照指导语"这个英语词X的发音像西班牙语词Y,它的意思是Z,我想让你们想象Z和Y在一起做某件事情"进行联想和记忆;语境组的被试读三个句子,然后猜测这个词语的意思,记住这个生词的母语翻译;混合组(同时使用关键词法和语境法)的被试先读三个句子,猜测生词词义,教师告知词义,然后学生再利用关键词法记忆。在即时测试和延时测试中,混合组的成绩都是最高的,在即时测试中,语境法是排名第二的方法,但在延时测试中,死记硬背法略优于语境法。

此外,张贵荣(2011)进行了一项行动研究,考察了语境教学对ESL学习者接受性词汇转化为产出性词汇的促进作用,行动研究前后的问卷调查数据显示,通过语境教学,学生对词汇习得的兴趣有了明显提高,学生前测及后测中接受性词汇和产出性词汇的转化率差异非常显著。这一研究结果反映出语境法能够帮助学习提高词语的运用能力。

2. CSL教学中有关语境法的实证研究

CSL教学中有关语境法的实证研究相对较少,主要为行动研究。厉力(2006)设计了一套基于语境的中级汉语精读课词汇教学模式,并将之应用于课堂教学实践,通过课堂反应和反馈,进一步完善了该教学模式。于小雨(2008)同样设计了一套结合语境的中级汉语综合课词汇教学模式,并从课堂反应、课后访谈、问卷调查、考试成绩等角度对实际教学效果进行了比较评估和分析,归纳了该教学模式的特点。潘宏英(2012)

调查了孟加拉汉语课堂的语境教学情况，提出了非目的语国家汉语课堂语境教学的模式，并将之应用于课堂实践中。洪炜、徐霄鹰（2016）对中级汉语阅读课词汇教学模式进行了探索，将阅读课词汇教学分为四个主要模块，教学后的测试和问卷调查显示，该模式得到了较好的教学效果。

第三小节和第四小节分别对语素法和语境法的相关研究进行了总结，从以往学者对语素法和语境法的界定来看，这两种教学法都包含两方面内容：词语教学和策略教学；从现有的理论分析来看，学者们都肯定了两种教学法在词汇教学中的重要性，并根据自身经验，结合相关理论，提出了各具特色的教学计划，对教学中应注意的问题也多有总结和论述；从实证研究来看，绝大多数的实证研究都证实了语素法和语境法在促进词语理解和记忆，以及提高学生猜词能力方面的有效性。在以往研究基础之上，我们总结出一些研究空缺：

（1）从研究方法看，理论分析与经验总结居多，实证研究较少，理论假设和教学经验的有效性仍有待实证研究的探索与验证。CSL 词汇教学实证研究中，词义推测或学生自学实验材料的研究居多，这些研究对探索二语习得过程有积极意义，但未涉及教师教学环节，理论成果向实践转化尚存困难，需通过基于课堂的研究，为一线教师提供更具操作性的建议。

（2）从研究内容看，研究者重在探讨语素法或语境法在词汇教学中的优势，较少讨论两种教学法的不足，鲜见词汇教学法适用性的讨论。研究者往往笼统地对实验词语整体的学习效果进行考察，较少观照属性不同词语的学习效果是否存在差异，对于不同类型词语，教师词汇教学方法的选择依据问题尚需进一步的研究。

第三节　研究方法

一　运用实验法进行语素法和语境法的对比研究

本研究基于真实课堂，通过为期 8—12 周的对比实验，考察语素法和语境法在阅读课词汇教学效果上的差异。实验对象为初级和准中级的汉语学习者，每个等级都包含两个教学班，分别使用语素法和语境法进行教学。实验采用多种测试方法，依据测试结果探讨两种教学法对不同类型词语、不同学习群体的适用性及不同教学法在词语扩展、词语运用、词义猜测能力培养等方面的优势。

二 定量研究和定性研究相结合

本研究将定量研究和定性研究相结合，以定量研究为主，辅以质性研究材料解释量化结果。量化数据包括词语了解情况测试、即时后测、延时后测、组词测试、填空测试及词义猜测的测试成绩。质性研究材料包括调查问卷、教学日志、课堂录音、教案及学习者在翻译测试（即时后测）、组词测试、词义猜测测试中的回答等。

三 过程研究和结果研究相结合

本研究既对课堂教学过程进行记录和分析，也对测试结果进行研究和探讨，将过程研究与结果研究结合在一起，对过程数据和结果数据进行综合分析，观察课堂上的学生表现与学习结果的联系，从多个角度考察语素法和语境法在教学效果上的差异。

四 诱导法、内省法和课堂观察法相结合

本研究主要采用诱导法、内省法和课堂观察法收集数据。我们将利用诱导法中的问卷法调查学习者对不同教学法的态度，并设计产出型任务诱导语言行为，利用各类测试诱导学习者的语言样本。同时，我们将采用内省法中的日志研究法，每次课后及时如实地记录教学经历，报告课堂上学生对教学的反应及教师的经验总结与反思。此外，在课堂上，我们将对课程进行全程录音，将录音设备记录下的师生对话与教学日志结合起来考察，以便全面、真实地反映课堂教学实际情况。

第二章

实验设计

第一节 主要研究问题

本研究试图回答以下几个问题：

（1）语素法和语境法是否可以有效帮助学习者记忆生词？如果可以，语素法和语境法的教学效果总体上有无差异？

（2）从记忆词义的角度看，对于属性不同的词语，通过语素法和语境法教授时，学习者词义记忆效果是否存在差异？语素法和语境法分别适用于哪类词语的教学？

（3）除了记忆词义，语素法和语境法还能为学习者的词汇能力发展提供哪些帮助？

（4）学生对语素法和语境法的接受度如何？

本书进行的是阅读课语素法和语境法词汇教学对比研究，我们在第一章第二节中谈到，阅读课上学习的词语主要为接受性的，而接受性词语的习得要求是"可以在听读中察觉出词语的形式，并检索出其意义"（内申，2000：24），即阅读课词语学习的主要任务是记住词义，且"形式—意义连接是词汇学习的起始，对词汇学习最为关键"（施密特，2008），因此研究问题（1）（2）都是针对词义记忆展开的，这两个问题也是本书最主要的研究内容。

研究问题（3）涵盖三个具体问题。第一，在语素法实施过程中，除了目标词语的讲授，我们还会根据目标词语所包含的语素扩展出一些生词，学生能否记住这些扩展词语？语素法是否能够帮助学习者增加词汇知识的宽度？第二，在语境教学中，每个词语要放在两个以上的句子语境中教授，这样能否让学生获得更多的有关词语使用的知识，帮助学习者增加词汇知识的深度？第三，运用语素法和语境法教学的过程中，会先引导学生猜测词义，再展示词义，还会教授根据语素线索和语境线索猜测词义的策略，猜词练习和猜词策略的教学能否帮助学习者提高词义推测能力也是本书的研究内容之一。

研究问题（4）将结合调查问卷中学生对两种教学方法的态度和他们在各类测试中的表现，考察学生对语素法和语境法的接受度。

第二节　基本研究假设

好的教学方法，是与学习者习得相适应的教学方法。（埃利斯、新谷，2014：27）如果教学方法符合学习者的习得规律，就可以促进词语的习得，反之将不利于词语的习得。依据学习者二语词汇习得规律及语素法、语境法的教学特点，我们提出以下假设：

假设 1：语素法和语境法可以有效帮助学习者记忆生词意义，两种方法的教学效果总体上差异不大。

根据记忆的信息加工模型（见图 2—1），记忆是由感觉记忆、短时记忆和长时记忆构成的系统。信息得到注意后，会由感觉记忆进入短时记忆，短时记忆中的信息经由复述进入长时记忆，复述分为保持性复述和精加工复述，保持性复述指简单重复信息，精加工复述则是将记忆的信息与其他信息联系起来的复述方式。保持性复述有助于信息在短时记忆中保持，而精加工复述有助于信息转入长时记忆。（江新，2007：42—56；王甦、汪安圣，1992：121—129）

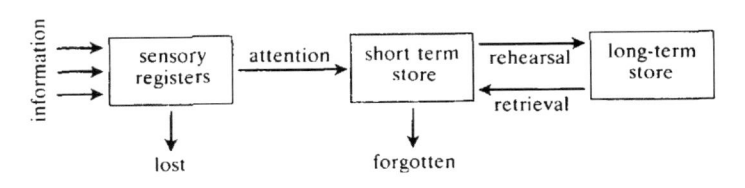

图 2—1　记忆的信息加工模型（施密特，1990）

语素法和语境法的教学过程是否符合信息进入长时记忆的条件呢？首先，学生注意到生词，才有可能使相关信息进入短时记忆。本书所说的语素法和语境法都是直接词汇教学方法，而直接词汇教学就是要将学生的注意力集中到生词上来，单独呈现、领读、带读等一系列教学活动，可以确保所教授的生词得到学生的注意，进入短时记忆。其次，学生对生词进行精加工复述，才有可能使相关信息进入长时记忆。精加工复述需要将生词与其他信息联系起来，语素法和语境法都做到了这一点。语素法通过语素讲解生词，把词语拆分成语素、再将语素义加合推导出词义的过程，可以帮助学生将生词词义和语素义联系起来。语境法通过句子语境讲解生词，引导学生运用自己的词汇知识和对上下文的理解推测词义的过程，可以帮助学生将生词与该词前后的词语和自己已有的世界知识联系起来。

通过对语素法和语境法教学过程的分析可以看到，两种方法都能够引起学生对目标词语的注意，且能够引导学生进行精加工复述。因此，我们认为这两种教学法都有助于词义的记忆，且二者的总体教学效果差异不大。

假设 2：语素法和语境法对不同类别词语的适用性不同。

第一，从语素义和词义的关系看，语素义直接加合可得到词义的词语，以及加合语素义后补充部分内容可得到词义的词语，更适合使用语素法教学；对于语素义加合后还需进一步引申才能得到词义的词语，语境法更具优势。

汉语母语者的词汇加工中，透明词的语素对整词的加工起促进作用，不透明词中语素的激活对整词的加工有抑制作用。（王春茂、彭聃龄，1999、2000）二语学习者词义猜测的相关研究也证实，二语学习者会把不透明词当作透明词来理解，说明二语学习者倾向于通过直接加合语素义推断词义。（干红梅，2008；张江丽，2010）因此，我们推测，对于透明度较高的词语，语素义可以帮助学生记忆词义，而对于透明度低的词语，语素义可能会干扰词义的记忆。那些语素义直接加合可得到词义的词语，以及加合语素义后补充部分内容可得到词义的词语，透明度较高，语素义对词义的学习可以起到促进作用，而语素法以语素为单位进行教学，会引起学生对语素义的注意，因此这两类词语适合使用语素法教学；语素义加合后还需进一步引申才能得到词义的词语，透明度较低，语素义的习得反而会影响词义习得，而语境法以整词为单位教学，不会引起学习者对语素的特别关注，因此这类词语适合使用语境法教学。

第二，从语素项[①]常用度看，语素法适用于由常用语素项构成的词语，语素项常用度较低的词语，更适宜使用语境法教学。

在假设1中我们分析过，语素法帮助学生将生词词义和语素义联系起来，因此实现了精加工复述。常用度较高的语素项，学生比较熟悉，因此可以直接将新信息（生词词义）与已知信息（熟悉的语素义）联系在一起，实现精加工复述。但如果学生对语素项不熟悉，就只能对新信息进行简单重复复述，语素项意义的学习过程属于保持性加工，不利于词义进入长时记忆。

语境法将生词与该词前后的词语和学生已有的世界知识联系起来而实现精加工复述，在这一过程中，生词以整词为单位进行加工，语素项的常用度不会对这一过程产生太大影响。因此，相较于语素法，语素项常用度较低的词语，更适宜使用语境法教学。

第三，从词义具体性看，语素法适用于具体性较高的词语，对于具体性较低的词语，语境法更具优势。

有关二语学习者的词汇联想研究发现，具体名词比抽象名词记忆得更快，判断更准确。张萍（2011）、范希尔、马恩（Van Hell & Mahn, 1997）、格鲁特、凯泽（De Groot & Keijzer, 2000）等研究显示，意义具体的词语比抽象词语的学习效果更好。此外，二语学习中，名词的学习效果优于动词、形容词，词语误用方面，动词、形容词比名词更易发生词义误推（张博，2011），也表明意义具体的词语更易于理解和记忆，这种现象被称为具体性效应。有两个经典理论对具体性效应进行了解释，分别为双重编码理论和语境有效性理论。其中，语境有效性理论提到了语境信息对材料理解的促进作用，该理论认为语境信息既可以来自外部语境，也可以来自内部语境，即加工者已有的知识经验。人脑对具体概

---

① 语素项指"一个义项单位的语素"（姜自霞，2005：9）。

念表征的认知背景较强,即具体词的内部语境通常是充足的,但抽象词的内部语境不足,因此,只有单个词语时,意义抽象的词语相对难以理解和记忆。不过,抽象词语的这种不足可以通过外部语境来弥补,如段落、句子。本书所比较的两种教学方法中,语素法不提供语境,语境法提供句子语境,根据语境有效性理论,句子语境可以帮助加工者理解抽象词语的意义。因此,我们推测语素法适用于具体性较高的词语,对于具体性较低的词语,语境法更具优势。

假设3:语素法和语境法能够为词汇能力的发展提供帮助。

第一,语素法有利于词汇扩展。

本书在第一章第二节总结以往学者有关语素法的可行性和优势的论述时谈到,学习者所具备的语素意识和语言类推能力,以及汉语中汉字和词的构成比例、单字语素占绝大多数、构成复合词的语素绝大多数在构词时意义保持不变、大多数复合词的词义都可由语素义直接加合而成的词汇特点,使学习者不仅能够通过语素学习生词,而且有可能以简驭繁,利用较少语素学习大量生词,迅速扩大词汇量。以往的实证研究结果也显示语素法有助于扩大学生词汇量。(王骏,2005;高珊,2009)在语素法实施过程中,我们会向学生教授一些根据目标词语所含语素扩展出的生词。我们推测,学生能够理解并记忆课堂上扩展学习的词语,语素法可以增加学生的词汇量。

第二,语境法有利于学习者获得词语使用的相关知识。

本书在第一章第二节总结以往学者有关语境法优势的论述时提到,语境法可以为学生提供定义知识和语境知识,让学生在理解概念义的同时,对词语的色彩义、常用搭配、常用情境等也有所了解,这有助于学生更好地使用词语。以往英语二语实证研究也得出类似的结论。(斯塔尔,1983;普林斯,1996)本研究在利用语境教授词语的过程中,每个词语都提供2个以上例句。我们推测,学生通过语境法学习生词,可以获得更多有关词语使用的知识,增加词汇知识的深度。

第三,语素法和语境法都能够提高词义推测能力。

本书对语素法和语境法进行界定时提到,在阅读课上,这两种教学方法都包含两方面内容,一是具体词语的教学,二是词义猜测策略的教学。同时，我们在运用语素法和语境法教学过程中，也都会先引导学生猜测词义、再展示词义。以往英语二语实证研究证实，词义猜测策略的教授及相应的练习，可以有效帮助学生提高猜词能力。（福根克、德格洛佩，1998；库恩、斯塔尔，1998）因此，我们推测，语素法和语境法可以分别帮助学生提高利用语素或语境线索推测词义的能力。

第三节 先导实验

本研究先导实验于 2014 年 3—6 月在北京语言大学速成学院展开。实验主试由作者本人担任。被试为初级班和准中级班阅读课学生。初级阅读课有两个教学班，分别使用语素法和语境法教学。每周 2 课时，每次课程选取 2—4 个词语作为实验词语，实际教学 15 周，共教授 49 个实验词语[①]（见附录一）。每 4 周进行一次翻译测试。两个教学班各有 7 名同学参加完全部测试，学生的母语分布情况为，语素班：泰语 3 人，印度尼西亚语 2 人，韩语 1 人，日语 1 人；语境班：印度尼西亚语 4 人，韩语 1 人，日语 1 人，英语 1 人。利用 SPSS（19.0）对学生的翻译测试成绩进行单因素协方差分析，协变量为学生的分班测试成绩，结果显示两个教学班的成绩差异不显著 [$F(1, 11) = 3.614, p = 0.084$]。

准中级阅读课有一个教学班，每周 4 课时，每次课程选取 2—4 个词进行语素教学，2—4 个词进行语境教学，实际教学 11 周，共教授 70 个实验词语（见附录二），其中 35 个词语用语素法教授，35 个词语用语境法教授。每 4 次课程进行一次翻译测试。共有 12 名同学参加完全部测试，学生的母语分布情况为：泰语 5 人，韩语 3 人，马来语 1 人，英语 1 人，意大利语 1 人，丹麦语 1 人。配对样本 t 检验结果显示，使用语素法教授的词语成绩略高于语境法，但差异不显著（$t = 0.642, p = 0.534$）。

此外，我们对初级班和准中级班使用语素法和语境法教授的词语中，得分较高和较低的词语进行了观察。高分和低分的判断方法是，计算出

[①] 正式实验的实验词语以先导实验词语为底本，为了更清楚地说明正式实验词语筛选依据和步骤，先导实验词语选择标准并入本章第五节"实验词语的筛选步骤"部分说明。

每个词语不同被试得分的平均值，将之由低到高排列，确定排名25%处和75%处词语得分，低于排名25%处词语分数的归为低分组，高于排名75%处词语分数的归为高分组。初级班语素法和语境法教授的词语相同，两种教学法的低分组和高分组也存在一些相同的词语，为了更清晰地考察两种教学法的差异，我们主要观察那些只出现在一种教学法低分组或高分组的词语。准中级班语素法和语境法教授的词语不同，因此没有重合现象。表2—1为不同教学法下低分组和高分组的词语。

表 2—1　　　　先导实验不同教学法低分组和高分组词语

初级班	低分组	语素法	预测、上升、看望、多事、少儿、抽空、多虑①
		语境法	外出、市民、常见、现代、听话、照样
	高分组	语素法	游客、团聚、说服
		语境法	预测、上升、看望、同期、无法、家长
准中级班	低分组	语素法	遥控、年迈、隔代、吃亏、不厌其烦、重播、要价、目瞪口呆、偷偷
		语境法	多余、眼馋、如数家珍、沿海、一口气、欠债、刮目相看、善良、潮湿
	高分组	语素法	枝叶、名牌、期间、主演、炎热、未婚、山顶、失眠
		语境法	养老、探望、体重、能干、一成不变、减肥、严冬、美味

　　使用语素法教授的词语中，低分词语的显著特征是语素项的常用度相对较低，或是构词语素学生还没有学过，如初级班低分组中的"多虑"，"多"的意思是"过分的，不必要的"，学习者虽然很早就学习过"多"，但对这个义项并不熟悉。再如准中级班低分组的"遥控、年迈、隔代"等词语，"遥""控""迈""隔"学习者都没有学过。相比之下，语素法教授下得分较高的词语一般语素项都较为常用，如准中级班高分组中的"名牌、期间、主演"等。需要注意的是，"预测""上升""看望"同时出现在初级班语素法的低分组和语境法的高分组，我们推测也

---

① 语素法中一些词语的平均分相同，又恰好是排名25%处词语得分，所以相同分数的词语都归入了低分组，因此语素法和语境法低分组词语数量不同。高分组同理。

是因为学习者对构词语素不太熟悉，从而很难利用语素记忆生词。而利用语境学习时，语素常用度的影响可能相对小一些，"预测""上升""看望"语素项常用度低，出现在初级班语境法高分组，而"外出""市民""常见"都由常见语素直接加合构成，却属于语境法教授的词语中得分较低的。但语素项的常用度对语境法的教学效果并非毫无影响，准中级语境法高分组中，绝大部分词语的语素项都较为常用，如"体重、能干、一成不变、减肥、美味"等，这说明对于有一定语素意识的学生来说，即使通过整词学习，常用语素项也可能对生词的记忆产生促进作用。从这些词语的分析来看，语素项的常用度可能会对语素法和语境法的教学效果产生一定影响，但对语境法的影响没有那么大，同时，影响度的大小也与学生水平有一定关系。

不过，语素法教授的高分组词语中也有两个词包含不常见语素，分别是"团聚"和"炎热"。我们推测这两个词的得分较高，可能由于两词的词义和它们构词语素的语素义相同，即"团聚＝团＝聚""炎热＝炎＝热"，而每个词中都有一个学生熟悉的语素，"团聚"中的"聚"虽然是丙级词，但学生因为经常参加班级聚会活动，对"聚"普遍比较熟悉，"炎热"中的"热"也较早习得，这样，学生就可以利用自己熟悉的语素记忆整个词语的意思了。语境法教授的词语中也有一个类似的词语"潮湿"，该词词义和语素义相同，且学生对"湿"也较为熟悉，但"潮湿"的得分却较低。这样看来，语素义和词义的关系会对语素法的教学效果产生影响，但似乎对语境法的影响不大。不过，因为语例太少，这还仅是我们的推测。

此外，语素法教授的得分较低的词语中，一部分意义较为抽象，如"预测、抽空、多事、多虑、吃亏、不厌其烦"等，意义特别具体的词语只有"少儿"；而语素法教授的得分较高的词语中，存在较多表示具体事物的名词，如"游客、枝叶、名牌、主演、山顶"等。语境法低分组的词语中，也有很多抽象度高于其高分组的词语，这是正常的，因为抽象词语的难度本身就高于具体词语。但对比准中级班语素法和语境法高分组的词语，可以发现语境法高分组词语的抽象度还是略高于语素法的，当然这也与准中级班语素法教授的具体词语本身就多于语境法有关。不过，我们从这些分析中，大概可以推断出，语素法教授意义具体的词语似乎更具优势，至于语境法是否比语素法更适用于抽象词语的教学，还需要进一步的研究。

以上是先导实验过程中，我们的一些观察。总的来看，语素法和语境法的教学效果差异不大，不过，语素项的常用度、语素义和词义的关系以及词义的具体性对两种方法教学效果的影响度可能有所差异。

先导实验中，我们未对实验词语进行严格控制，如其中包含个别课文主题词，主题词代表了文章的核心内容，出现次数较多，会引起学生的特别注意，进而影响测验结果；实验词语中还包含韩语和日语汉字词，这可能影响日、韩学生的测试结果；同时，我们在选择实验词语时，并没有充分考虑语素和词的属性，如语素的常用度、词义的具体性等，因此无法考察两种教学法对属性不同词语的适用性。测试时间的安排也有缺陷，因为 4 周才有一次测试，所以同一批测试中，不同词语的学习时间是不同的，一些是前几周学过的，一些是刚刚学过的，学习时间越早遗忘概率越大，这也会影响测试成绩；这样的安排还有一个问题，即个别学生测试时来上课了，但之前教授这个词语时没有来，我们较难判断学生低分的原因是没学过还是学过忘记了。先导实验时测试形式也比较单一，只考察了学生对词义的记忆情况；同时，我们在教学中发现，一些实验词语部分学习者已经学过，但因为没有设计学生对词语了解情况的测试，我们不清楚哪些学生对哪些词语比较熟悉，也就无法判断这一因素对实验结果的影响。此外，先导实验没有收集课堂数据，也没有调查学生对两种教学方法的态度。因此，在正式实验时，我们对实验词语、测试方式、数据收集方式等进行了调整。

第四节 被试

本研究正式实验于 2014 年 9—12 月在北京语言大学速成学院展开。实验主试由作者本人担任。被试为初级班和准中级班阅读课学生。选择初级和准中级的 CSL 学习者作为被试主要出于阅读课教学目的的考虑。刘颂浩（2001）指出不同学习阶段，阅读课教学目的应有所区别，高级阶段的阅读教学应以报刊阅读和专业阅读为主,而初级和中级阅读,则"毫无疑问是语言课,其目的是在理解的基础上积累语言知识,从而提高语言能力"。因此,以初中级学习者作为阅读课词汇教学实验的研究对象,符合该阶段阅读课的教学目的和教学重点,也符合学习者的学习需求。下面我们对实验中被试的筛选标准和不同教学班被试的基本情况进行介绍。

(1) 被试筛选依据

尽管我们收集了教学班所有学生的测试成绩,但仅将其中部分学生作为研究被试,进行测试结果比较时,只对这一部分学生的成绩进行对比。被试的筛选依据有三,分别是学习者的母语背景、出勤率和对实验词语的了解情况。

首先,保证实施语素法和语境法的教学班中日语、韩语背景学习者的数量基本一致,特别要避免"你有我无"的情况,如果某一个班级的日、韩学生较多,另一个班级没有,那么也不能把包含较多日、韩语背景学生班级中这两种语别的学生作为被试。这是因为日、韩汉字词对汉语词汇学习影响较大,这种影响不仅体现在汉日、汉韩同形词的学习上,还体现在学生语素意识的培养和词汇网络的构建上,因此,比起其他语别的学习者,日本、韩语背景学生的汉语水平往往提高得更快,他们的成绩在班级中的排名也一般比较靠前。如果两个教学班日本、韩语背景学习者的数量差异很大,我们可能难以判断测试结果的差异有多少是教学方法的不同造成的,又有多少是学生母语背景的不同造成的。为了避免这种情况出现,本研究将根据学生的母语背景筛选被试。

其次,只将出勤率高于80%的学生作为研究被试。学生的出勤率会影响测试成绩的比较。实验中,每节课都会安排测试,缺勤成绩为空,出勤率较低的学生成绩只能反映出部分实验词语的学习情况,与出勤率较高的学生成绩没有可比性。此外,语素意识和利用语境线索学习生词能力的培养需要一个长期的过程,语素法和语境法的影响在出勤率较低的学习者身上可能得不到较好体现。因此,出勤率也是筛选被试的依据之一。

最后，我们将通过实验词语了解情况测试①考察学生对生词的熟悉度，只将不熟悉词语比重占90%以上的学生作为研究被试。如果在教学前，学生对实验词语已较为熟悉，该生的测试成绩便无法反映出教学方法对词语学习的影响。因此，对词语的了解情况也是筛选依据之一。

(2) 初级教学班被试的基本情况

初级阅读课安排两个教学班，分别使用语素法和语境法教学，我们称之为初级语素班和初级语境班。初级班学生学过汉语基本语法点，能对简单的话题进行连续对话，能进行简单的语段表达。

初级语素班有21名学生，初级语境班有17名学生。从学生的母语背景看，初级语素班中有5名日语背景学生，而初级语境班只有1名，且该生因病回国一段时间，一半测试没有参加。初级语素班有3名韩语背景学生，其中1名学生学期中退学；初级语境班有2名韩语背景学生，其中1名学生语言水平较高，实验词语基本全部认识，因为听说能力较差才在初级班学习，另外1名学生只上过2次课。初级语境班日、韩语背景学生或因上课次数太少，或因词汇量远远高于班级平均水平，测试成绩都不能反映教学法的实际教学效果，因此都不能作为本次研究的被试。为了使不同班级学生母语背景相匹配，初级语境班中不涉及日语、韩语背景学生，初级语素班也不涉及，因此我们未将这两种母语背景的学生作为此次实验中初级班的被试。不过，在讨论不同母语背景学生对两种教学法的态度时，我们会参考出勤率较高的日语、韩语背景学生的问卷。

去除日语、韩语背景学生后，初级语素班余13人，初级语境班余14人，其中初级语素班出勤率高于80%且不熟悉词语占实验词语90%以上的学生有9人，初级语境班有10人，这19人是本次实验研究中初级班的被试。

初级语素班被试的母语分布情况为：印度尼西亚语5人，泰语2人，蒙古语1人，德语1人。初级语境班被试的母语分布情况为：印度尼西亚语7人，泰语2人，英语1人。

受实验条件所限，虽都是初级班，但初级语素班和初级语境班的分

---

① 测试方法和内容详见本章第七节。

班测试成绩差异显著，$t = -4.567$，$P < 0.001$。不过两班使用的教材和课时时长一致。教材为朱子仪、郑蕊编著的《汉语阅读速成入门篇》(第二版)，两个班的实际教学周为 8 周，每周 2 课时。

(3) 准中级教学班被试的基本情况

准中级阅读课安排两个教学班，分别使用语素法和语境法教学，我们称之为准中级语素班和准中级语境班。准中级班学生能对较长的短文进行复述，能就一般话题进行交谈，有一定的成段表达能力。

准中级语素班有 14 名学生，准中级语境班有 13 名学生。准中级语素班有 1 名日语背景学生，准中级语境班没有，为了保证两班学生母语背景相匹配，我们暂不将准中级班日语背景学生作为此次实验的被试。剩余学生中，准中级语素班有 8 名学生出勤率高于 80% 且不熟悉词语占实验词语 90% 以上，准中级语境班有 9 人符合这一标准，这 17 人是本次实验研究中准中级班的被试。

准中级语素班被试的母语分布情况为：印度尼西亚语 3 人，韩语 2 人，泰语 1 人，芬兰语 1 人，英语 1 人。准中级语境班被试的母语分布情况为：韩语 4 人，印度尼西亚语 2 人，泰语 1 人，法语 1 人，西班牙语 1 人。

受实验条件所限，虽都是准中级班，但语素班和语境班的分班测试成绩差异显著，$t = -2.570$，$P = 0.021$。不过两班使用的教材和课时时长一致。教材为张美霞编著的《阅读课补充课文 C 普上》及郑蕊编著的《汉语阅读速成基础篇》(第二版)，两个班的实际教学周为 12 周，每周 4 课时。

第五节　实验词语

一　实验词语的筛选步骤

初级班的教学时间较短，为了完成教学任务，没有再教授补充词语，全部实验词语都从课文中选取。准中级班的教学时间相对宽裕，除了课文内出现的词语外，还补充了一些课外词语。

初级和准中级实验词语的筛选都以先导实验词语为底本。先导实验中，词语的选择主要有两条标准：一是以实词为主，最好是低频词。本书第一章第二节中谈到，阅读课进行直接词汇教学时，词语的选择主要以词类和词频为标准，在课堂上重点处理实词和基本词汇，实验词语以实词为主，就是出于此原因。但是，在频率问题上，我们没有选择高频词，这是因为我们一方面要保证实验词语是学生没有学过的，另一方面希望每个生词的复现率不要差别太大，如果是高频词，课后或其他课型上学生可能还会接触到其中某些词语，而低频词，学生再接触到的可能性较低。实验词语选择的第二个标准是，在共时层面上，大致可以分析出词语的构词理据。本书进行的是语素法和语境法的实验对比研究，目标词可以同时用两种方法教授才可能比较，而理据模糊的词语很难用语素法讲解，绝大部分汉语母语者尚无法分析出该类词语语素结合的原因，把这类词语各语素的意义及语素加合后的引申路径教授给二语者，不仅没有必要，还会增加记忆负担，影响词语记忆。如"步骤"一词，"步"和"骤"分别指缓行和疾走，由于古人讲求"步骤中度，缓行中节"，该词才引申出事情的程序和次第义。（张博，2015）这类词语用语素法教授，学生恐怕很难接受。此外，据朱志平（2005：137）统计，理据模糊的词语约占《大纲》甲乙丙级词语的5%，数量较少。因此，先导实验词语中不包括此类词语。正式实验中，词语的选择也遵循这两条标准。

下面分别介绍初级班和准中级班实验词语的筛选步骤。

（1）初级班实验词语筛选步骤

初级班实验词语的筛选包含4个步骤：

①以先导实验中的实验词语为底本，删除其中的主题词（初级班先导实验词表见附录一）。由于初级班被试无日、韩语背景学习者，保留词表中的日、韩语汉字词。

②删除词表上的课外词语。因秋季学期假期较多，正式实验上课时间少于先导实验，受教学时间限制，初级班不再教授课外词语。

③根据先导实验教学情况，增补16个未出现在课本生词表中的课内词语。先导实验的课内词语全部选自生词表，教学中发现课文中还存在一些学生不认识的词语，正式实验从中选出部分作为实验词语。

④统计被试实验词语了解情况测试结果，只保留词表中不熟悉词语的学生数量在被试总数中所占比重高于90%的词语。

经过以上步骤，得到 31 个初级班实验词语（实验词语列表见本章第五节"实验词语基本情况"）。

（2）准中级班实验词语筛选步骤

准中级班实验词语的筛选包含 4 个步骤：

①以先导实验中的实验词语为底本，删除其中的主题词和韩语汉字词（准中级班先导实验词表见附录二）。韩语汉字词的筛选由两位韩国籍博士研究生完成。由于准中级班无日语背景被试，保留词表中的日语汉字词。

②依据本研究确定的分类角度和标准为实验词语分类（分类角度确定依据及不同角度下词语的分类标准详见本章第五节）。本研究的分类角度有三，分别为语素义和词义的关系，语素项的常用度和词义的具体性。每一个分类角度下，依据不同的标准，将实验词语分为三类。

③补充或删除词语，保证不同分类角度下，各类别的词语数量基本平衡。

④统计被试实验词语了解情况测试结果，只保留词表中不熟悉词语的学生数量在被试总数中所占比重高于 90% 的词语。

经过以上步骤，得到 80 个准中级班实验词语（实验词语列表见本章第五节"实验词语基本情况"）。

需要说明的是，由于初级班课时较少，且实验词语全部选自课内，我们无法通过补充课外词语，使不同分类角度下各类词语的数量基本一致。因此，初级班实验词语筛选步骤不包括对词语分类以及根据各类词语数量增减词语，初级班各类别实验词语的数量也相差较大。

二 实验词语的分类

本书的研究问题之一是探讨语素法和语境法对不同类别词语的适用性，在实验操作中，即比较某类词语不同教学法的测试成绩是否存在显著差异。为了考察这一问题，我们需要完成四项工作：确定词语的分类角度，设定不同角度下词语的分类标准，依此标准为词语分类，保证各类别词语的数量基本一致。其中，第四项工作如何完成我们已在将在本章第五节中说明，本小节对分类角度的确定依据、不同角度下词语的分类标准及依此标准划分出的词语类别进行介绍。

(一) 分类角度的确定依据

我们依据先导实验结果和理论推断，确定了实验词语的三个分类角度，分别是语素义和词义的关系，语素项的常用度和词义的具体性。

从先导实验词语测试结果看，高分组和低分组的词语特点显示出以上三方面因素都会影响语素法和语境法的教学效果（见本章第三节）。

从理论上看，我们将从研究假设向上反推，考察本书的研究假设需要什么样的实验材料。本书的研究假设有三（见本章第二节），其中与词语本体特点关系最密切的是假设2，即两种教学法对不同类别词语的适用性不同，反映在实验中，就是同一类词语，两种教学法的测试成绩不同。从这一研究假设出发，我们依据词语的某种特点为实验词语分类时，需要这种特点能够影响语素法和语境法的教学效果，且对这两种教学法的影响大小不一样。找到符合这两个条件的词语特点，就可以依此为实验词语分类了。

从学习者利用语素习得词语的过程看，学习者首先对词语进行解析，之后明了语素义及语素组合的理据，最后合并语素义得到词义。其中，语素的义项数、学生是否熟悉语素项、语素义和词义的关系以及词语结构类型会影响词汇习得难度。而利用语境教学时，不涉及以上步骤，不过若是学生的语素意识较强，也有可能利用自己的一些语素知识理解词义。也就是说，这些因素会对语素法和语境法的教学效果产生影响，但影响度不同，这符合上述两个条件。不过，因为本研究的被试为初级和准中级学生，词汇网络的构建还处在较低水平，对于多义语素，大部分学习者只能想到自己最熟悉的那个义项，所以构词语素是否多义，不如语素项的熟悉度对学习效果的影响大。同时，这一阶段的学生构词法知识还比较薄弱，要求学生判断词语结构时，绝大多数学生都是先猜词义再猜结构（干红梅，2009）。我们推断，词语结构类型的影响也不会太大。据此，我们决定重点考察不同的语素项熟悉度和语素义、词义关系类型对语素法和语境法教学效果的影响。由于语素项熟悉度是一个主观概念，不容易测量，我们通过语素项常用度来观察熟悉度。

使用语境法教授词语时，需要学生借助上下文对词语的整体意义进行理解。将词语作为整体来观察时，影响词汇学习效果的因素很多，比如读音、书写、词长、词频、词性、词义具体性、词语的义项数等，但这些因素中对语境有较大依赖性的并不多，词义具体性和词语的义项数是其中两个。语境可以让学生对抽象词语有较为直观的感受，可以限制多义词的意义表达，在一个具体语境中，多义词只能表达一种意思。从词义具体性和词语义项数对语素法和语境法教学效果的影响度来看，语境法中，因为语境可以在一定程度上消解抽象词语的理解难度，所以词义具体性对它的影响应当不如对语素法的影响大。而词语多义与否对语素法和语境法的影响差异可能不会太大，语境法可以利用语境区分不同义项，语素法可以利用不同的语素义或者不同的引申路径区分不同义项。这样看来，符合我们实验设计要求的，主要是"词义具体性"这个分类角度。

依据先导实验结果和理论推断，我们决定将语素义和词义的关系、语素项的常用度和词义的具体性作为实验词语的分类角度。下面我们分别对这三个角度下实验词语的分类标准和划分出的类别进行介绍。

（二）从语素义和词义的关系角度进行的分类

本小节主要论述如何根据语素义和词义的关系为实验词语分类。首先，我们将借鉴前人研究，确定语素义和词义的关系类型，之后，判断实验词语语素义和词义关系所属类型，并依此为实验词语分类。本小节还将对"语素义和词义的关系"与"语义透明度"两个概念进行区分。

1. 语素义和词义的关系类型

本研究主要参照符淮青（1981：214—218）提出的分类体系考察语素义和词义的关系类型。符先生将复合词语素义和词义的关系分为五类，分别为：

第一类，语素义直接完全地表示词义。

词义是语素义按照构词方式所确定的关系组合起来的意义，如"平地"的意思是"平坦的土地"；或词义、两个语素义三者同义，如"哀伤"的意思同"哀"和"伤"的意思一样，均是"悲伤"。

第二类，语素义直接部分地表示词义。

词义解释包括语素义内容，还包括词的暗含内容，表述需要的补充内容，或知识性的附加内容，如"反话"的意思是"故意说出与自己思想相反的话",其中"故意说出与自己思想"就是补充的内容。

第三类,语素义间接地表示词义。

词义是语素义加合后的引申义,如"铁窗"的意思是"安上铁栅的窗户,借指监狱"。

第四类,一个语素义失落。

其中一个语素完全不用它原来的意义来表示词义,如"窗户"的意思是"窗"。

第五类,所有语素义都不显示词义。

构成词的所有语素的意义都不显示词义,如"东西"的意思是"泛指各种具体的或抽象的事物"。

从第一类到第五类,与词义直接相关的语素数量逐渐减少。前三类中,两个语素的意义都同词义有联系,第四类,只有一个语素的意义与词义有联系,第五类语素义与词义无关。据苑春法、黄昌宁(1998)的统计,动词、名词、形容词复合词中,词义是两个语素义的直接组合及词义与语素义有关系,但不完全是两个语素义的组合的词语占90%以上,这两类词语大致对应于符淮青(1981、1985)分类中的前四类词语。李如龙、吴茗(2005)参照符淮青的分类体系,对《大纲》甲乙级双音词语素义和词义的关系进行了统计,统计结果显示,构词语素义与词义有直接联系的词语占47.39%,构词语素义叠加后还要稍作引申或转换才能形成词义的词语占41.66%,一个语素义失落的词语占6.13%,语素义与词义无关的词语占4.81%。根据几位学者的统计结果可以发现,语素义和词义完全无关的词语在汉语中非常少见,且该类词语理据模糊,难以使用语素法讲解,因此我们暂不对第五类语素义和词义关系进行考察。

此外,根据加合语素义得到词义的难度,我们对符淮青(1981、1985)的分类体系进行了些微调整,将其中的第四种类型归并到第一类。因为一个语素义失落的情况下,词义仍然可完全通过其内部组成部分——语素获得,而第二类、第三类中,完整的词义还需要对加合的语素义进行补充和转换,从加合语素义得到词义的难度看,第四类和第一类的难度基本一致,第二类、第三类的难度相对较大。

最终,本研究将语素义和词义的关系分为三类,如表2—2所示。

表 2—2　　　　　　　　语素义和词义关系类型

类别	语素义和词义的关系	语素义和词义关系次类公式
直接加合型	词义等于语素义直接加合	AB = A + B
		AB = A = B
		AB = A 或 B
补充型	词义等于语素义加补充内容	AB = A + B + 补充内容
引申型	词义等于加合后的语素义的引申	AB = A + B + 引申

2. 从语素义和词义关系角度判定实验词语所属类型的操作方法

首先，判断实验词语语素义和词义关系所属类型。我们在 Excel 表格中录入目标词词义和构词语素的意义，词义和语素义的确定主要依据《现代汉语词典》（以下简称《现汉》）。《现汉》没有收录的词语，词义参照《汉语大词典》。此外，准中级实验词语中的"暖男"属新词语，尚未收入词典，其释义主要参考百度百科。

录入完成后，我们依据表 2—2 中的关系类型次类公式，判断该词语素义和词义关系所属次类，进而得到其所属类型，如表 2—3 所示。

表 2—3　　　　　　　语素义和词义关系判定方法示例

词目	录入词义及语素义			判断所属次类	所属类型
	词义	语素 1 义	语素 2 义	次类	类型
窥视	759①窥探：窥视敌情/他探头向门外窥视	759 ❷暗中查看：窥探/窥测/窥破	1189 ❶看：视力/视线/近视/熟视无睹	AB = A + B	直接加合型
反话	360 故意说的跟自己真实意思相反的话	359 ❶形。颠倒的；方向相背的（跟"正"相对）：适得其反/绒衣穿反了	562 ❶（话儿）名。说出来的能够表达思想的声音，或者把这种声音记录下来的文字：讲话/会话/土话/这两句话说得不妥当	AB = A + B + 补充内容	补充型

---

① 数字为该词在《现代汉语词典》（第 6 版）中的页码。

续表

录入词义及语素义				判断所属次类	所属类型
词目	词义	语素1义	语素2义	次类	类型
碰壁	983 比喻遇到严重阻碍或受到拒绝,事情行不通:到处碰壁	983 ❶动。运动着的物体跟别的物体突然接触:碰杯/不小心腿在门上碰了一下	73 ❶墙:壁报/壁灯/家徒四壁/铜墙铁壁	AB = A + B + 引申	引申型

其次,依据语素义和词义关系所属类型为实验词语分类,语素义和词义关系为直接加合型的词语归为直接加合型词语,为补充型的归为补充型词语,为引申型的归为引申型词语。

3. 语素义和词义的关系与语义透明度

本书所说的"语素义和词义的关系"不同于"语义透明度"。语义透明度指"复合词的语义可从其所组成的各个词素的语义推知的程度,其操作性定义为整词与其词素的语义相关程度"(王春茂、彭聃龄,1999)。从这个定义来看,"语义透明度"似乎和"语素义和词义的关系"差异不大,但定义中没有规定由"谁"推知,一般情况下默认为大众语感中词义由语素义推知的难度,因此,心理学研究中,语义透明度的判定方式通常是请一些评判人,在量表上对词义和语素义的语义相关程度进行评判(冯丽萍,2011:70)。从评判方式看,语义透明度是一个相对主观的概念,透明度高低的判断会受到评判人的影响,那评判人对语义透明度的判断有何具体影响呢?李晋霞(2011)对"词典透明度"和"大众透明度"的划分可以给我们一些启示。以"乖戾"为例,该词及其构成语素在《现汉》中的释义为:

乖戾:(性情、言语、行为)别扭,不合情理。(《现汉》,第475页)

乖^2:❷(性情、行为)不正常。(《现汉》,第475页)

戾:❷乖张(《现汉》,第801页)(乖张:❶怪癖,不讲情理。《现汉》,第475页)

从《现汉》的释义来看,"乖戾"的意义可完全从"其所组成的各个词素的语义推知",是一个完全透明词语,但在一般人的语感中,这个词的透明度达不到这种程度。李晋霞(2011)认为一些词语"词典透明度"较高,而"大众透明度"较低的原因有三个,分别是语素用字是否常见,所用义项是否常见,语素能否单用。从这里可以看出,语义透明度不仅和"语素义和词义的关系"相关,还和语素熟悉度相关,不同的评判人,如果对构词语素的熟悉度不同,那么他们对该词透明度的判断也会有所差异。评判人对语义透明度判定的影响在二语学习者身上体现得更为显著,许艳华(2014b)的研究显示出,对二语学习者来说,除语素义和词义关系[1]外、语素多义性、语素频率、语素间语法关系、语素性质、二语水平和母语背景都会对语义透明度的分析造成影响。综合这些研究,可以发现"语义透明度"的判定与人们对构词语素项和语素如何组构成词的认识的深浅密切相关,而不仅仅取决于"语素义和词义的关系"。

那么本研究为何不将"语义透明度"作为分类角度?主要有三点原因。第一,从语素法教授词义的步骤来看,语素教学分为四个步骤,分别为:①将词语切分为不同的组成部分;②确定各语素的意义;③根据各语素的意义,推测出词义;④查词典得到确切释义。(哈里斯等,2011)其中,第二步确定各语素的意义与语素项熟悉度相关,第三步加合语素义得到词义与语素义和词义的关系相关,这两个因素都会影响语素法的教学效果,而语义透明度的判断则综合了人们对语素项熟悉度的感知和对语素义如何合成词义的认识,我们很难从中剥离出其中某一因素对语素法教学效果的影响度。第二,在实验操作中,判定语义透明度的难度较大,如果请母语者判定,反映不出学习者对语义透明度的感知;如果请本实验的被试或与被试同水平的二语学习者判断,这些词语对学生来说都是生词,在不知道词义的情况下无法判断;如果请高水平二语学习者判断,根据许艳华(2014b)的研究,二语学习者水平也会对判定结果产生影响,高水平二语学习者的判断结果不能代表本实验被试的判

---

[1] 许艳华(2014)将语素义和词义的关系称为"语素表义度"。

断。因此,将语义透明度作为分类角度,难以操作。第三,在课堂教学中,受语言水平和知识背景的影响,教师对词语语义透明度的判断很可能与学生不一样,假设我们得出的结论是语义透明度高的词语适宜使用语素法教学,那教师、特别是新手教师如何判断生词在学生眼中的语义透明度高低呢?如果无法判断,也就不清楚在什么情况下适宜使用语素法了。相比之下,语素项常用度和语素义、词义关系类型的判断标准相对客观,不仅在实验中易于操作,在教学实践中也便于应用,这有助于我们依据研究结论提出更具操作性的教学建议。基于这三点原因,我们没有将"语义透明度"作为分类角度。

虽然本书仅选取语素义和词义的关系作为实验词语的分类角度,但由于语素义和词义的关系是语义透明度判定的重要影响因素,二者密切相关,我们可以通过前者观察后者,"语素义和词义联系越直接、越密切则复合词透明度越高"(许艳华,2014b:92),依此判断,本研究中,直接加合型词语透明度最高,补充型次之,引申型透明度最低。

(三)从语素项的常用度角度进行的分类

本书依据语素项常用度而非语素常用度为实验词语分类。语素项指"一个义项单位的语素"(姜自霞,2005:9),本书中,这个义项指语素参与构词时的意义。不以语素常用度为分类角度,是因为对于多义语素,语素常用度反映的是该语素在多个义项上的综合情况,而不是单个义项上语素的使用频率。学生可能对多义语素某个义项熟悉,但是对实验词语中语素表示的意义不熟悉,如"看望"一词,初级学生对于"看❶:使视线接触人或物"比较熟悉,但不太熟悉"看❹:访问;探望"。我们无法通过语素"看"的常用度判断学生是否知道"看❹"。

本研究将语素项常用度分为低、中、高三个等级。语素项常用度的衡量指标有二,分别是语素项在《大纲》中的分布等级及构词能力。《大纲》收录的单音节词可以作为语素构成合成词。本实验的学生均通过课堂教学学习汉语,主要依靠教材接触生词,也有一定机会通过自然接触获得词频较高的生词,而教材依据《大纲》确定生词,《大纲》的分级以"词频统计为主要依据"(国家汉语水平考试委员会办公室考试中心,2001:18),因此可以通过《大纲》单音词所处等级判断成词语素单独使用时的常用度，进而得出学习者对其熟悉度。对于不成词语素，常用度主要取决于其构词能力，而构词能力强的成词语素常用度更高。因此我们选择语素项在《大纲》中的分布等级及构词能力两个标准的加合判断语素项常用度，之后依据常用度等级为实验词语分类。具体的操作步骤为：

第一步，确定语素项等级及构词能力的判断标准。

语素项等级的判断依据《大纲》对词汇等级的划分。语素项在《大纲》中的等级可以反映出其独立使用时的常用度，等级越低，其常用度越高。由于《大纲》只标注了词性，未标注义项，我们主要依据词性判断实验词语所包含的语素项单独使用时是否属于超纲词。

语素项构词能力的判断依据其在《大纲》甲、乙、丙级词语中构词数量的多少。不以语素项在《现汉》中构词数量的多少作为判断依据，主要由于初级、中级学习者词汇量相对较低，超纲词认识得不多，如果语素项参与构成的词语是超纲词，无论该语素项构成多少个词语，学习者都是没有接触过的，也就不会对学习者识别、记忆和提取该语素项产生影响。同理，初级和准中级学习者对丁级词语知之甚少，考虑到本实验被试的语言水平，计算构词数量时不将语素项构成的丁级词语统计在内。

第二步，在 excel 中录入语素在《大纲》中的等级以及在甲、乙、丙级词语中的构词数量。

第三步，为语素项在《大纲》中的等级及构词能力赋值，计算语素项常用度分值。

语素项在《大纲》中的等级越低，其常用度越高，对应分值也就越高。

构词能力强的语素项常用度高，构词能力通过构词数量反映，构词数量越多，构词能力越强，常用度越高，对应分值越高。根据邢红兵（2006）的统计，语素项在《大纲》中的构词量大部分都在 5 以下，构词数量为 5 及 5 以上的语素项仅占 14%。因此，构词能力最高分对应的构词数量是 5 及 5 以上，最低分对应的构词数量是 0。

语素项常用度赋值办法说明如表 2—4 所示。

表 2—4　　　　　　　　　语素项常用度赋值办法说明

衡量指标	双字词	三字词	四字词
等级	语素项为甲级词记 6 分，乙级词 4.5 分，丙级词 3 分，丁级词 1.5 分，超纲词 0 分，两语素项分值相加得双字词分值，最高分 12 分，最低分 0 分	语素项为甲级词记 4 分，乙级词 3 分，丙级词 2 分，丁级词 1 分，超纲词 0 分，三语素项分值相加得三字词分值，最高分 12 分，最低分 0 分	语素项为甲级词记 3 分，乙级词 2.25 分，丙级词 1.5 分，丁级词 0.75 分，超纲词 0 分，四语素项分值相加得四字词分值，最高分 12 分，最低分 0 分
构词能力	语素项构词数量为 5 及 5 以上记 6 分，为 4 记 4.8 分，为 3 记 3.6 分，为 2 记 2.4 分，为 1 记 1.2 分，为 0 记 0 分，两语素项分值相加得双字词分值，最高分 12 分，最低分 0 分	语素项构词数量为 5 及 5 以上记 4 分，为 4 记 3.2 分，为 3 记 2.4 分，为 2 记 1.6 分，为 1 记 0.8 分，为 0 记 0 分，三语素项分值相加得三字词分值，最高分 12 分，最低分 0 分	语素项构词数量为 5 及 5 以上记 3 分，为 4 记 2.4 分，为 3 记 1.8 分，为 2 记 1.2 分，为 1 记 0.6 分，为 0 记 0 分，四语素项分值相加得四字词分值，最高分 12 分，最低分 0 分
合计	最高 24 分，最低 0 分	最高 24 分，最低 0 分	最高 24 分，最低 0 分

将语素项等级和构词能力的分值相加，得到语素项常用度分值。

第四步，将所有实验词语的语素项常用度分值由低到高排列，确定排名 1/3 处和 2/3 处分值，这两个分值分别代表中、低和中、高常用度的分界点。分界处如包含多个分值相同的词语，根据实际情况将分界点上移或下移。

第五步，依据语素项常用度分值为实验词语分类，将常用度分值低于排名 1/3 处分值的词语归为低常用度词语，高于排名 2/3 处分值的词语归为高常用度词语，处于二者之间的归为中常用度词语。

第六步，人工干预。本研究常用度的衡量标准之一是语素项在《大纲》中的等级。《大纲》收录的词语仅标明了词性，未标明义项，有个别单音节词的义项不太常用，但词语表示该义项时与表示常用义项时的词性相同，我们也暂时按照该词表示常用义项的等级为之赋值，但这一数值与词语的实际常用度不符。主要涉及两个词："吃亏"和"铁打"。

"吃亏"中"吃"的意思是"受；挨"，"铁打"中"打"的意思是"制造（器物、食品）"，这两个语素项的常用度较低。但"吃"和"打"在这两个义项上都可以作为动词单独使用，与"吃"表示"把食物等放到嘴里经过咀嚼咽下去（包括吸、喝）"义和"打"表示"用手或器具撞击物体"义时的词性相同，根据《大纲》，"吃"和"打"做动词时，同属甲级词，这显然不符合"吃亏""铁打"中"吃"和"打"的常用度。因此，对所有词语的常用度进行排名后，我们将"吃亏"和"铁打"的常用度下调了一个级别。两词原为中常用度词语，调整为低常用度词语。

下面，我们以"捐款"为例，对上述步骤进行演示（见图2—2）。

第一步、第二步，确定判断标准，录入语素项等级及构词数量			
词目	语素项1等级	语素项2等级	语素项1构词数量	语素项2构词数量
捐款	丁	乙	0	1（汇款，丙）

⇩

第三步，赋值，计算语素项常用度				
词目	语素项1等级分值	语素项2等级分值	语素项1构词数量分值	语素项2构词数量分值	语素项常用度分值
捐款	1.5	4.5	0	1.2	7.2

⇩

第四步、第五步，对语素项常用度分值排名，确定排名1/3处和2/3处分值，得出语素项常用度等级，判断词语所属类别
"捐款"为准中级班实验词语，准中级班实验词语共计80个，排名27位语素项常用度分值为10.2，排名53位语素项常用度分值为13.5，"捐款"常用度分值为7.2，属低常用度，因此，"捐款"属于低常用度词语

图2—2　从语素项的常用度角度对实验词语分类的操作步骤

（四）从词义的具体性角度进行的分类

本研究计划将词义具体性分为低、中、高三级，从词义的具体性角度对实验词语进行分类的步骤如下：

第一步，请15位语言学专业的高校教师和研究生在五点量表上对初级实验词语和准中级实验词语进行具体性评定。5 表示非常具体，1 表示非常抽象，由 5 至 1 具体性逐渐减弱，抽象性逐渐增强。量表上说明，"具体"指该词的指称对象可以或易于直接感知。量表上为只教授了一个义项的多义词和个别较为生僻的词语提供了释义。

第二步，计算每个实验词语具体性评定的平均得分。

第三步，将所有实验词语的具体性评定得分由低到高排列，确定排名 1/3 处和 2/3 处分值，这两个分值分别代表中、低和中、高具体性的分界点。分界处如包含多个分值相同的词语，根据实际情况将分界点上移或下移。

第四步，依据词义具体性得分为实验词语分类，将具体性得分低于排名 1/3 处分值的词语归为抽象词语，高于排名 2/3 处分值的词语归为具体词语，处于二者之间的归为不太具体词语。

以"厌倦"一词为例，该词具体性评定的平均得分为 3 分。80 个准中级实验词语具体性评定得分排名 1/3 处的分值为 3.07 分，"厌倦"的得分低于此分，属于抽象词语。

三　实验词语基本情况

（1）初级班实验词语基本情况

初级班实验词语共计 31 个，全部为课内词语。从词语的音节数看，实验词语以双音节复合词为主，包含 29 个双音节复合词，2 个三字词。从词性看，实验词语全部为实词，其中，名词 14 个，动词 13 个，形容词 4 个。实验词语在《大纲》中的分布情况为：甲级词 2 个，乙级词 3 个，丙级词 6 个，丁级词 8 个，超纲词 12 个。不同类别词语的分布情况为：从语素义和词义的关系看，直接加合型词语 19 个，补充型词语 8 个，引申型词语 4 个；从语素项常用度看，低常用度词语 10 个，中常用度词语 10 个，高常用度词语 11 个；从词义具体性角度看，抽象词语 10 个，不太具体词语 11 个，具体词语 10 个。初级班选择实验词语时，受教学时间限制，未利用增补课外词语的方法使各类别词语数量达到均衡，因此不同类别词语数量差异较大。

初级班实验词语如表 2—5 所示。

表 2—5　　　　　　　　　初级班实验词语

语素义和词义关系类型	常用度等级	具体性等级	词目
直接加合型	低常用度	抽象	惯例、丰富、强迫
		不太具体	鲜艳、团聚、聚会
		具体	食物、子女
	中常用度	抽象	如是、预计
		不太具体	酗酒、访谈
		具体	市民、搀扶
	高常用度	抽象	说服、不快
		不太具体	下降、同期
		具体	专家
补充型	低常用度	抽象	—
		不太具体	团圆
		具体	景区
	中常用度	抽象	多事、成文
		不太具体	—
		具体	—
	高常用度	抽象	提高
		不太具体	大多数
		具体	读物、年夜饭
引申型	低常用度		
	中常用度	抽象	—
		不太具体	高峰
		具体	户外
	高常用度	抽象	—
		不太具体	外来
		具体	家长

（2）准中级班实验词语基本情况

准中级班实验词语共计 80 个，课内词语 42 个，课外词语 38 个。从词语的音节数看，实验词语以双音节复合词为主，包含 71 个双音节复合词，1 个三字词，8 个四字词。从词性上看，双音节词和三字词以实词为主，其中，名词27个，动词31个，形容词12个，副词2个①。实验词语在《大纲》中的分布情况为：甲级词无，乙级词2个，丙级词6个，丁级词12个，超纲词60个。不同类别词语的分布情况为：从语素义和词义的关系看，直接加合型词语26个，补充型词语27个，引申型词语27个；从语素项常用度看，低常用度词语26个，中常用度词语26个，高常用度词语28个；从词义具体性角度看，抽象词语25个，不太具体词语27个，具体词语28个。准中级班实验词语如表2—6所示。

表2—6　　　　　　　　　准中级班实验词语

语素义和词义关系类型	常用度等级	具体性等级	词目
直接加合型	低常用度	抽象	从业、厌倦、吃亏
		不太具体	完毕、遥控、窥视、欠债
		具体	校花、捐款、凉爽
	中常用度	抽象	位于、眼馋
		不太具体	年迈、忙碌
		具体	潮湿、跟随、争吵、谎话
	高常用度	抽象	舒心、按时
		不太具体	完事、一成不变、与众不同
		具体	山顶、挑选、雪白
补充型	低常用度	抽象	诺言、裸婚、生手
		不太具体	复婚、敌视、珍藏
		具体	购置、首映式、凉席
	中常用度	抽象	宜人、两便、不厌其烦
		不太具体	挑食、插嘴
		具体	嗓音、饭厅、目瞪口呆、重播
	高常用度	抽象	反话、争先恐后
		不太具体	暖男、年会、叫好、面熟
		具体	门牙、睡眼、蛇行

---

① 实验词语中包括4个兼类词，分别是捐款、欠债、珍藏、蜗居，这些词也都是多义词，不同的义项对应不同的词性，因为授课时只教授了其中一个义项，因此对词性进行统计时，这些词的词性记为教授的义项对应的词性。

续表

语素义和词义关系类型	常用度等级	具体性等级	词目
引申型	低常用度	抽象	眉睫、皂白、铁打
		不太具体	顶峰、杀生
		具体	蜗居、袖珍
	中常用度	抽象	弹指、碰壁、如数家珍
		不太具体	尺寸、林立、了如指掌
		具体	隔壁、刀枪、佳期
	高常用度	抽象	转眼、心寒、靠山、眼力
		不太具体	眼见、弯路、手慢、皮毛
		具体	路人、手谈、一尘不染

第六节 教学计划

一 教学安排

在阅读课上，语素法和语境法都包含两方面教学内容：实验词语的教学和词义猜测策略的教学。初级班由于教学时间较短，课上只进行实验词语的教学；准中级班的教学则涵盖两方面内容。两个教学班的授课教师均为作者本人。

（一）实验词语的教学安排

初级班教授的实验词语全部为课内词语，准中级班教授的实验词语有课内的，也有课外的。每次课程教授3—4个实验词语。语素班和语境班除实验词语的教学方法有所差异外，其他词语的教学方法和课文的学习流程没有区别。课程上涉及的其他词语，多利用图片、近义词、反义词、翻译讲解词义，也有部分词语使用例句讲解，为了与教授实验词语时所采用的语境法相区别，其他词语使用例句讲解时，不引导学生猜测词义，直接为学生展示释义和例句，且提供的例句数量少于实验词语。

在词语呈现顺序的安排上，词汇教学主要有两种方式，一是按照主题、词义相关程度或词性为生词分类，然后分别讲解不同类别的词语；二是按照词语在课文中出现的先后顺序讲解词语（详见本书第一章第二节）。以往研究显示，第一类呈现方式会对词汇学习效果产生一定程度的影响（张和生，2010；廷汉姆，1993、1997），因此课堂上按照第二种顺序呈现和教授词语，实验词语的教学穿插在其他词语的教学中。

阅读课直接词汇教学的时间安排方面，主要有四种方式，一是在阅读文章前集中教授生词；二是学生读过一遍文章后，再讲解生词；三是阅读完成后，让学生进行词语练习；四是不讲生词，或只讲解个别关键词。（详见本书第一章第二节）本实验结合第一种、第二种方式，在阅读前后都安排词汇教学。每篇课文的授课流程为：①教授10个左右生词，其中部分生词是课文主题词，借此向学生介绍课文的背景知识，部分生词是学生第一遍阅读课文后，完成练习所需理解或使用的生词；②通读全文，要求学生完成课文理解练习；③分段阅读，阅读前和阅读后都会讲解一些生词；④学生快读全文，对文章内容进行总结；⑤完成课后练习；⑥词义猜测策略教学及练习。①、③都会涉及课内词语的直接词汇教学，⑥则主要教授课外词语。

（二）词义猜测策略的教学安排

语素法有关词义猜测策略的教学包括两方面内容，一是利用语素猜测词义的具体步骤，二是构词法的相关知识。

利用语素猜测词义的具体步骤主要参照哈里斯等（Harris et al., 2011），包括：①将词语切分为不同的组成部分；②确定各语素的意义；③根据各语素的意义，推测出词义；④通过查词典等方式检查猜测是否准确。

进行构词法相关知识的讲解时，我们介绍了联合式、偏正式、动宾式词语的特点，用公式说明了不同结构类型中两个语素之间的关系[①]，介绍了三种结构类型在名词、动词、形容词中的分布比例，以及在判断出生词词性的情况下，应当主要按照哪种结构猜测。因主谓式、补充式词语相对较少，这两种结构类型理解起来也较为困难，考虑到学生的语言水平，我们未专门针对这两种结构进行教学。

词义猜测策略教授过程中，配有大量语例，练习形式包括请学生分

[①] 联合式、偏正式、动宾式词语的特点及结构式的介绍主要参考张博教授2014年为苏黎世大学研修班讲授"汉语词汇的发展"课程时的授课内容。

析课文中刚刚学过的生词结构、猜测生词意义，词义猜测练习涉及部分实验词语。

语境法有关词义猜测策略的教学也包括两方面内容，一是利用语境猜测词义的具体步骤，二是猜词技巧。

利用语境线索猜测词义的具体步骤主要参照克拉克、内申（Clarke & Nation，1980），包括：①确定生词的词性；②观察生词前后的词语，如果生词是一个动词或形容词，要特别观察其后的名词，如果生词是副词，要特别观察它所修饰的对象；③观察生词所在句子和其他句子的关系，要特别注意"但是""因为""如果"等连词以及"这""那"等指示代词；④利用上述三方面信息猜测词义；⑤检查猜测是否准确。

猜词技巧的介绍包括利用连词、近义词和反义词猜词的方法。教学内容和例句部分参考周小兵、张世涛《中级汉语阅读教程Ⅰ》。

利用语境线索猜测词义策略的教授过程，同样配有大量语例，练习形式是根据句子猜测词义。

二　实验词语教学方法

我们结合阅读课词汇教学的目的和特点来设计教学方法。

阅读课直接词汇教学的目的有二：一是提高阅读课词汇学习的效率，二是让学习者掌握在阅读过程中学习生词的策略，其中最为重要的一项策略是词义猜测策略。因此，在教学中，我们先让学生尝试猜测词义，再讲解词义。一方面，比起单纯听老师讲解，猜测词义需要付出更多的脑力劳动，这可以加大学习者的认知加工量，现有的研究表明，分析词语所需的认知加工量与词语的学习程度正相关（奥斯汀，1992；劳弗尔、奥斯汀，2001），此外，陶凌寅（2010）的研究也证实，先例句后释义的学习效果优于先释义后例句，表明词义猜测的过程有利于词汇学习。另一方面，这一教学活动也可以进行词义猜测练习，增强学习者的词义猜测能力。同时，为了避免错误的猜测对词义理解的负面影响，我们在学习者猜测词义的过程中，进行一定的引导和提示。

阅读课词汇学习的特点是重理解，不重运用，因此阅读课上我们只要求学生理解词义，不专门进行语言输出练习。

下面我们详细介绍实验过程中主要运用的教学方法。

(1) 语素法教学

实验中，语素法教学主要包括四步，分别为教授语素义、利用语素义猜测词义、展示词义、扩展词语。语素法教学步骤如图2—3所示。

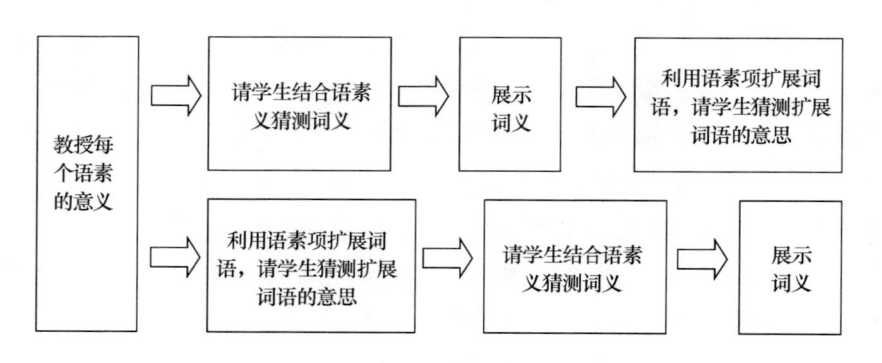

图2—3 语素法教学步骤

具体操作中，语素义教学和词语扩展环节又包含不同的方式，下面对这两个环节进行详细说明。

①语素义教学环节

语素法教学的第一步——教授每个语素的意义，根据语素项常用度的不同，包含三种方式。

第一，请学生直接说出语素义。词语包含自由度较高、学习者较熟悉的语素项时，使用这种方法，如"校花"的"校"：

老师："校"的意思是什么？

学生：学校。

（幻灯片）校：学校

第二，展示含某语素项的一系列词语，请学生根据这些词语猜出语素的意思。当语素项的构词能力比较强，且比较容易通过词义总结出语素义时，使用这种方法，如"预计"的"预"：

老师：看到"预"想到什么词？

学生：预习、天气预报。

（幻灯片）预习、预报

老师："预习"是什么意思？在上课前学习，还是在上课后学习？

"天气预报"说什么时候的天气？

"预习""预报"都是在什么时候发生的？

两个词里都有一个什么字？

这些词里面"预"的意思是什么？

学生逐一回答后，老师展示幻灯片

（幻灯片）预：在事情发生以前（做一件事情）

第三，直接展示语素义。语素项常用度较低，且语素义较难总结时，使用这一方法，如"炎热"的"炎"：

（幻灯片）炎：非常热

②扩展词语环节

如图2—3所示，扩展词语环节的位置不太固定，有时安排在展示词义之后，有时安排在介绍完语素义之后，也有时语素义和词义讲解后都涉及。如"从业"一词，词语扩展环节安排在词义讲解之后：

（幻灯片）从：从事

老师：我们一般说"从事"什么？

学生：工作。

老师：那你们觉得"业"是什么意思？

学生：职业。

（幻灯片）业：职业

老师："从业"的意思是什么？

学生：从事职业。

（幻灯片）从业：从事一种职业

（幻灯片）从军、从商、从警、从医（请学生猜测词义——扩展生词）

如"欠债"一词，词语扩展环节安排在语素义讲解之后：

（幻灯片）欠：借别人的东西没有还

（幻灯片）欠款、欠薪（请学生猜测词义——扩展生词）

（幻灯片）债：没有还的钱

（幻灯片）还债（请学生猜测词义——扩展生词）

（幻灯片）欠债：借别人的钱没有还

再如"山顶"一词，语素义和词义讲解后都涉及词语扩展：

（幻灯片）顶：最上面

（幻灯片）头顶、房顶、顶层（请学生猜测词义——扩展生词）

老师："山顶"的意思是什么？

学生：山的最上面。

（幻灯片）山顶：山的最上面

老师："山顶"是"山的最上面"，那"山脚"的意思是什么？（请学生猜测词义——扩展生词）

学生：山的最下面。

（幻灯片）山脚：山的最下面

（幻灯片）山腰

老师："山腰"是什么意思？"头顶"在身体的最上面，所以"山顶"是"山的最上面"，"脚"在身体的最下面，所以"山脚"是"山的最下面"，"腰"在身体的什么地方？"山腰"的意思是什么？（请学生猜测词义——扩展生词）

学生：山的中间。

（幻灯片）山顶、山脚、山腰（请学生齐读三个词语）

扩展生词环节，我们在词语的选择上注意两个问题：第一，尽量保证构成扩展词的语素的意义与目标词语素项的意义相同。第二，尽量保证扩展词的另一个语素是学习者已学过的，或是在其他词语中见过的。

利用语素教授词语过程中，初级班共扩展生词40个，平均每个实验词语扩展1.29个生词；准中级班共扩展生词157个，平均每个实验词语扩展1.96个生词。此外，初级班利用语素系联已学词语11个，平均每个实验词语系联0.35个已学词语；准中级班利用语素系联已学词语91个，平均每个实验词语系联1.14个已学词，已学词语的系联也安排在扩展词语环节。

（2）语境法教学

语境法的教学步骤有四个，分别是展示句子或情景、请学生齐读句子、引导学生猜测词义和展示词义。语境法教学步骤如图2—4所示。

展示句子或情景 ⇒ 学生齐读句子 ⇒ 引导学生猜测词义 ⇒ 展示词义

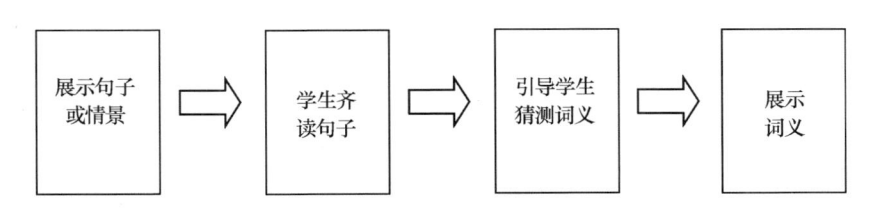

图2—4 语境法教学步骤

根据语境类型的不同，语境法教学分为两种方式。

①在幻灯片上展示出三个句子，请学生齐读句子，然后教师引导学生根据上下文语境猜测词义，如"转眼"：

（幻灯片）时间过得真快，转眼又是新的一年了。

他刚才还在这儿，转眼就不见了。

转眼一个下午就要过去了，他还什么都没做。

（请学生齐读句子）

老师："转眼"是什么词？动词、名词、形容词、副词？

学生：副词。

老师："转眼"和什么有关系？人、时间还是地点？

学生：时间。

老师：为什么？第一句，从哪个词看出来？

学生：时间。

老师：第二句呢？第三句呢？

学生：刚才。下午。

老师：这个时间长还是短？

学生：短。

老师：从哪里看出来的？第一句的……第二句的……

学生：快。刚才。

老师：是时间真的很短，还是他感觉时间很短？

学生：感觉时间很短。

老师:"转眼"是什么意思?

学生:感觉时间很短。

(幻灯片)转眼:(感觉上)时间很短

②教师说出或在幻灯片上用文字展示三个情景,请学生猜测词义。词义的理解需要提供较多的上下文时,采用这种方法,如"说服":

(幻灯片)我不想去商场,但她想让我去,最后她说服了我,我们一起去了商场。

她说服了我。

(请学生齐读)

老师:我想去商场吗?

学生:不想。

老师:最后我去了吗?

学生:去了。因为她想我去。

(幻灯片)我的男朋友抽烟,我觉得抽烟对身体不好,我对男朋友说抽烟不好的地方,最后男朋友觉得我说得对,就不抽烟了。

我说服了我的男朋友。

(请学生齐读)

老师:我的男朋友以前抽烟吗?

学生:抽烟。

老师:现在他还抽烟吗?

学生:不。

(有学生开始试图猜测"说服"的意思)改变了他的想法。影响别的人。

老师:那"说服"让别人的想法和我的……

学生:一样。

老师:对,让别人同意我的想法。

(幻灯片)妻子想买一辆车,但是丈夫不想买,妻子一直和他说,买车有很多好处,最后丈夫买了车。

妻子说服丈夫买了一辆车。

(请学生齐读)

老师：妻子用什么方法让丈夫同意的？

学生：跟他说话。

（幻灯片）说服：用说话让别人同意自己的想法

利用语境线索猜测词义的相关研究显示，语境线索的丰富度、生词比例会影响词义猜测的效果（详见本书第一章第二节）。因此，在设计语境时，我们注意提供足够的语境信息和线索，并保证句子中的词语学习者绝大部分都认识，对于学习者可能不认识的词语用英文加以注释，并注明拼音。同时，根据高燕（2008）等研究的建议，我们使用的语境尽量贴近学生的生活，使句子的内在逻辑符合学习者的背景知识，避免出现需深入了解中国人的生活、思维习惯才能理解的内容。此外，词汇附带习得输入干预的相关研究显示，输入增显可以引起学生对目标词语的注意，促使其对目标词进行更为深入的加工（苗丽霞，2013）。因此，在呈现句子时，我们将目标词语加粗，并将字体颜色设置为红色，提醒学习者朗读句子的目的是理解目标词语、推测目标词语的意思。

利用语境教授词语过程中，初级班共展示 75 个句子或情景，平均每个生词展示 2.42 个语境；准中级班共展示 180 个句子或情景，平均每个生词展示 2.25 个语境。

需要说明的是，语素法和语境法都包含词义展示环节，但同一个词语，两种教学法所展示的词义有时略有差异，这主要针对那些易于通过释义推断语素义的词语。如上文提到的"从业"一词，语素班展示的词义是"从事一种职业"，如果语境班也使用这一释义，学生可能会推测出"从"和"业"的意思分别是"从事"和"职业"，为避免这种情况发生，我们在语境班将"从业"解释为"做一种工作"。除了通过替换释义中的部分词语变更释义内容，我们还会通过调整释义中前后两个短句的顺序，影响学生的关注焦点，如"雪白"一词，语素班的释义为"像雪一样白，很白"，语境班的释义为"很白，像雪一样白"。不过，语素班和语境班词语释义有差异的情况相对较少，两个教学班绝大部分词语的释义是相同的。

第七节　测试方法

本实验的测试分为三类，分别是词语了解情况测试，词义记忆测试和词汇能力测试。词语了解情况测试属于前测，主要用于考察学生是否认识实验词语，借此筛选目标词语与被试。词义记忆测试用于考察目标词语意义的掌握情况。直接词汇教学法的首要目标是帮助学习者习得目标词语，词汇知识包含三方面内容：形式、意义和运用（内申，2001：27），但由于阅读课词汇学习是接受性的，且"在课堂二语习得中，词汇习得任务主要在于记住词语"（蒋楠，2000），我们仅考察词义掌握情况。除了目标词语的习得，词汇教学法还应当有利于培养学习者的词汇能力，我们将分别考察教学法对词汇知识广度和深度以及习得其他生词能力的影响。

一　词语了解情况测试

测试目的：考察学习者是否认识实验词语。

测试时间：每次新课文学习之前，测试时间3—5分钟。

测试范围：实验词语中的课内词语。课外词语未进行词语了解情况测试，不过，38个课外词语均是等级较高的词语，绝大部分是超纲词，根据学生的语言水平和上课时的反应，可以判断学生均不认识这些词语。

测试形式：自我报告。

测试流程：发下课程需要学习的词表，其中包括一定数量的实验词语，请学生自我报告是否认识这些词语，在课程结束后收回词表。

样例：

你知道这些词的意思吗？

如果"你没有见过这个词"，请写A。

(If you have never seen the word before, please write A.)

如果"你见过这个词，但不知道它的意思"，请写B。

(If you have seen the word before but don't really know it, please write B.)

如果"你知道这个词的意思,但不会用这个词",请写 C。
(If you know the meaning but don't use the word, please write C.)
如果"你知道这个词的意思,也能使用这个词",请写 D。
(If you know the meaning and use the word, please write D.)

生词	A、B、C 或 D	生词	A、B、C 或 D
同期(tóngqī)		惯例(guànlì)	

该测试采用的方法是要求学生自我报告自己对词语的了解情况。为避免学习者过高估计自己的词汇水平,同类型的测试中,研究者通常要求学生写出自己标记为认识的词语的意义或用之造句,或在测试词语中掺入假词。比如帕里巴克特、韦舍(Paribakht & Wesche, 1993)提出的词汇知识等级量表测试(The Vocabulary Knowledge Scale),在测试过程中,如果学生认为自己认识词语,需写下该词的近义词或翻译,如果学生认为自己能够使用该词,需要造句。米拉、琼斯(Meara & Jones, 1990)提出的欧洲语言中心词汇量测试(The Eurocentres Vocabulary Size Test),测试词中含有 1/3 的假词,这些假词符合英语构词法,但在英语中不存在,如果学生勾选出的已知词语中包括假词,就会被扣分。(转引自里德,2000/2010:128)无疑,以上两种测试能够更真实地反映学生的词汇水平,但考虑到本研究测试结果的主要用途和课堂的实际情况,我们没有采用这两种测试方法。

其一,词语了解情况测试不是为了评估学生的词汇能力,也不是为了比较学习前后学生的词汇知识是否有所增加、增加了多少,仅是用来确定实验词语及被试,以保证绝大部分实验词语学生都不认识。因此,我们未对测试结果评分,仅观察备选的实验词语学生的了解程度是否仅限于 A、B 两个级别,如果一个词语,认为自己对之了解程度已达到 C、D 级别的学生人数占学生总人数的 10% 以上,就不再将该词作为实验词语;如果一个学生,其自我判断知道词义或已会使用的词语数量占到实验词语总数量的 10% 以上,就不将该生作为研究被试。

其二，本研究是基于课堂的实验研究，除了对两种教学方法进行对比分析外，还要完成教学任务，因此需要各项测试尽量少地占用课堂时间。如果要求学生写出自己认识的词语的意思或用之造句，花费的时间较长。而加入假词会对学生的汉语学习造成误导，不符合课堂教学的要求。

出于以上两点原因，我们仅要求学生自我报告了解程度。

二 词义记忆测试

（一）即时后测

测试目的：考察学习刚刚结束时，学习者对词义的记忆情况。

测试时间：每次课程临近结束时。本课学习内容的即时后测题目和上一周学习内容的延时后测题目在一张试卷上测试，总共测试时间为10分钟。

测试范围：所有实验词语。

测试形式：词义解释或翻译。

测试流程：发下试卷，测试词语为本次课程所学生词中的一部分，一般为5—8个，其中包括一定数量的实验词语。测试词语并非全部都是实验词语，这是为了避免学生注意到我们仅针对曾引导他们猜测词义的词语进行测试而对这类词语特别关注。试卷要求学生写出词语的意思，可以用汉语或拼音写，也可以翻译。课程结束后，收回试卷。

样例：

你记得这些词语的意思吗？

下面是我们这节课学过的词语。如果你记得这些词语的意思，请用汉语写出它们的意思，不会的字可以写拼音；你也可以用英语或韩语翻译它们。

These are the words we have learnt in this class. If you know its meaning, please write down its meaning in Chinese character or in Pinyin. Alternatively, you can translate it into English or Korean.

"访谈"的意思是＿＿＿＿＿＿＿＿＿＿＿＿＿＿＿＿

需要说明的是，学生翻译时，我们将翻译语言限定为英语和韩语。

在第一次课程时，我们曾尝试允许学生使用母语翻译生词，但由于学生母语背景多样，回答中出现了西班牙语、意大利语、印度尼西亚语、韩语、日语等语言，这些答案的批改只能在掌握汉语和以上语言的双语者的帮助下才能够完成，而每次课程的试卷都需要在下次上课前批改完毕，我们难以在这么短的时间里找齐会这些语言的双语者。由于学生总体英语水平较高，与学生协商之后，将翻译语言确定为英语。同时，由于可以找到韩语背景的高水平汉语学习者帮助翻译韩国学生的答案，因此也允许学生将生词译为韩语。

（二）时后测

测试目的：考察有多少词语的意义可以进入学习者的长时记忆。

测试时间：生词学完一周后，课程临近结束时进行。上一周学习内容的延时后测题目和本课学习内容的即时后测题目在一张试卷上测试，总共测试时间为10分钟。

测试范围：所有实验词语。

测试形式：单项选择。选项包括4个：1个是正确答案，1个是"不知道"，该选项的设置是为了防止学生随意猜测答案。另两个错误选项，1个是该词在课文中或讲解词语提供的例句中连同上下文共同表示的意思（如下例中的B选项，讲解词语时提供的句子是：商业区里，高楼林立，非常繁华），1个是语素方面的错误，或是语素义的合成方式错误，或是多义语素的另一个义项合成的词义，或是只有其中部分语素项的意思，或是结构方式错误，或是几种错误的综合（如下例中的选项C）。

测试流程：发下试卷，测试词语为上周课程所学生词中的一部分，一般为5—8个，其中包括一定数量的实验词语。试卷要求学生选择词语的正确释义。课程结束后，收回试卷。

样例：

"林立"的意思是：（　　）

A. 像树林里的树一样站着，说明很多　　B. 像树林一样多的楼

C. 像树一样站得很直　　　　　　　　　D. 不知道

即时后测和延时后测我们采用了不同的方法，前者采用的是词义解

释或翻译的方法，后者采用的是单项选择的方法。同属词义记忆测试，却没有选择相同的测试方法的原因是：第一，如果都选择词义解释或翻译的方式测试，测试时间可能会不足。实验过程中，每次课程临近结束时都会安排测试，测试时间也就不宜过长，否则会影响课程进度，因此我们需要将测试时间控制在 10 分钟以内。即时和延时后测共需安排 10—16 个题目，如果都是释义或翻译题，10 分钟可能难以完成。此外，根据韦林、高木（Waring & Takaki, 2003）的研究，与单项选择相比，翻译的难度较大，因为前者设置了提示项，而后者没有。如果仅用后一种方法测试词义记忆情况，学生可能会因为难度过大和时间紧张，而放弃作答部分词语。先导实验中，我们的题目全部为释义或翻译题，每次测试包含 20 道题，很多学生就只回答了印象较深的词语，而对于记忆相对模糊的词语，学生没有填写任何内容，这会影响我们对学生词义记忆情况的观察。为避免这种情况出现，我们认为不宜全部使用该方法测试。第二，如果即时和延时后测都使用单项选择的方式，相同的测试选项可能会降低后测难度，进而影响学生的后测成绩。此外，因为选择题有提示项，学生如果仅记住了词义的部分内容，有时也可以根据选项提示选出正确答案，与之相比，没有提示项的释义或翻译测试更能反映出学生是否记住了词义。释义、翻译测试和单选测试各有其优势和不足，即时和延时后测各选其一，可以发挥不同测试方法的优势。第三，选择不同的测试方式不会对测试结果分析产生太大影响。本书研究目的在于对比语素法和语境法，处理数据时，仅比较两个教学班的测试成绩是否存在差异，并不比较同一个教学班即时后测和延时后测的差异，因此不同的测试方式对测试结果分析影响不大。

即时后测使用释义或翻译测试，延时后测使用单项选择测试，这一顺序安排也是考虑到这两种测试方式的难度。如果将释义或翻译测试安排在延时后测中，学生同样可能因为记忆模糊，放弃作答。出于这种考虑，难度较大的测试形式安排在即时后测中。

三 词汇能力测试

词汇能力测试包括扩展词语记忆情况测试、词语使用能力测试和词义猜测能力测试。前两者分别考察学习者词汇知识的宽度和深度；词义猜测能力与阅读能力直接相关，而阅读是生词习得的重要途径，通过该测试可以预估语素法是否有助于学习者在课堂教学之外习得其他生词。本研究利用汉字组词测试考察被试的扩展词语记忆情况，利用搭配测试和填空测试考察被试的词语使用能力，利用词义猜测测试考察被试的词义猜测能力。下面对这四类测试进行介绍。

（一）组词测试

测试目的：考查学生对扩展词语的记忆情况。

测试时间：共测试 2 次，测试在初级班授课第 5 周、准中级班授课第 7 周之后进行。一般在词义记忆测试题目相对较少时进行该项测试，与词义记忆测试在同一张试卷上呈现，总共测试时间为 10 分钟。

测试范围：初级班、准中级班各从实验词语的构词语素中随机选出 10 个进行测试。

测试形式：用给定汉字组词。

测试流程：发下试卷，请学生根据汉字组词，每次测试 5 个语素。课程结束后，收回试卷。

样例：

用下面的字组词，越多越好，不会写的字可以写拼音。

如：山　山上　山下　　爬山

婚

（二）搭配测试

测试目的：考查学生的词语使用能力。

测试时间：初级班测试时间为授课第 5 周、第 9 周；准中级班为第 7 周、第 13 周。与词义记忆测试在同一张试卷上呈现，总共测试时间为 10 分钟。

测试范围：初级班从实验词语中随机选出 10 个进行测试，准中级班随机选出 20 个进行测试。

测试形式：词语连线。

测试流程：发下试卷，请学生完成相关测试，初级班每次测试 8 道题，其中包含 5 个实验词语，准中级班每次测试 10 道题，全部为实验词语。课程结束后，收回试卷。

样例：

选择合适的搭配

从业	诺言
睁开	睡眼
许下	人员

（三）填空测试

填空测试参考劳弗尔、内申（Laufer & Nation，1999）提出的控制的产出性词汇知识测试（controlled productive knowledge），测试形式为在句子空白处填入词语，测试会提供目标词的前几个字母，以保证正确答案的唯一性。如：

The book covers a series of isolated epis from history. （episodes）

劳弗尔等（Laufer et al.，1999）的研究证实该测试可以有效地检测产出性词汇知识。我们的实验主要参考该方法测试被试的词语使用能力，不过测试中提供的语素既有首语素也有尾语素。此外，由于阅读课并不要求学生掌握产出性词汇知识，课上也并未进行造句等输出性练习，让学生完成产出性词汇知识测试要求过高，因此我们降低了测试难度。除提供构词语素外，还为学生提供了词语释义，尽管在这种情况下，学生回答正确并不意味着他能够在口头或书面表达中正确使用该词，该测试形式不能算作严格意义上的产出性词汇测试（里德，2000/2010：157），但它也要求学生根据句子来思考合适的词语，而且，更重要的是，它要求学生产出词语，而不是把词语展示给学生，让学生说出对词义的理解，因此也能部分反映被试的词语使用能力。

测试目的：考查学生的词语使用能力。

测试时间：初级班测试时间为授课第 5 周、第 9 周；准中级班为第 7 周、第 13 周。与词义记忆测试在同一张试卷上呈现，总共测试时间为 10 分钟。

测试范围：初级班从实验词语中随机选出 10 个进行测试，准中级班随机选出 20 个进行测试。

测试形式：词语填空。

测试流程：发下试卷，请学生完成相关测试，初级班每次测试 5 道题，准中级班每次测试 10 道题。课程结束后，收回试卷。

样例：

汉字填空。

老板在国外参加会议，还通过电脑　　控（从远处控制）指挥我们的工作。

（四）词义猜测测试

准中级班词义猜测测试参照江新、房艳霞（2012）的测试方式，部分词语单独呈现，请学生根据语素猜测词义；部分词语放在句子中呈现，句子中需要猜测的生词用字母代替，请学生根据语境猜测词义；部分词语同时提供词语和语境，请学生利用语素和语境猜测词义。初级班课堂教学时间比较紧张，仅采用了单独呈现词语的测试形式，由于初级班被试词汇量较低，还为学生提供了选项。

测试目的：考察经过词义猜测策略的学习以及一定的猜测练习后，学习者能否利用这些策略猜测词义，某一策略的运用是否更具优势。

测试时间：测试在初级班授课第 5 周、准中级班授课第 7 周之后进行。与词义记忆测试放在同一张试卷上呈现，总共测试时间为 10 分钟。

测试范围：初级班测试词语共计 7 个，全部单独呈现。准中级班测试词语共计 30 个。测试词和测试句部分参考江新、房艳霞（2012）和周小兵、张世涛（1999）。

测试形式：初级班为选择题，准中级班要求学生自己写出词语意义。

测试流程：发下试卷，请学生完成相关测试，初级班每次测试 2—3 道题，准中级班每次测试 6—8 道题。课程结束后，收回试卷。

样例：

初级班

"预告"的意思是（　　）

A. 在事情正在发生的时候，告诉

B. 在事情发生以后，告诉

C. 在事情还没发生的时候，告诉

准中级班

猜一猜下面词语的意思

提速_____

他最近生活 __B__，连去食堂吃饭的钱都没有了，每天只能吃方便面。

"B"的意思是：_____

这种做法没有先例，你是第一个这么做的。

"先例"的意思是：_____

表 2—7 对以上三大类七小类测试方法进行了总结。

表 2—7   测试方法

测试类型	测试名称	测试目的	测试时间	测试形式
词语了解情况测试	词语了解情况测试	考察学习者是否认识实验词语	每次新课文学习之前	自我报告
词义记忆测试	即时后测	考察学习者的即时学习情况	每次课程临近结束时	解释词义或翻译
	延时后测	考察词义是否进入长时记忆	生词学完一周后	单项选择
词汇能力测试	组词测试	考察学生对扩展词语的记忆情况	初级班授课第 5 周、准中级班授课第 7 周之后	用给定汉字组词
	搭配测试	考察学生的词语使用能力	初级班授课第 5、9 周；准中级班第 7、13 周	词语连线
	填空测试	考察学生的词语使用能力	初级班授课第 5、9 周；准中级班第 7、13 周	词语填空
	词义猜测测试	考察学生的词义猜测能力	初级班授课第 5 周、准中级班授课第 7 周之后	选择或写出词语意思

第八节　问卷调查

为了考查学生对阅读课及语素法和语境法的直接感受和接受度，我们还对出勤率达到 60% 以上的学生进行了问卷调查。

调查问卷分为两部分，分别为个人基本情况和调查问题。个人基本情况包括学生的国籍和汉语学习时长。调查问题共计 23 个，其中 14 道题与词汇教学和学习直接相关，另外 9 道题考察了学生对阅读课的感受和态度，部分选项与词汇教学相关（问卷见附录三）。

问卷均附有英文翻译，翻译由笔者完成，并请英语专业博士研究生进行校对。

问卷设计完成后，请 2 位有经验的汉语教师对问卷内容进行调整，并先后请 5 位准中级水平的二语学习者试做问卷，根据学生有关问卷的疑问，对问卷指示语、题目表述、选项设置和排版方式进行了 3 次修改，之后正式施测。

第九节　教学日志与课程录音

本研究主要通过教学日志和课程录音记录学生在课堂上的表现。

教学日志的记录时间比较规律，每次课程的课间休息时间，教师会对学生学习实验词语时的一些反应进行简单记录，课程结束后，教师会在当天整理课间的记录，并回忆学生课堂上的总体表现。教学日志的内容主要包括：学生的上课状态、教授实验词语时学生的反应、学生的词义猜测是否成功、学生在课上针对生词主动提出的问题，以及教师对于教学的经验总结与反思。4 个实验班的教学日志总计 23045 字。

课堂录音使用的设备为纽曼 RV58 录音笔，4 个实验班总共收集 64 个录音文件。时间和精力所限，我们未对全部录音进行转写。需要回顾特定词语的教学过程时，我们会重听录音，并记录教师和学生的问答情况。

第 三 章

语素法和语境法教学效果的分析与比较

第一节 研究问题与假设

研究问题：语素法和语境法是否可以有效帮助学习者记忆生词？如果可以，语素法和语境法的教学效果总体上有无差异？

研究假设：语素法和语境法可以有效帮助学习者记忆生词意义，两种方法的教学效果总体上差异不大。

第二节 实验方法

被试共计 36 人，其中初级语素班 9 人，初级语境班 10 人，准中级语素班 8 人，准中级语境班 9 人。被试情况详见本书第二章第四节。

初级班实际教学周为 8 周，每周 2 课时，共教授实验词语 31 个。准中级班实际教学周为 12 周，每周 4 课时，共教授实验词语 80 个。教学安排、教学方法及实验词语具体情况详见本书第二章第五节、第六节。

每次课程临近结束时进行即时后测，测试形式为解释词义或翻译，一周后进行延时后测，测试形式为单项选择。测试方法详见本书第二章第七节。

第三节 实验结果

一 成绩计算方法

在即时后测成绩的评定方面，我们希望通过多级别的评分体系，将词语的部分习得情况展示出来。因为词汇知识并不是"或有或无的两极现象"（孙晓明，2007），而是一个从无到有，从部分到整体的连续体。经过一次课堂学习，有的学生可能能够掌握词义的全部内容，而有的学生只能掌握部分内容，但部分知识的习得对于今后的词汇学习也是有益的。考虑到词语部分习得的具体情况，我们将即时后测成绩分为 5 个级别，最低分 0 分，满分 4 分，每个级别相差 1 分。即时后测成绩的评定标准为：

0 分：未作答或回答完全错误。如学生将"捐款"翻译为 debt（债务）。

1 分：不太正确。包括以下几种情况：

①直接加合型词语，双音词两个语素的地位不平等，写出对词义影响较小的语素义的意义。如"窥视"一词，"窥"与"窥视"的意思相同，都是"偷偷看"，该语素的意义对词义来说比较重要，与之相比，"视"对词义的影响不太大。学生将"窥视"解释为"互相看"，写出了"视"的意思，但没写出"窥"的意思，得 1 分。三音节词和四音节词只写对 1 个语素义时，也记 1 分。

②补充型词语，只答出 1 个语素义，其他语素义和补充内容都没有答出。如"叫好"的意思是"对精彩的表演等大声喊'好'，表示夸奖"，学生仅解释为"好"。

③引申型词语，只答出 1 个语素义，其他语素义和引申义都没有答出。如学生将"蜗居"解释为"蜗牛"。

④写对了语素义，但词语结构有误。如"完事"是动宾结构，学生将之理解为定中结构，解释为"做完的事情"。

⑤写出来部分语素义，但整体解释与词义差别较大。如学生将"与众不同"解释为"全部都不一样"。

⑥学生的回答和词义有一点联系。如学生将"争先恐后"解释为 very hurry to do something（急着去做某件事情）。

⑦学生的回答与词义完全相反，由于能从答案中看出学生了解了部分词义。如学生将"不厌其烦"解释为"觉得麻烦"。

2 分：部分正确。包括以下几种情况：

①直接加合型词语，双音词两语素地位平等，共同影响词义时，写对其中 1 个语素的意义。如"诺言"一词，学生解释为"答应"。三音节或四音节词，写对 2 个语素义，记 2 分。

②补充型词语，补充内容较多时，答出了语素义，但需补充的内容没有写出或写错了。如"睡眼"的意思是"要睡或刚睡醒时的看不清楚东西的眼睛"，学生解释为"睡觉的眼睛"。

③引申型词语，写对所有语素义，但没有进行引申或引申错误。如学生将"尺寸"翻译为 a measurement for length（长度计量单位）。

④学生的回答和词义部分相关。如学生将"吃亏"解释为"上当"。

3 分：基本正确。包括以下几种情况：

①直接加合型词语，双音词两语素地位平等，共同影响词义时，学生写对其中 1 个语素的意义和另 1 个语素的部分意义。如"按时"中"时"的意思是"要求的时间"，学生只记住了"时间"，将之解释为"按照时间"。四音节词中，写对 3 个以上语素义，记 3 分。

②补充型词语，补充内容较少时，答出了语素义，但需补充的内容没有写出或写错了。如"年会"的意思是"每年举行一次的会议"，学生解释为"每年的会议"。

③补充型词语，答出部分语素义和全部补充内容，或部分补充内容和全部语素义。如学生将"生手"解释为"刚做工作，不太熟悉"。

④引申型词语，进行了引申，但语素义部分缺失。如学生将"佳期"解释为"结婚"。

⑤词义解释不准确，但核心意思理解了。如学生将"校花"解释为"非常漂亮的女孩子在大学"，这个释义把"校花"的使用范围限定在了"大学"。

⑥词性错误。如学生将"铁打"解释为"坚固的东西"。该类与 1 分档中的第三类词语结构错误不同，1 分档中学生错误理解结构给出的释义与词义的关系较远，而本类中，学生的释义虽显示他对词性的理解有误，但词义解释基本正确。

4 分：完全正确。

延时后测成绩的评定方法为：学习者未作答、答错或选择"不知道",记 0 分,正确记 1 分。

二 结果分析

表 3—1 为初级班和准中级班即时后测结果。其中的"正确总数"指得到 4 分的答案数量,"正确率"指正确答案数量/答案总数(实验词语数量×人数)。如初级语素班得到 4 分的答案数量为 213 个,答案总数为 279(31×9)个,正确率为 76.3%(213/279)。

表 3—1　　初级班和准中级班即时后测结果

组别	平均分	标准差	正确总数	正确率	人数
初级语素班	3.53	0.19	213	76.3%	9
初级语境班	3.52	0.51	243	78.4%	10
准中级语素班	2.98	0.53	375	58.6%	8
准中级语境班	3.44	0.23	538	74.7%	9

即时后测结果表明,初级语素班、初级语境班和准中级语境班的平均分都达到了 3 以上,正确率都达到了 70% 以上。准中级语素班的平均分和正确率虽相对较低,但也基本达到 60% 的水平。初级语素班和初级语境班的平均分基本持平,准中级语素班的平均成绩略低于准中级语境班。我们以分班测试成绩作为协变量,使用单因素协方差分析考察了语素班和语境班即时测试成绩的差异是否具有显著性。结果发现,排除了分班测试成绩的影响后,初级语素班和初级语境班即时后测成绩差异不显著,$F(1, 16) = 0.050$,$p = 0.826$,准中级语素班和准中级语境班即时后测成绩差异也不显著,$F(1, 14) = 3.050$,$p = 0.103$。

表 3—2 为初级班和准中级班延时后测结果。由于时间原因,初级班仅对 31 个实验词语中的 23 个进行了延时后测。

表3—2　　　　　　初级班和准中级班延时后测结果

组别	平均分	标准差	正确总数	正确率	人数
初级语素班	0.69	0.13	133	64.3%	9
初级语境班	0.82	0.11	179	77.8%	10
准中级语素班	0.75	0.16	454	70.9%	8
准中级语境班	0.81	0.08	575	79.9%	9

表3—2显示，不同水平语素班和语境班被试的延时测试平均分基本都达到0.7，正确率也均为60%以上。协方差分析显示，排除分班测试成绩的影响，初级语素班和初级语境班延时后测成绩差异显著，$F(1, 16) = 12.937$，$p = 0.002$，准中级语素班和准中级语境班延时后测成绩差异不显著，$F(1, 14) = 0.052$，$p = 0.822$。

第四节　讨论

一　语素法和语境法的有效性

实验结果显示，初级班和准中级班被试在即时和延时测试中的准确率基本都达到了60%以上，这支持我们假设1的前半部分，即语素法和语境法都可以有效帮助学生记忆词义。

本书第二章第二节提出研究假设时，推测语素法和语境法之所以能够帮助学生记忆生词，是因为它们可以帮助学生建立新信息和其他信息的联系，促使学生实现精加工复述，进而促使新词语的相关知识进入长时记忆。其中，语素法能够使学生将生词词义和语素义联系在一起，语境法则能够建立生词与该词前后的词语和学生已有世界知识之间的联系。那么事实是否如此呢？在对即时后测中的错误答案进行分析的过程中，我们发现了学生将语素义、语境中的相关信息与词义联系起来记忆的证据。下面我们首先介绍学生的错误类型和这些错误的分布情况，之后通过对比语素班和语境班不同类别错误比重的差异，讨论语素法和语境法对学生记忆生词的影响。

我们将即时后测中学生的错误答案分为三类。

第一类，完全没有记住词义，包括未作答，与无关词语相混淆及望文生义三种情况。

①未作答。指学生没有回答。

②与无关词语相混淆。指学生用乙词词义解释甲词，而甲词和乙词意义无关，如学生将"专家"解释为"最高的地方"，显示出学生混淆了同一课学习的"专家"和"高峰"。

③望文生义。指学生已完全忘记词义，只能通过直接加合自己熟悉的语素义猜测词义，如学生将"饭厅"翻译为 restaurant（饭馆）。

第二类，部分记忆词义，即学生只回答了词义的部分内容，包括缺少语素义、缺少补充内容、只有补充内容、未引申和部分引申五种情况。

①缺少语素义。指学生只解释了部分构词语素的意思，如对"首映式"的解释"第一次放电影"中，缺少对语素"式"的解释。

②缺少补充内容。该类错误主要针对补充型词语，如将"不厌其烦"解释为"不觉得麻烦"，缺少补充内容"因为太多次或时间太长"。

③只有补充内容。学生只解释了补充内容，而缺少对语素的解释，如"目瞪口呆"的意思是"因为吃惊而愣住的样子"，学生仅将之解释为"吃惊"。

④未引申。指学生仅解释了语素义，没有解释其引申义，如将"户外"解释为"门的外面"。

⑤部分引申。指学生仅对部分构词语素的意义进行了引申，如将"皂白"解释为"不好的事"。

第三类，词义理解错误，即学生对词义的理解有不当之处，包括词性错误、意义相反、重新分析、利用语境解释词义、语素义理解错误、补充内容理解错误和词义扩大七种情况。

①词性错误。指学生的释义显示出其对词性的理解有误，如学生把"谎话"解释为"说假话"，把名词理解为了动词。

②意义相反。指学生对词义的解释与该词意义完全相反，如将"欠债"解释为"没有欠借的钱"。

③重新分析。指学生根据自己对语素义的理解，通过改变引申方向或词语结构，将词语解释为其他的意义。如学生将"眉睫"解释为

(eyebrows and lashes) nearby [（眉毛和睫毛）很近]，该生知道"眉"和"睫"的意思，但对于引申义，理解为空间距离近，而不是时间近。再如学生将"蛇行"解释为"蛇的走方法"，将原本的状中结构理解为偏正结构。

④利用语境解释词义。指学生根据自己对句中词义的理解解释词语，或是将词语解释为该词与毗邻词语组成的短语的意思，如学生将"争先恐后"解释为"很着急"，将该义放在例句中也可以说得通："这个地区的饮用水被污染了，人们听了这个消息，争先恐后地去超市买矿泉水"，但"争先恐后"的意思并不是"很着急"，学生只是根据自己对句中目标词词义的理解解释生词，而没有真正弄清楚该词意义。再如学生将"病休"解释为"因为生病休息的时间"，这是对例句中出现的"病休期间"的解释。

⑤语素义理解错误。指学生对组成词语的某个语素的意义理解不当，如将"从业"解释为"找到工作"，表明其不知道或没理解"从"的意思。

⑥补充内容理解错误。该类错误主要针对补充型词语，学生在学习这些词语时，对补充内容的理解或记忆出现了问题，如学生将"裸婚"解释为"结婚了，但没有婚礼"，补充内容应当是"房子、汽车等财产"而不是"婚礼"。

⑦词义扩大。指学生扩大了词义范围，如将"尺寸"解释为 size、weight（大小、重量），"尺寸"没有"重量"义，学生扩大了词义范围。

学生各类错误的分布情况如表 3—3 所示。

表 3—3　　　　　　　即时后测不同类别错误分布情况

类别	次类	初级语素班	初级语境班	准中级语素班	准中级语境班
完全没有记住词义	没有回答	12（22.2%）①	13（21.0%）	62（22.7%）	44（24.7%）
	与无关词语相混淆	3（5.6%）	5（8.1%）	6（2.2%）	5（2.8%）
	望文生义	2（3.7%）	1（1.6%）	6（2.2%）	7（3.9%）

---

① 括号内的数字为该类别错误数量占该班错误总量的百分比。以初级语素班"没有回答"类错误为例，该类错误共 12 例，该班错误总量为 54，错误比重为 12÷54×100% = 22.2%。

续表

类别	次类	初级语素班	初级语境班	准中级语素班	准中级语境班
部分记忆词义	缺少语素义	8（14.8%）	13（21.0%）	60（22.0%）	45（25.3%）
	缺少补充内容	9（16.7%）	7（11.3%）	34（12.5%）	17（9.6%）
	只有补充内容	0	0	11（4.0%）	2（1.1%）
	未引申	6（11.1%）	0	31（11.4%）	3（1.7%）
	部分引申	0	0	1（0.4%）	1（0.6%）
词义理解错误	词性错误	5（9.3%）	5（8.1%）	10（3.7%）	8（4.5%）
	意义相反	0	0	1（0.4%）	1（0.6%）
	重新分析	3（5.6%）	0	24（8.8%）	2（1.1%）
	利用语境解释词义	6（11.1%）	17（27.4%）	3（1.1%）	40（22.5%）
	语素义理解错误	0	1（1.6%）	10（3.7%）	0
	补充内容理解错误	0	0	5（1.8%）	0
	词义扩大	0	0	3（1.1%）	1（0.6%）
其他（难以归类）		0	0	6（2.2%）	2（1.1%）
合计		54①	62	273	178

在表3—3中，语素班和语境班错误比重差超过5%的类别总共有5个，分别是"缺少语素义""缺少补充内容""未引申""重新分析"和"利用语境解释词义"。下面我们对这5类错误进行分析。

首先来看"缺少语素义""未引申"和"重新分析"三类错误，这三类错误都可以体现出学生在尝试利用语素义记忆生词词义。在"缺少语素义"类错误上，虽然仅初级语素班和初级语境班的比重差达到5%以上，准中级班没有达到，但准中级班和初级班在趋势上是一致的，即语素班的错误率低于语境班。我们推测，语素班"缺少语素义"类错误相对较少，主要因为语素法在教学过程中着重强调了各语素在词义中的作用，使得学生更关注语素，在答题过程中也会注意思考不同构词语素的

---

① 有的词语包含2个错误，所以错误总量大于该班出现错误的答案数量。如初级语素班学生的错误总量是54，但出现错误的答案数量是53。此外，因为有学生缺勤的情况发生，所以学生的答案总数＝正确总数＋出现错误的答案数量＋空缺答案数量。如初级语素班，学生的答案总数为279，其中，正确总数213，出现错误的答案数量为53，空缺答案数量为13。

意义，避免遗漏。"未引申"类错误中，语素班的错误比重明显高于语境班，这是因为对于那些语素义加合后需进一步引申才能得到词义的词语，在没有老师讲解的情况下，学生自己很难通过词义反推出语素的意义，因此只有接受过语素法教学的学生可能只写出语素义却没有写出引申义，而语境班的学生基本不会出现这类错误。"重新分析"类错误同理，学生在了解语素义的基础上，才能改变引申方向或结构类型，进而推断出新的词义，因此，语素班该类错误比重较高。这三类错误都显示出语素班学生在尝试建立语素义和词义之间的联系，利用语素来记忆生词。

接下来，我们观察"缺少补充内容"和"利用语境解释词义"两类错误。"缺少补充内容"类错误中，语境班的错误率低于语素班，这主要由于对于补充型词语，补充内容无法反映在语素上，但是可以体现在句子中，因此有机会接触多个例句的语境班学生更易于领会和记忆补充内容，错误率也就相对较低。"利用语境解释词义"类错误中，语境班的错误比重明显高于语素班，这也由于语境班学生会接触到句子语境，而语素班学生不会。尽管出现了理解错误和将短语意义误解为词义的情况，但这也显示出语境班的学生在利用语境理解和记忆生词意义。

此外，虽然语素班和语境班"与无关词语相混淆"类错误比重相差不多，但显示出不同的特征。语素班学生混淆的词语往往是同一节课内教授的词语，如"捐款"和"欠债"，而语境班除了混淆这类词语，还会将目标词的意义理解为与之毗邻的词语意义，比如学生将"睡眼"解释为"惺忪"。后者也体现出语境班学生记忆生词过程中语境的重要影响。

通过以上错误类别的对比和分析，我们可以看出，语素班的学生在尽力利用语素理解和记忆生词，语境班的学生则主要依靠语境理解和记忆生词。此外，从学生的一些正确答案和课堂上学习词语时的反应，也可以看出不同教学法对学生理解和记忆生词的影响。

例如：语素班学生对"碰壁"的解释：to face "a wall" = difficult（面对"一堵墙" = 困难）。学生的解释体现了其将词分解为语素，再对语素义进行引申的联想过程。

语素班讲解"了如指掌"时，一位英语背景的学生说，英语表示

"了解"用"手背"（I know it like the back of my hand），汉语却用"手掌"，手背更容易看到，应该更了解。

语素班扩展词语"插手"时，印度尼西亚语背景学生说印度尼西亚语中该词也是由"插"和"手"组成，意大利语背景学生问汉语里面有没有"插鼻子"这个词，因为意语中"插"和"鼻子"组合在一起对应于汉语中"插手"的意思。

以上例子说明语素班学生学习生词时不仅会充分考虑语素的意义，有时还会主动对比汉语和母语中语素义和词义关系的差异，这种深层次的加工，必然会对词义记忆提供较大帮助。

再如，语境班学生对"珍藏"的解释：很重要的东西→保存这东西。在对该词的教学中，我们提供的三个例句分别是：

这些名画现在都珍藏在博物馆。

谢谢您送给我这么珍贵（precious）的礼物，我将永远珍藏它。

他把初恋的回忆珍藏在心里。

学生读完句子后，猜测"珍藏"的意思是"保存"。教师继续提问"保存什么样的东西？"学生回答"很重要""很贵""和别的不一样"。教师肯定学生的回答，并总结"珍藏是说认为很有价值，很重要，所以要很好地保存起来。像名画、珍贵的礼物、初恋的回忆都是很有价值的，很重要的，所以要保存起来，这就是珍藏"。

在这一教学过程中，语境起到了重要作用，学生首先利用语境主要信息得到最初的理解，再在教师的引导下，根据语境中的其他信息修正和完善自己对词义的理解，最终获得正确解释。上文中学生对"珍藏"的解释恰好反映了学生借助语境理解和记忆生词的过程。

即时后测中的错误类别和分布情况，以及学生的正确回答和课堂中的表现都说明，利用语素法和初级语境法教授生词过程中，学生在努力建立生词与语素或语境的联系，这增加了加工深度，对学生记忆词义起到了重要作用，语素法和语境法也因此能够有效帮助学生记忆生词。

二 语素法和语境法的教学效果基本一致

测试结果显示，初级语素班和初级语境班的即时后测成绩，准中级语素班和准中级语境班的即时、延时后测成绩差异均不显著,只有初级语素班和初级语境班延时后测成绩差异显著。这显示出,大部分情况下语素法和语境法的教学效果基本一致。

  记忆的信息加工模型理论可以解释这一结果。本书第二章第二节中提出的研究假设,就是依据记忆信息加工模型做出的推断。我们认为语素法和语境法都可以引起学生对生词的注意,也能够引导学生对词义进行精加工复述,这符合信息加工模型所提出的信息进入记忆的必要条件,因此二者教学效果差异不大。

  其实,早期的记忆信息加工三级模型并没有对复述进行分类,后吸纳加工水平理论的相关观点,才将复述分为保持性复述和精加工复述。可以说,加工水平理论对于信息加工深度有着更多的研究,那么依据加工水平理论,我们的研究结论是否也能够得到解释呢?

  加工水平理论认为,记忆的效果取决于加工的程度,加工程度越深,意味着所进行的语义或认知分析越多,记忆痕迹也就越精细、越持久、越强大。那什么样的活动属于深层加工活动呢?克雷克、洛克哈特(Craik & Lockhart, 1972)认为对刺激投入的注意力的多少、记忆与正在分析的结构的相容性、允许加工的时间等因素都会影响加工程度。但加工水平理论在如何测量加工程度这一问题上,没有给出明确答案。(江新,2007:61)不过一些实验证实,语义水平的加工程度比结构和语音水平的加工程度更深(克雷克、洛克哈特,1975)。

  语素法和语境法教学过程中,都会让学生猜测词义,建立词义与语素义或语境的联系,也就是说都进行了语义层面的加工。那么同是语义层面的加工,加工程度有没有差异呢?斯塔尔(Stahl,1985)针对词汇教学方法,提出了一个相对具体的加工程度衡量标准。在该研究中,斯塔尔(Stahl)根据自己的经验直觉将不同词汇学习任务的加工水平分为联想加工、理解加工和生成加工三个等级,并通过对以往实证研究的分析,验证了这一分级。其中,联想加工指让学习者建立起词语与近义词、释义或特定语境的联系,需要注意的是,这里所说的帮助学生建立词语与语境联系的词汇活动,指伴随性词汇学习,在这一学习过程中,学生的注意力集中在对整个语境意义的理解上而不是对特定词语意义的理解上，这不同于本书所研究的应用于直接词汇教学的语境法；理解加工是让学生应用这一联系，如让学生连接生词及其反义词、用生词填空、找出正确使用词语的句子等；生成加工是让学生创造一个新的语境，如造句，用自己的话解释生词等。在斯塔尔（Stahl）对各种常见教学活动所处的加工水平等级的列表中，利用词语组成部分教学（word parts）和利用句子语境教学（sentence reading）所需的加工都是理解加工，也就是说，语素法和语境法所要求的加工水平都处于中等级别。根据加工水平理论，加工的深度决定了记忆的效果，这也可以为语素法和语境法教学效果的一致性提供解释。

三 语素法不利于初级水平学习者词义记忆的保持

测试结果显示初级语境班延时后测成绩显著高于初级语素班，我们推测这主要受学习者水平的影响。马库斯（Markus，1998）的研究显示，双语学习者心理词典存在三种表征模式，如图3—1所示。

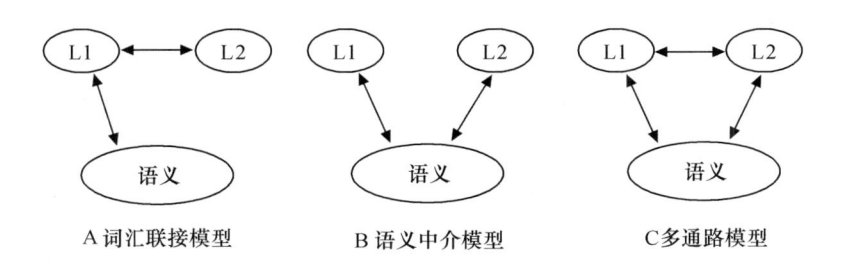

图3—1 双语学习者心理词典表征模式（转引自高立群，2003）

其中，初级学习者的心理词典表征结构是词汇联结模型，在这一阶段，二语词汇与概念之间尚没有建立直接联系，学习者对母语的依赖性较大，必须依靠母语来学习生词。母语和二语是以词为单位而不是以语素为单位进行对译的，因此初级学习者主要通过母语对译词从整体上识解二语词的意义（张博，2015）。陈琳（2015）通过比较语素和整词语音识别的正确率证实初级阶段汉语二语学习者更多以整词而非语素为单位进行词语识别。此时，学生将词分解为语素来理解的自觉意识还比较薄弱，对构词要素的认识也比较模糊，心理词典中语素和词之间的联系也较少，因此，利用语素学习和记忆生词对于初级学生来说难度较大。尽管我们在课堂上刻意进行语素教学，帮助学生识别语素，力图使学生注意到语素义和词义的联系，本节第一部分中提到的证据表明，学生也在尝试利用语素记忆生词，但受到语言水平的制约，学生心理词库中语素义和词义的联系尚不稳固，不能得到很好地保持，因此语素班延时后测成绩相对较低。而对于初级语境班学生来说，教师提供的多个例句可以帮助他们通过语境不断加强二语整词与一语语义的联系，这种直接的联系符合初级阶段学习者心理词库的表征模式，因此一周后的延时测试中词义的记忆情况仍能保持较高水平。由此，初级语素班和语境班的延时后测成绩出现了显著差异。

相比之下，准中级阶段的学习者语素意识有了较大提高，学生不仅基本具备词素分辨和整合能力，还初步具备了构词法意识（徐晓羽，2004；冯丽萍，2011：191）。此外，钱旭菁（2016：110）的研究显示，中级留学生每个刺激词引发的同素联想词数是初级学生的两倍多，频次是初级学生的三倍多。这说明相比于初级学生，中级学生心理词库中语素和词之间建立了更多、更密切的联系，而教师对语素的直接教学可以进一步巩固学生已建立的语素和词之间的联系，并在此基础上扩展出新的联系。语素意识的增强，语义网络的逐步建立，使准中级阶段的学生对语素教学法的适应性更强，新的语素义和词义的联系也更易于建立和保持，而语素法和语境法对实验词语的加工程度又处于同一水平，因此接受这两种教学法的准中级被试的即时、延时后测成绩均不存在显著差异。

第五节　结论

通过对语素班和语境班被试即时、延时后测成绩的分析，我们发现语素法和语境法都可以有效帮助学生记忆词义。学生在即时后测中的错误类型、正确语例和课堂中的表现显示出语素法可以帮助学生建立语素义和词义的联系，语境法则有助于建立语境信息与词义的联系，这些联系的建立有利于学生更好地记忆词语。此外,实验结果显示,语素法和语境法的教学效果基本一致,只有初级语素班和初级语境班的延时后测成绩存在显著差异,初级语境班的成绩显著高于初级语素班,这显示出语言水平会对语素法的保持效果产生影响。

第四章

语素法和语境法对不同类型词语的适用性

第一节 研究问题与假设

研究问题：

从记忆词义的角度看，对于属性不同的词语，通过语素法和语境法教授时，学习者词义记忆效果是否存在差异？语素法和语境法分别适用于哪类词语的教学？

研究假设：

（1）从语素义和词义的关系看，直接加合型和补充型词语更适宜使用语素教学法，对于引申型词语，语境法更具优势。

（2）从语素项常用度看，语素法适用于由常用语素项构成的词语，对于语素项常用度较低的词语，更适宜使用语境法教学。

（3）从词义具体性看，语素法适用于具体性较高的词语，对于具体性较低的词语，语境法更具优势。

第二节 实验方法

由于初级班三种语素义和词义关系类型词语分布不均，对数据影响较大，本章仅对准中级实验班的成绩进行统计说明。

被试、教学安排及测试形式同第三章第二节。

由于本章涉及语素法和语境法对不同类别词语适用性的比较,下面我们再对各类实验词语的分布情况进行简要说明。

准中级班实验词语共计 80 个,各类实验词语的分布情况为:从语素义和词义的关系看,直接加合型词语 26 个,补充型词语 27 个,引申型词语 27 个。

从语素项常用度看,低常用度词语 26 个,中常用度词语 26 个,高常用度词语 28 个。低常用度词语语素项常用度平均分为 6.25,中常用度词语平均分为 11.78,高常用度词语平均分为 18.15。单因素方差检验结果显示,$F(2, 77) = 156.873$,$p < 0.001$。事后多重比较结果显示,低、中、高常用度词语语素项常用度分值差异达到显著水平,说明三类词语语素项常用度差异显著。

从词义具体性角度看,抽象词语 25 个,不太具体词语 27 个,具体词语 28 个。其中,抽象词语具体性评定平均分为 2.72,不太具体词语平均分为 3.44,具体词语平均分为 4.06。单因素方差检验结果显示,$F(2, 77) = 44.351$,$p < 0.001$。事后多重比较结果显示,抽象词语、不太具体词语、具体词语具体性评定得分差异达到显著水平,说明三类词语具体性差异显著。

第三节 语素法和语境法对不同关系类型词语的适用性

一 实验结果

即时、延时测试评分方法同第三章第三节。准中级语素班和准中级语境班不同关系类型词语即时、延时后测成绩的描述性统计结果如表 4—1 所示。

表 4—1　语素班和语境班不同关系类型词语的平均成绩及标准差

组别	测试形式	直接加合型词语 平均分	标准差	补充型词语 平均分	标准差	引申型词语 平均分	标准差	人数
准中级语素班	即时后测	3.33	0.58	2.80	0.52	2.81	0.59	8
	延时后测	0.79	0.15	0.77	0.17	0.67	0.20	8

续表

组别	测试形式	直接加合型词语		补充型词语		引申型词语		人数
		平均分	标准差	平均分	标准差	平均分	标准差	
准中级语境班	即时后测	3.58	0.24	3.38	0.27	3.36	0.26	9
	延时后测	0.83	0.08	0.84	0.08	0.76	0.15	9

(1) 语素班测试结果分析

准中级语素班即时后测成绩中,直接加合型词语的平均成绩较高,补充型词语和引申型词语的平均成绩相对较低。重复测量方差分析显示,语素义和词义关系类型的效应显著,$F(2, 14) = 13.976$,$p < 0.001$。配对样本 t 检验结果显示,直接加合型词语和补充型词语的成绩差异显著,$t = 4.276$,$p = 0.004$;直接加合型词语和引申型词语的成绩差异显著,$t = 7.612$,$p < 0.001$;补充型词语和引申型词语的成绩差异不显著,$t = -0.077$,$p = 0.941$。

准中级语素班延时后测成绩中,直接加合型词语和补充型词语的平均成绩较高,引申型词语的平均成绩较低。重复测量方差分析显示,语素义和词义关系类型的效应显著,$F(2, 14) = 5.268$,$p = 0.020$。配对样本 t 检验结果显示,直接加合型词语和补充型词语的成绩差异不显著,$t = -0.685$,$p = 0.516$;直接加合型词语和引申型词语的成绩差异显著,$t = 2.435$,$p = 0.045$;补充型词语和引申型词语的成绩差异显著,$t = 2.625$,$p = 0.034$。

(2) 语境班测试结果分析

准中级语境班即时后测成绩中,直接加合型词语、补充型词语和引申型词语的平均成绩依次降低。重复测量方差分析显示,语素义和词义关系类型的效应显著,$F(2, 16) = 5.602$,$p = 0.014$。配对样本 t 检验结果显示,直接加合型词语和补充型词语的成绩差异显著,$t = 2.894$,$p = 0.020$;直接加合型词语和引申型词语的成绩差异显著,$t = 3.062$,$p = 0.016$;补充型词语和引申型词语的成绩差异不显著,$t = 0.160$,$p = 0.876$。

准中级语境班延时后测成绩显示出与准中级语素班延时后测成绩相

同的趋势，均表现为直接加合型和补充型词语的平均成绩高于引申型词语，但语境班三类词语延时后测成绩的差异不如语素班大。重复测量方差分析显示，语素义和词义关系类型的效应边缘显著，$F(2, 16) = 3.030$，$p = 0.077$。配对样本 t 检验结果显示，直接加合型词语和补充型词语的成绩差异不显著，$t = -0.351$，$p = 0.735$；直接加合型词语和引申型词语的成绩差异不显著，$t = 1.674$，$p = 0.133$；补充型词语和引申型词语的成绩差异边缘显著，$t = 2.141$，$p = 0.065$。

图 4—1 对准中级语素班、语境班不同关系类型词语成绩的比较结果进行了总结。

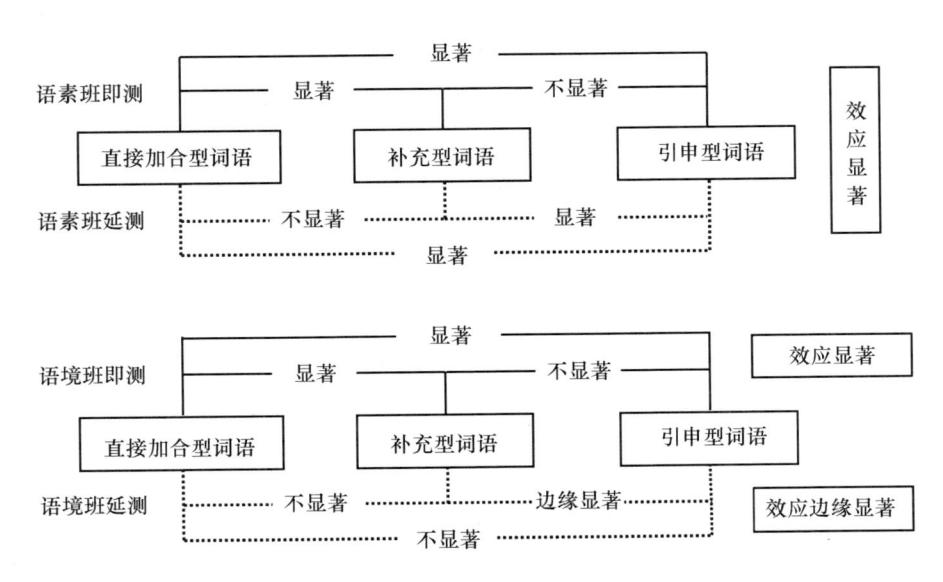

图 4—1　语素班、语境班不同关系类型词语成绩比较结果总结

从图 4—1 可以看出，语素义和词义的关系类型对准中级语素班的即时和延时后测成绩都有显著影响，但仅对语境班被试的即时后测有显著影响。

（3）语素班和语境班测试结果对比分析

除分别考察语素义和词义关系类型对语素班、语境班被试成绩的影响外，我们还比较了语素班和语境班之间不同关系类型词语成绩的差异，以考察语素义和词义关系的效应是否受教学法的影响。

由于语素班与语境班分班测试成绩差异显著（$t = -2.570$，$p = 0.021$），我们以分班测试成绩作为协变量使用单因素协方差进行分析。结果显示，排除学生分班测试成绩即学习者本身水平之间的差异的影响后，即时后测中语素班和语境班之间直接加合型词语成绩差异不显著，$F(1, 14) = 0.450$，$p = 0.513$，补充型词语成绩差异显著，$F(1, 14) = 4.798$，$p = 0.046$，引申型词语成绩差异边缘显著，$F(1, 14) = 3.945$，$p = 0.067$。

延时后测中，语素班和语境班之间直接加合型词语成绩差异不显著，$F(1, 14) = 0.123$，$p = 0.731$，补充型词语成绩差异不显著，$F(1, 14) = 0.017$，$p = 0.899$，引申型词语成绩差异也不显著，$F(1, 14) = 0.012$，$p = 0.916$。

总的来看，即时后测中，语素班和语境班直接加合型词语的平均成绩无显著差异，但补充型词语和引申型词语的平均成绩存在显著或边缘显著差异。延时后测中，所有关系类型的词语成绩均无显著差异。

二 讨论

下面我们从五个方面对实验结果进行讨论。

（1）语素义和词义关系对语素法和语境法都有一定影响，但对语素法的影响更大。这部分验证了我们的研究假设。

其一，语素义和词义关系对语素法的教学效果有显著影响，这验证了我们的假设。语素义和词义关系效应显著主要源于语素对透明词和不透明词的作用不同。以往研究证实，词汇加工中，透明词的语素对整词的加工起促进作用，不透明词中语素的激活对整词的加工有抑制作用。语素法以语素为单位进行教学，可以引起学生对语素的注意，这种关注会因为词语透明度的差异对词汇学习产生不同的影响，而直接加合型、补充型词语、引申型词语的透明度不同，因此语素班不同语素义和词义关系类型的词语成绩出现了显著差异。

其二，语素义和词义关系对语境法的教学效果有一定影响。这与我们的研究假设不同，我们在研究假设中推测，语境法以整词为单位进行教学，不太会受到语素义和词义关系类型的影响。我们推断，这是由于准中级学生已经具备了一定的语素意识，他们已经能够结合释义推测出一些词语部分或全部构词语素的意思，这有助于学生记忆生词。舒华等（1993）的研究显示出，汉语儿童伴随性词汇习得过程中，五年级儿童语义透明度高的词语的学习效果显著优于透明度低的词语，三年级儿童则未显示出这种差异，文章推断，这是由于三年级儿童还没有字词结构分析意识，或尚不能主动结合字词结构和语境的信息，也就是说，对于汉语母语儿童来说，语素识别和结构分析的能力，可以帮助学生提高透明词的学习效果。我们推测二语学习者也是如此，他们本身具有的语素意识对透明词的学习有促进作用，但对不透明词的学习作用不明显，因此即时后测中直接加合型词语成绩显著优于补充型词语和引申型词语。但准中级学生一般只能识别出常用或较为常用的语素项，仅初步具备构词法意识，语素意识还不强，对透明词学习的促进作用有限，因此语境法中语素义和词义关系对词义记忆的影响不如语素法大。

（2）即时后测中，语素班和语境班的成绩呈现出相同的趋势，即直接加合型词语成绩都显著优于补充型词语和引申型词语。这部分验证了我们的研究假设。

首先，语素班即时后测中，直接加合型词语和引申型词语的成绩存在显著差异，这符合我们的假设。直接加合型词语成绩较高，引申型词语成绩偏低，主要由于语素在透明词和不透明词学习中的作用不同。运用语素法教授词义时，语素意义的教学占据较多时间，当所教词语为直接加合型词语时，词义透明度高，学生知道了语素义也就知道了词义，对语素义的学习相当于对词义进行复述，因此，向学生展示词义之前，让学生把注意力放在对语素的关注上可以促进词汇学习。但引申型词语透明度低，这种情况下，学生了解了语素义对词义的获得提供不了多少帮助，反而可能会因为语素学习占据了较多的注意力资源，对整词的记忆形成干扰。比如，我们前文提到，即时后测中，准中级语素班被试11.4%的错误都属于未对加合后的语素义进行引申，27个引申型词语中，15个都出现了该类错误，如以下解释：

皂白　　　黑和白

弹指	弹手指
隔壁	separation between two people（两人之间的间隔物）
尺寸	a measurement for length（长度计量单位）
眼见	看见
碰壁	人走在路上看不见墙
眉睫	眉毛和睫毛（学生画了一个眼睛，箭头指向眉毛和睫毛）

学生对这些词语的解释，显示出他们只记住了语素义而没有记住词义，语素义的学习阻碍了其对整词意义的识记。

此外，引申型词语中语素义和词义之间引申关系的学习也有一定难度。语素义的组合能够引申出某一词义，是词义历时演变的结果，引申关系具有独特性，一般情况下学生自己难以猜出引申义。比如，在课上，我们请学生猜测词义，学生对"转脸"的猜测是"人变化，前面怎么样，后面怎么样"，对"手谈"的猜测是"不会说话的人用手说话"，对"碰壁"的猜测是"拳头打在墙上"，学生的联想有其依据，但很难联想到正确的词义，引申关系必须由教师讲解。但即使教师讲解了，学生有时也难以记住，甚至会根据自己的理解，引申出另外的词义，如在即时后测中，有学生把弯路解释为 difficult path（困难的方法）。可以看出，引申关系的学习有较大难度，也是导致语素班引申型词语成绩较低的原因之一。

其次，语素班即时后测中，直接加合型词语和补充型词语成绩差异显著。这与我们的假设不符，我们在研究假设中推测，直接加合型词语、补充型词语都比较透明，应当比较适合语素法教学，但测试结果显示，补充型词语的成绩显著低于直接加合型词语。我们认为这主要由于词义的补充内容增加了记忆难度。

符淮青（1981）从共时角度将补充内容分为三类：

第一类，补充内容是词的暗含内容。如：

刻毒　　<u>说话</u>[1]刻薄狠毒。

第二类，补充内容为表述需要所加。如：

---

[1] 标有下划线的词语为补充内容，下同。

作案　　个人或集团进行犯罪活动。

第三类，补充内容为知识性附加内容，这类补充内容是可伸缩的。如：

电车　　用电做动力的公共交通工具，电能从架空的电源线供给，分无轨和有轨两种。

以上三类补充内容中，第三类属于世界知识，是不同语言中指称同一事物的词语都会包含的内容，不用特别教授学生也可以凭借背景知识获知，这些内容在词义解释中也是可有可无的，本研究的补充型词语的补充内容不涉及这一类。第二类补充内容主要是"为了表述清楚、完整而加上去的"，这类补充内容也不是释义所必需的，超出语素表义范围的内容仅是为了使释义更为通顺，不包含新信息，因此对学生学习和记忆词义的影响不大，且考虑到学生的水平等级不算很高，即时后测中补充内容的缺失可能是学生表达能力较低所致，这类词语的评分也较为宽松，本研究有4个实验词语的补充内容属于该类。第一类补充内容是"语素义完全不包含而词义必须具有的内容"，包括语素义所表示的动作行为的主体、特定的关系对象、时间、空间、方式等的限制以及事物的存在范围、性状的限制等（符淮青，1981），对二语学习者来说，这些补充内容规定了词语的意义和使用范围，属于新知识，需要特别记忆，本书中大部分实验词语的补充内容都属于该类，共计23个。

从历时角度看，王宁（1999）提出的双音合成词凝结的历史原因中，有一种原因也会导致补充内容出现，即古代句法结构方式遗留在现代汉语构词法中，如：

血红　　像鲜血那样的红色。

这类词语的结构方式比较特殊，学生也较难掌握。从共时角度来看，这类词语的补充内容应当属于符淮青先生提出的第一类补充内容，会影响学生对词义的理解和记忆。本书有6个实验词语的补充内容属于该类。

学习者的注意资源是有限的（江新，2007：46），对直接加合型词语来说，注意资源可全部分配在语素项的学习上，而对补充型词语来说，语素项和补充内容的学习都需要占用认知资源，那么分配在各项学习任务上的认知资源就相应减少了，学生可能只能记住语素义，或只能记住补充内容，记不住或部分记住语素义，即时后测中，语素班补充型词语中62.2%的错误都源于此。同时，由于学生无法通过字面意思获知补充型词语的全部意义，他们对词语透明度的感知会有所降低，对于二语者来说，补充型词语的透明度可能并不如母语者看起来那么高。对母语者来说，补充内容已融入语感，往往习焉不察，母语者会感觉大部分补充型词语的词义就是语素义的直接加合，因此对词义透明度等级的判定较高。但补充内容其实并不能从构词语素上体现出来，词义的相对不透明也会影响学生的学习效果。这样看来，大部分补充型词语中的补充内容和引申型词语中的引申关系具有相同的性质，即二者都是新信息，都需要占用额外的认知资源，都会降低词义的透明度，这增加了学生学习和记忆词义的难度。因此即时后测中，语素班直接加合型词语、补充型词语成绩存在显著差异，而补充型词语、引申型词语差异不显著。

最后，语境班的即时后测成绩显示出与语素班相同的趋势，可能源于准中级被试已经具有一定的语素意识，语素义和词义关系同样会对其词汇习得产生影响。

（3）延时后测时，语素班和语境班的成绩呈现出不同的趋势，语素班直接加合型词语、补充型词语成绩差距缩小，二者都显著优于引申型词语；而语境班直接加合型词语与补充型词语、引申型词语成绩的差距均缩小，仅补充型词语和引申型词语间存在边缘显著。

其一，语素班延时后测的成绩趋势与测试题型有关系。即时后测要求学生解释词义或翻译，没有提示项，延时后测有提示项，学生选出正确答案即可。而直接加合型词语、补充型词语和引申型词语之间的难度差异在于，前两类词语的释义中可以看出构词语素的参与，可引申型词语已基本看不出语素义和词义的联系。选项对于直接加合型词语意义的提取有直接帮助。对于补充型词语，即时后测的错误情况显示，学生的主要困难在于难以同时记住语素义和补充内容，但他们会对其中的某一项内容有印象，因此，只要学生发现选项中有关语素义或补充内容的信息与自己记忆相吻合，就可选出正确释义，成绩也就相对较高。但对引申型词语来说，正确答案与构词语素还是没有什么相关性，选项对学生回忆词义的帮助有限，于是直接加合型词语、补充型词语成绩不再具有显著差异，而补充型词语、引申型词语的成绩出现了显著差异。

其二，语境班直接加合型词语与补充型词语的差距缩小，应当也与测试题型相关。此外，和语素班的成绩趋势相比，可以推测出通过语境法教授的直接加合型词语保持性一般，而引申型词语保持性优于语素法，从而造成语境班延时后测直接加合型词语成绩与引申型词语不存在显著差异。但是这一推测需要通过即时后测和延时后测采用相同测试题型的实验进行进一步验证。

（4）语素班和语境班之间，直接加合型词语的即时后测成绩不存在显著差异，补充型词语、引申型词语存在显著差异。

首先，即时后测中，语素班和语境班直接加合型词语的成绩差异不显著，可能由于词义透明度不仅会受到语素义和词义关系的影响，还会受到语素常用度等因素的影响。（许艳华，2014b）直接加合型词语虽相对于补充型词语和引申型词语透明得多，但直接加合型词语内部，不同词语的透明度也不相同。如果语素项的常用度较低，对二语学习者来说，词语透明度也会降低，那么语素学习的促进作用就不会那么明显。我们对语素班和语境班直接加合型词语即时后测成绩进行比较分析后发现，一些词语两班被试成绩都较好，比如"挑选、完毕"等词，两班学生都得到了满分4分，这类词语中，词义和两个语素义同义，学生又对其中一个语素义很熟悉，因此这些词对两班学生来说都比较简单。也有一些词语语素班的成绩高于语境班，包括"一成不变、凉爽、位于、舒心"等词，这些词语的意义等于语素义的组合，且仅包含一个学生不熟悉的语素，语境班的学生有时会遗漏部分语素义，而语素班的学生表现得更好。但另一些词，如"吃亏、欠债、遥控、争吵、从业"等两个语素都不太常用的词语，语境班学生的成绩略高于语素班。所以整体上看，语素班和语境班即时测试直接加合型词语的成绩差异不显著。

其次，即时后测中，语素班和语境班补充型词语成绩差异显著。对于补充型词语来说，语境法在补充内容学习方面更具优势，这使得语境班的被试成绩更好。学习补充内容时，语素法的被试只能通过教师直接教授，而语境法的学生，可以在教师引导下，通过语境线索对补充内容进行思考和加工，后者付出的脑力劳动更多，还可以将补充内容与某些语境线索联系起来记忆,因此成绩更好。比如"挑食"一词,语素班的教学过程是先将"挑"与同课学习的"挑选"一词联系起来,然后提问,看到"食"能想到哪些词,之后请学生总结出"食"的意思,再猜测"挑食"的意思,学生的猜测是"选食物",教师展示词义"对食物有选择,只吃自己爱吃的东西"并提醒学生注意词语的补充内容。该词学习过程中,补充内容"自己爱吃的"只在展示词义时出现,学生无法通过对语素义的加工获知补充内容,对补充内容的印象也就不深,而前期语素义的教学学生参与度较高,对语素义的印象较深,以致在即时后测中,很多学生对词义的解释都是"选择食品"。语境班对该词进行教学时,展示了两个句子,

这孩子太挑食,只吃肉,不吃菜,这样下去对身体不好。

他吃饭从不挑食,有什么吃什么。

让学生猜测词义时,学生最初的猜测是"选择食物""不随便吃",教师提示"吃什么呢?"学生回答"他喜欢的"。教师肯定学生的回答,并展示词义。在这一过程中,补充内容是学生自己对语境线索进行加工后得出的,印象也更深。即时后测中,语素班该词的平均得分为 2.38 分,语境班的平均得分为 3.78 分,延时后测中,语素班得分 0.71 分,语境班得分 0.89 分,语境班的成绩均远远高于语素班。

最后,即时后测中,语素班和语境班引申型词语成绩差异显著。一方面,引申型词语透明度较低,学习引申型词语过程中,语素法对语素的激活会抑制整词的加工。另一方面,语境法以整词为单位进行教学,重在帮助学生建立词义和语境信息的联系,不会特别提醒学生关注语素,且符合初级阶段学习者通过整词对译习得生词的规律。这两方面原因导致语素班和语境班引申型词语成绩出现显著差异。

(5) 语素班和语境班之间,语素义和词义关系类型不同的词语延时后测均无显著差异。

延时后测中,语素班和语境班之间三种关系类型词语的成绩差异都不显著,可能有两个原因:第一,延时后测采用选择测试,该类测试中语素班学生的语素知识和语境班学生的语素意识可以帮助他们利用选项内容辨别出直接加合型词语、补充型词语中的正确答案,使得这两类词语成绩都

相对较高，而引申型词语通过选项获得的提示有限，成绩都显得偏低。因此没有表现出显著性差异。第二，为了更好地反映教学效果，将复习与直接教学的效果剥离开，我们在即时后测后没有进行相关词项的复习，缺少语素和语境的重复刺激，可能会降低语素义和词义关系的影响力。

通过以上分析，我们认为，直接加合型词语中，在词语包含学生熟悉的语素项时，宜采用语素法，在所有构词语素都不常用的情况下，更适宜采用语境法。补充型词语更适宜使用语境法，不过学生在延时后测中的表现也说明，语素的学习可以为该类型词语意义的回忆提供帮助，因此适当对语素进行讲解也是有益的。引申型词语更适宜使用语境法，不过利用语素教授引申型词语并不是没有任何优势。在教学过程中，我们解释出一些词语语素义和词义的引申关系后，学生会露出恍然大悟的表情，有时学生还会联想到自己母语的相关表达，这显示出引申型词语中的语素教学可以提高学生的学习兴趣。此外，语素义和词义的引申关系较为明晰的词语，学生的成绩也普遍较高，如"了如指掌、路人、手慢、刀枪、蜗居"等词，学生在即时、延时后测中都取得了不错的成绩，针对这类词语，语素知识的介绍也是有益的。

第四节 语素法和语境法对不同常用度词语的适用性

一 实验结果

准中级语素班和语境班不同常用度词语即时、延时后测成绩的描述性统计结果如表4—2所示。

表4—2 语素班和语境班不同常用度词语的平均成绩及标准差

组别	测试形式	低常用度词语 平均分	低常用度词语 标准差	中常用度词语 平均分	中常用度词语 标准差	高常用度词语 平均分	高常用度词语 标准差	人数
准中级语素班	即时后测	2.92	0.61	3.00	0.57	3.01	0.46	8
准中级语素班	延时后测	0.70	0.22	0.73	0.18	0.80	0.14	8
准中级语境班	即时后测	3.29	0.30	3.55	0.18	3.48	0.26	9
准中级语境班	延时后测	0.78	0.11	0.81	0.12	0.85	0.08	9

（1）语素班测试结果分析

准中级语素班即时后测成绩中，低、中、高常用度词语的平均成绩都相差不大，中、高常用度词语的成绩略高于低常用度词语。重复测量方差分析显示，$F(2,14)=0.760$，$p=0.486$。配对样本 t 检验结果显示，低常用度词语和中常用度词语的成绩差异不显著，$t=-0.932$，$p=0.383$；低常用度词语和高常用度词语的成绩差异不显著，$t=-0.968$，$p=0.365$；中常用度词语和高常用度词语的成绩差异不显著，$t=-0.213$，$p=0.837$。

准中级语素班延时后测成绩中，低、中、高常用度词语的平均成绩同样相差不大，不过三类词语的成绩依次上升。重复测量方差分析显示，常用度的效应不显著，$F(2,14)=2.357$，$p=0.131$。配对样本 t 检验结果显示，低常用度词语和中常用度词语的成绩差异不显著，$t=-1.364$，$p=0.215$；低常用度词语和高常用度词语的成绩差异不显著，$t=-1.765$，$p=0.121$；中常用度词语和高常用度词语的成绩差异不显著，$t=-1.263$，$p=0.247$。

（2）语境班测试结果分析

准中级语境班即时后测成绩中，中常用度词语的成绩最高。重复测量方差分析显示，常用度效应显著，$F(2,16)=7.562$，$p=0.005$。配对样本 t 检验结果显示，低常用度词语和中常用度词语的成绩差异显著，$t=-4.577$，$p=0.002$；低常用度词语和高常用度词语的成绩差异边缘显著，$t=-2.089$，$p=0.070$；中常用度词语和高常用度词语的成绩差异不显著，$t=1.326$，$p=0.221$。

准中级语境班延时后测成绩中，常用度越高的词语，平均成绩越高。重复测量方差分析显示，常用度的效应不显著，$F(2,16)=1.920$，$p=0.179$。配对样本 t 检验结果显示，低常用度词语和中常用度词语的成绩差异不显著，$t=-0.734$，$p=0.484$；低常用度词语和高常用度词语的成绩差异显著，$t=-2.598$，$p=0.032$；中常用度词语和高常用度词语的成绩差异不显著，$t=-1.050$，$p=0.324$。

图 4—2 对准中级语素班、语境班不同常用度词语成绩的比较结果进行了总结。

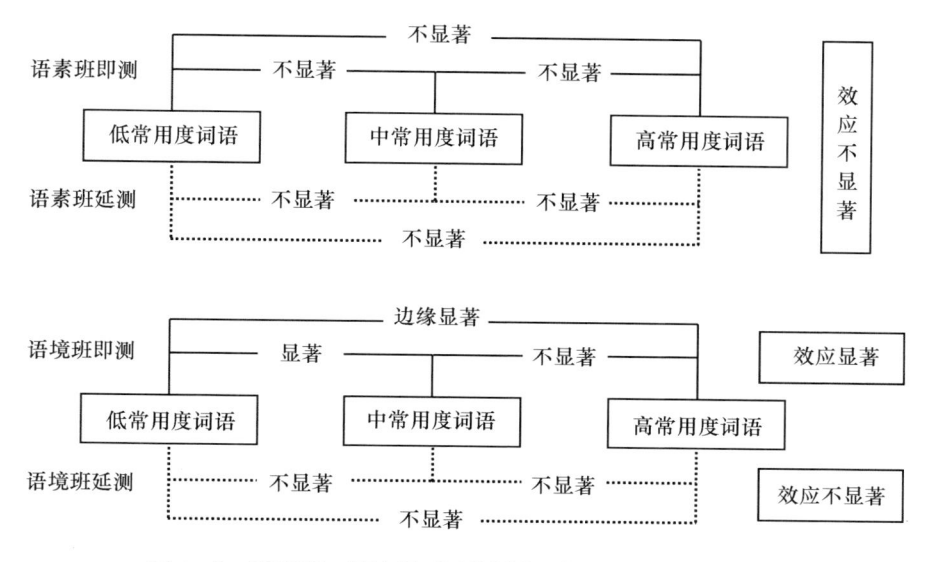

第四章　语素法和语境法对不同类型词语的适用性　/　123

```
语素班即测 ─┬─── 不显著 ─────────┐
           ├─ 不显著 ─┬─ 不显著 ─┐ │   效
       ┌───┴───┐ ┌───┴───┐ ┌───┴───┐ 应
       │低常用度│ │中常用度│ │高常用度│ 不
       │ 词语  │ │ 词语  │ │ 词语  │ 显
       └───┬───┘ └───┬───┘ └───┬───┘ 著
语素班延测 ┊ ─ 不显著 ─┊ ─ 不显著 ─┊
           └─────── 不显著 ───────┘
```

```
语境班即测 ─┬── 边缘显著 ─────────┐
           ├─ 显著 ──┬─ 不显著 ──┐ │ 效应显著
       ┌───┴───┐ ┌───┴───┐ ┌───┴───┐
       │低常用度│ │中常用度│ │高常用度│
       │ 词语  │ │ 词语  │ │ 词语  │
       └───┬───┘ └───┬───┘ └───┬───┘
语境班延测 ┊ ─ 不显著 ─┊ ─ 不显著 ─┊ 效应不显著
           └─────── 不显著 ───────┘
```

图 4—2　语素班、语境班不同常用度词语成绩比较结果总结

（3）语素班和语境班测试结果对比分析

以分班测试成绩作为协变量进行单因素协方差分析，即时后测中，语素班和语境班之间低常用度词语成绩差异不显著，$F(1, 14) = 1.197$，$p = 0.292$，中常用度词语成绩差异边缘显著，$F(1, 14) = 3.841$，$p = 0.070$，高常用度词语成绩差异边缘显著，$F(1, 14) = 4.304$，$p = 0.057$。

延时后测中，语素班和语境班之间低常用度词语成绩差异不显著，$F(1, 14) = 0.149$，$p = 0.706$，中常用度词语成绩差异不显著，$F(1, 14) = 0.035$，$p = 0.853$，高常用度词语成绩差异不显著，$F(1, 14) = 0.002$，$p = 0.968$。

以上成绩对比中，语素班和语境班之间仅中、高常用度即时后测成绩差异边缘显著。

二　讨论

下面我们从两个方面对实验结果进行讨论。

（1）语素项常用度对语素法影响不明显，对语境班的即时学习效果有一定影响。

测试结果与研究假设有较大差异。我们在研究假设中推测，对于常用度较高的语素项，学生比较熟悉，可以直接将新信息与已知信息联系在一起，实现精加工复述，学习效果应当较好。但如果学生对语素项不熟悉，语素项意义的学习过程进行的是保持性加工，这不利于词义进入长时记忆，因此推断语素项常用度会对语素班被试成绩产生较大影响，常用度越高，成绩越好。对语境班被试来说，学生主要通过语境信息以整词为单位记忆生词，因此语素项常用度对其影响应当较小，常用度不同的词语成绩也应当差异不大。但测试结果中，虽然描述性统计结果显示出常用度越高、成绩越好的倾向，但推断性统计结果显示语素项常用度对语素法影响不大，反而对语境班的即时学习效果有一定影响。

语素班被试三种常用度词语的即时、延时后测均不存在显著差异，原因可能在于不仅仅是合成词各语素项常用度的总值会对词语习得效果产生影响，构成合成词的每个语素项的常用度也会对词语学习效果产生影响。比如："完毕"是低常用度词语，但学生可以利用常用语素项记忆不常用语素项和词语的意义，该词的即时后测成绩是满分 4 分。如果低常用度词语包含常用语素项，学生可以较容易地建立起其中一个语素项和词义的联系，这有助于词义记忆，这类词语的成绩应当高于两个语素项都不常用的词语，特别是针对那些词义、两个语素义三者同义的词语。王意颖等（2017）对日韩和欧美中级水平汉语二语学习者透明词词义推断任务的研究发现，不同常用度的语素项组合而成的复合词的推断成绩由高至低分别是：常+常、常+非/非+常、非+非。虽然词义推断成绩不能完全反映习得效果，但该研究的实验词语全部为透明词，且评分时按照语素义准确度而非词义准确度给分，因此可以反映被试习得生词过程中提取语素义的倾向性。该实验结果说明，合成词某一语素项的常用度会影响整词的学习。根据陈琳等（2018）的研究，首语素频率会影响印度尼西亚语背景中级水平汉语二语学习者词汇判断的准确率，首语素频率越高，词汇判断正确率越高；首语素频率高的情况下，尾语素频率越高，词汇判断正确率越高，首语素频率低的情况下，尾语素频率高低对词汇判断正确率没有显著影响。该实验也显示出各语素都会影响词语的识别，且首语素影响更大。而我们之前对语素项常用度排序时，仅考察了参与构词的所有语素项常用度的加合分值，这可能难以全面反映语素项常用度对利用语素习得生词的实际影响。如何对语素项这一变量进行测量和控制，还需进一步的研究。

语境班即时后测成绩中语素项常用度效应显著的原因在第（2）点中一并讨论。

（2）语素班和语境班之间，低常用度词语的即时后测成绩不存在显著差异，中、高常用度词语成绩差异边缘显著。

我们推测，这是由于准中级学生已具备一定的语素识别能力，能够判断出一些常用语素的意义，对语素项常用度较高的词语语境班被试可同时利用语境和语素线索记忆生词，而语素班只能利用语素线索。江新、房艳霞（2012）的研究显示，二语学习者进行词义猜测时，整合语境和构词法线索比使用一种线索得到的猜测效果更好，以上实验结果显示，这一规则同样适用于生词的学习和记忆。此外，记忆研究表明，词汇是以网络方式储存的，在词汇网络中，单词与其他信息建立的连接点越多，记忆越牢固。（江新，2007：74）对于语素项常用度较低的词语，准中级学生尚难以分辨出语素的意义，语境班被试只能构建词义与语境信息的联系，此时，语素班和语境班的成绩差异不大。但对于语素项常用度较高的词语，语境班被试可同时建立起语素义和词义、语境信息和词义的联系，而语素班被试只能建立起其中一种联系，因此，对于语素项常用度较高的生词，语境班的学习效果优于语素班。语境班被试低、中常用度词语成绩存在显著差异，低、高常用度词语成绩差异边缘显著的原因可能也在于中、高常用度词语可同时利用语素、语境记忆生词词义，但这种影响保持性较差，没有持续到延时后测中。

（3）语素班和语境班之间，语素项常用度不同词语的延时后测成绩均无显著差异，这可能是受延时后测题型和复习不足的影响。详见本章第三节的讨论。

综上，从描述性统计结果看，无论语素法还是语境法，语素项常用度较低词语的学习效果都不如常用度较高的词语，且对于语素项常用度较低的词语，语素法和语境法教学效果差异不大，整体偏低，这都显示出包含不常用语素项的词语难度更大,应进行更多的复习。语境班在语素项常用度较高词语上的记忆效果优于语素班,这显示出利用语境教授生词时,学生如果能够识别出构词语素的意义,成绩会更好,这说明,在语境教学中引导学生注意熟悉语素的意义是非常有益的。此外,词语包含一个学生熟悉的语素项时,向学生介绍语素意义,可以帮助学生建立熟悉语素义、不熟悉语素义和词义之间的联系,这有助于学生记忆词义。

第五节 语素法和语境法对不同具体性词语的适用性

一 实验结果

准中级语素班和语境班不同具体性词语即时、延时后测成绩的描述性统计结果如表4—3所示。

表4—3 语素班和语境班不同具体性词语的平均成绩及标准差

组别	测试形式	抽象词语 平均分	抽象词语 标准差	不太具体词语 平均分	不太具体词语 标准差	具体词语 平均分	具体词语 标准差	人数
准中级语素班	即时后测	2.66	0.61	3.01	0.51	3.23	0.57	8
准中级语素班	延时后测	0.70	0.15	0.75	0.18	0.78	0.17	8
准中级语境班	即时后测	3.21	0.38	3.60	0.13	3.49	0.29	9
准中级语境班	延时后测	0.77	0.08	0.81	0.14	0.84	0.07	9

(一) 语素班测试结果分析

准中级语素班即时后测成绩中,具体性越低的词语,平均成绩越低。重复测量方差分析显示,具体性效应显著,$F(2, 14) = 11.994$,$p = 0.001$。配对样本t检验结果显示,抽象词语和不太具体词语的成绩差异边缘显著,$t = -2.286$,$p = 0.056$;抽象词语和具体词语的成绩差异显著,$t = -5.087$,$p = 0.001$;不太具体词语和具体词语的成绩差异显著,$t = -3.072$,$p = 0.018$。

准中级延时后测成绩同样表现出具体性越低、成绩越低的趋势。重复测量方差分析显示，具体性效应显著，$F(2, 14) = 7.543$，$p = 0.006$。配对样本 t 检验结果显示，抽象词语和不太具体词语的成绩差异显著，$t = -2.791$，$p = 0.027$；抽象词语和具体词语的成绩差异显著，$t = -5.143$，$p = 0.001$；不太具体词语和具体词语的成绩差异不显著，$t = -0.923$，$p = 0.387$。

（二）语境班测试结果分析

准中级语境班即时后测成绩中，抽象词语成绩最低，不太具体词语和具体词语的成绩较高。重复测量方差分析显示，具体性效应显著，$F(2, 16) = 8.270$，$p = 0.003$。配对样本 t 检验结果显示，抽象词语和不太具体词语的成绩差异显著，$t = -3.478$，$p = 0.008$；抽象词语和具体词语的成绩差异显著，$t = -2.709$，$p = 0.027$；不太具体词语和具体词语的成绩差异不显著，$t = 1.415$，$p = 0.195$。

准中级语境班延时后测成绩中，具体性越低的词语，平均成绩越低。重复测量方差分析显示，具体性效应不显著，$F(2, 16) = 2.141$，$p = 0.150$。配对样本 t 检验结果显示，抽象词语和不太具体词语的成绩差异不显著，$t = -1.348$，$p = 0.215$；抽象词语和具体词语的成绩差异边缘显著，$t = -2.294$，$p = 0.051$；不太具体词语和具体词语的成绩差异不显著，$t = -0.782$，$p = 0.457$。

图4—3对准中级语素班、语境班不同具体性词语成绩的比较结果进行了总结。

由图4—3可见，词语的具体性对语素班、语境班即时、延时后测成绩都有显著影响。

（三）语素班和语境班测试结果对比分析

以分班测试成绩作为协变量进行单因素协方差分析，即时后测中语素班和语境班之间抽象词语成绩差异不显著，$F(1, 14) = 3.083$，$p = 0.101$，不太具体词语成绩差异显著，$F(1, 14) = 5.724$，$p = 0.031$，具体词语成绩差异不显著，$F(1, 14) = 0.771$，$p = 0.395$。

延时后测中，语素班和语境班之间抽象词语成绩差异不显著，$F(1, 14) = 0.020$，$p = 0.889$，不太具体词语成绩差异不显著，$F(1, 14) = 0.040$，$p = 0.843$，具体词语成绩差异不显著，$F(1, 14) = $

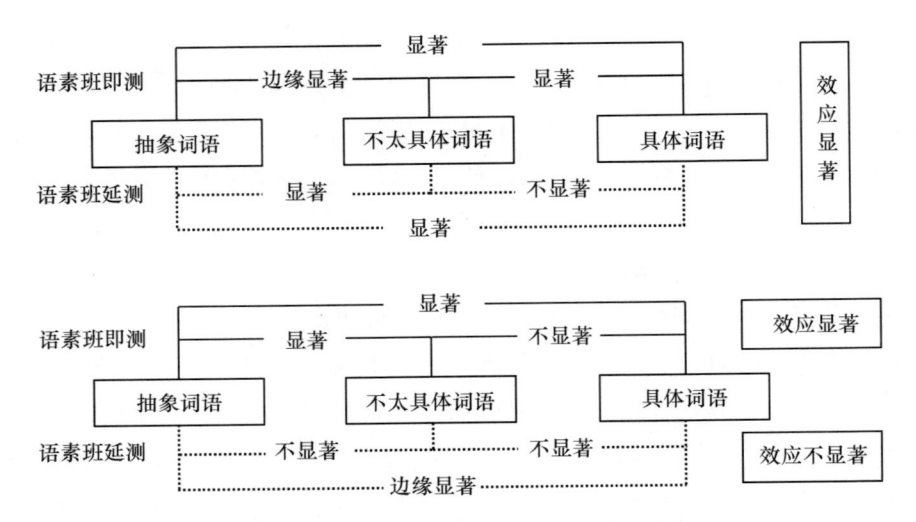

图 4—3 语素班、语境班不同具体性词语成绩比较结果总结

0.489，$p=0.496$。

二 讨论

下面我们从三个方面对实验结果进行讨论。

（1）具体性对语素法和语境法的教学效果都有显著影响，具体性越高，成绩越好。但具体性对语境法的影响相对较小。

该实验结果与我们的研究假设相一致，也与范希尔和马恩（Van Hell & Mahn，1997）、格鲁特和海泽（De Groot & Keijzer，2000）的研究结论一致，即具体词语更易于理解和记忆。具体性对语境法的影响相对较小，主要源于外部语境可以弥补内部语境的不足，帮助学习者理解词语。（斯万恩夫鲁格、什本，1983）。

我们在教学中同样感受到，使用语素法教授抽象词语时，学生理解起来比较困难，易于出现理解错误，比如"宜人"一词，指"适合人的想法"，在即时后测中，有同学将之解释为"很高兴"，还有同学完全没有记住"宜"的意思，认为"宜"就是"便宜"，于是将"宜人"解释为"普通人"。再比如"从业"一词，有学生将之解释为 to be employed（被雇佣），学生可能通过释义"从事一种工作"推断一个人开始做一个工作，就是被雇用了。可见，在没有语境的情况下，单纯通过释义理解生词容易引起误解。不过，语素法教授的抽象词语中也有一些得分较高，它们的共同特征是词语表达的概念学生很熟悉，有一些还可以在汉语中找到常用度较高的近义词，比如"如数家珍、位于"的即时后测成绩都得到了满分4分，"碰壁、心寒"的平均分也达到满分的80%。这与以往研究结论一致（韦布，2007）。语境有效性理论可以为此提供解释。我们在前文提到，语境有效性理论认为具体词语更易于理解，原因在于其内部语境充足。同理，学生对词语表达的概念比较熟悉或了解其近义词时，词语的内部语境相对充足，这种情况下，不需要外部语境补充，学生也能较好地理解和记忆生词。

具体性虽对语境法的影响相对较小，语境班学生在抽象词语的学习上也存在一些问题，主要表现为两点：一是对词义部分理解和理解错误，比如"厌倦"的一个例句是"起床、挤地铁、上班、下班、挤地铁、睡觉，每天都是这样，他已经厌倦了这种生活，打算辞了工作去旅行。"有学生根据此例句，把词义理解为"太多的事让我们累"。还有学生根据"厌倦"的另一个例句"结婚16年后，他们开始对彼此厌倦了，两人决定先分开一段时间，想一想是继续在一起生活，还是离婚"，把该词解释为"很无聊，因为一直这样"。抽象词语中类似的错误答案共计15个，而具体词语中只有3个。二是对于一些概念比较陌生的词语，学生有时难以将词义从短语义中分离出来。比如"眉睫"一词，例句中重复出现了"近在眉睫"的组合形式，即时后测中有学生将该词解释为"很近"。再如"皂白"，因为例句中出现了"不分皂白"，学生将该词解释为"说不清"。延时后测时，四个选项中有1个选项是从语境角度迷惑学习者的，它们通常是生词和与之相毗邻的词语组成的短语释义，抽象词语中有24个答案选择了该类选项，具体词语中这一数字为19。这两类错误都显示出，使用语境法教学时，学生在抽象词语的理解上存在困难。

（2）语素班和语境班之间，不太具体词语的即时后测成绩差异显著，抽象词语和具体词语成绩差异不显著。

语素班和语境班具体词语成绩差异不显著，可能由于具体词语内部语境相对充足，学生不需要外部语境的帮助就可以理解和记忆生词。不太具体词语的即时后测成绩差异显著，则说明对于这些抽象度稍高一些的词语，学生需要通过外部语境建立对词义的感性认识，语素法不提供例句，仅涉及内部语境，不能满足学生理解所需。但为何在抽象词语的学习中，语境班没有表现出明显的优势呢？斯万恩夫鲁格、什本（Schwanenflugl & Shboen, 1983）认为，在语境信息足够的情况下，个体可提供理解抽象材料所必需的认知帮助。我们推测，可能由于抽象词语整体上难度较大，句子语境提供的语境信息相对较少，尚不足以弥补认知上的缺陷，使得语境班被试的整体成绩偏低。

（3）语素班和语境班之间，具体性不同词语的延时后测成绩均无显著差异，这可能是受延时后测题型和复习不足的影响。详见本章第三节的讨论。

综上，与语素法相比，语境法更有助于学生理解具体性相对较低的词语，丰富的语境易于学生建立对词义的感性认识，也便于学生将词义与母语中的相应概念相联系，这可以避免语素法中曲解释义问题的发生。不过由于抽象词语整体上难度较大，语境班被试抽象词语的学习也存在困难。

第六节　结论

本章考察了语素法和语境法对不同类别词语的适用性。词语的分类角度有三，分别是语素义和词义关系、语素项常用度和词义具体性。

从语素义和词义关系的角度看，语素义和词义关系对语素法的教学效果有显著影响，直接加合型词语学习效果较好，引申型词语学习效果较差，补充型词语学生自己回忆释义内容成绩较低，但在有选项提示的情况下成绩较高，这显示出补充内容的学习存在困难。语素义和词义关系对语境法的影响相对较小，但由于学生已具备一定的语素意识，语素义和词义的关系越近，学生的成绩也越高。语素班和语境班之间不同关系类型词语成绩比较结果显示，直接加合型词语成绩差异不显著，但语素班和语境班的优势词语各有特点，当词语同时包含高常用度和低常用度语素项时，语素班被试的成绩较好，当词语的两个语素项都常用度较低时,语境班的被试成绩更好。在补充型词语、引申型词语的学习中,语境班的学习效果优于语素班。

从语素项常用度的角度看,语素项常用度对语素法和语境法的影响虽不显著,但描述性统计数据仍显示出常用度越高、成绩越好的倾向,这显示出语素项常用度较低词语遗忘率更高,需要加强复习。由于准中级学生已具备一定的语素意识,语境班被试可同时利用语素线索和语境线索学习语素项常用度较高的词语,因此他们在中、高常用度词语的学习上优于语素班。

从词义具体性角度看,具体性对语素法和语境法即时、延时后测成绩都有显著影响,词义越具体,成绩越好。语素班和语境班之间的成绩比较显示,具体性较高词语两种教学方法都适用,但具体性较低的词语,更适合使用语境法。使用语素法教授抽象词语时,学生可能会难以理解,不过,如果抽象词语的近义词或其表达的概念学生比较熟悉,语素法也能取得不错的教学效果。

总体上看,语境法的适用范围更为广泛,在引申型词语、语素项常用度较低词语及具体性较低词语上的教学效果均优于语素法。但这并不代表语素法不具优势,因为在教学中,我们不但要考虑具体词语的学习情况,还要考虑教学效率和词汇能力发展的问题。在相同的教学时间里,语素法可以同时学习目标词语和扩展词语,且由于含有相同语素,两类词语的学习能够互相促进,一些难度较低的词语,完全可以使用语素法进行教学。更为重要的是,语素法有助于同素词网络的构建,这对于词汇能力的长期发展极为有益。本章的一些研究结果还表明,语素法和语境法相结合的效果优于单独使用一种教学法,但语素教学和语境教学的时间如何分配,哪些词语有必要同时使用两种方法,还需要更多的研究。

第 五 章

语素法和语境法带来的其他学习效果

第一节 语素法在词语扩展方面的作用

一 研究问题与假设

研究问题：语素法能否帮助学生扩大词汇量？

研究假设：学生能够理解并记忆课上扩展学习的词语，语素法可以扩大学生的词汇量。

二 实验方法

被试为初级和准中级语素班、语境班学生。

测试形式为用汉字组词，从初级班、准中级班实验词语的构词语素中分别随机选出 10 个进行测试，初级班的测试语素是"家、预、区、快、期、外、年、女、团、说"，准中级班的测试语素是"众、顶、音、迈、首、重、婚、目、吃、毕"。测试方法详见本书第二章第七节。

三 实验结果与讨论

（一）成绩计算方法

组词测试中，只将词计入组词数量统计，学生的回答如果是短语，比如"多看""吃完""快走"等，不计入组词数量。我们依据《现汉》判断学生组成的是词还是短语，《现汉》收录的记为词，未收录的记为短语。

(二) 结果分析与讨论

组词测试中,我们统计了不同水平语素、语境班被试的组词总数,并将学生所组词语分为三类:课堂生词、扩展词语以及学生自有词语。其中,课堂生词指阅读课课文中的生词,以及课文生词以外的实验词语。扩展词语指语素班教授实验词语时,在扩展词语环节讲授的生词。用"组词总数"减去"课堂生词数量"和"扩展词语数量"得到学生自有词语数量。以"音"为例,学生组成四个词"噪音、录音、音乐、声音","噪音"为课文中的生词,也是实验词语,"录音"为扩展词语,"音乐、声音"为学生自有词语。该回答中,组词总数为4,课堂生词数量为1,扩展词语数量为1,学生自有词语数量为2。

此外,我们还计算了学生的课堂生词答出率和扩展词语答出率。课堂生词答出率指学生组词中的课堂生词总数占最多可答出的课堂生词总数的百分比。以准中级语素班为例,10个测试汉字共出现在22个扩展词语中,每个学生最多可答出扩展词语数为22,8名被试最多可答出扩展词语数为22×8=176,学生实际答出词数为23,扩展词语答出率为23/176=13.1%。扩展词语答出率指学生组词中的扩展词语总数占学生最多可答出的扩展词语总数的百分比,计算方式同课堂生词答出率。初级、准中级语素、语境班被试组词测试统计结果如表5—1所示。

表5—1　　　　　　　　　　组词测试结果

组别	组词 平均数	组词 标准差	扩展词语 平均数	扩展词语 标准差	课堂生词 平均数	课堂生词 标准差	自有词语 平均数	自有词语 标准差	扩展词语答出率	课堂生词答出率
初级语素班	2.16	0.38	0.17	0.11	0.87	0.27	1.12	0.31	16.7%	48.1%
初级语境班	1.97	0.44	—	—	0.72	0.21	1.25	0.46	—	40.0%
准中级语素班	1.33	0.55	0.29	0.23	0.38	0.23	0.66	0.35	13.1%	20.8%
准中级语境班	1.52	0.89	—	—	0.32	0.23	1.20	0.76	—	17.9%

由表5—1可见,初级班、准中级班被试都答出了一定数量的扩展词语,答出率分别为16.7%和13.1%。此外,在同级别语素班被试汉语水

平低于语境班的情况下，初级、准中级语素班所组词语中课堂生词平均数及答出率均高于语境班。这显示出接受语素法教学的被试更善于利用语素提取生词，说明语素法有助于学生建立语素和词之间以及同素词语之间的联系，特别是那些学生熟悉度较低的课堂生词，这对于学习者尽快构建同素词语网络非常有利。蒋楠（Jiang，2000）提出，二语词汇习得包括三个阶段，第一是形式阶段，二语心理词库的词条内只有二语词的形式信息，包括语音和拼写信息；第二是一语标义词位调节阶段，在这一阶段，一语标义词位信息复制到了二语词条内；第三是二语词条整合阶段，这时二语的语义、句法、形态信息均整合进词条内。在第一、第二阶段，词项中均不包含形态信息，即学习者能够建立起二语词形与一语对应词语义句法信息的联系，但难以分辨其内部要素和构词规则。（张博，2015）因此，我们推测，在生词学习的较早阶段，学生将生词和与之具有相同语素的词语联系起来的难度较大。而使用语素法教学时，教师会利用语素系联阅读课上学习过的生词，这一教学步骤一方面帮助学生直接建立了语素和词之间以及同素词语之间的联系，另一方面也增加了课堂生词的复现率，这使得语素班被试在课堂生词答出率上表现得稍好一些。

虽然语素班课堂生词答出数量占有优势，但以分班测试成绩为协变量，使用单因素协方差分析比较，两班并不存在显著差异，初级 $F(1,16)=0.030$，$p=0.864$；准中级 $F(1,14)=0.519$，$p=0.483$。我们推测，这可能由于语素班系联已学生词时，都采用直接展示、让学生说出词义的方法，中间缺乏引导，一些水平较低的学生早已不记得已学词的词义，就无法建立起已学词与新词之间的联系，如果教师能够适当引导学生进行回忆，如在第几课学习的这个生词、当时学习的方法等，可能更有效地激活先前获取的词汇信息，从而达到更好的学习效果。

此外，语素班被试的扩展词语答出率很低，初级班、准中班被试的答出率都仅为百分之十几，这与我们的研究假设不一致，也不同于以往学者对语素法优势的论述（吕必松，1993；吕文华，1999；肖贤彬，2002等）。我们推测有两方面原因：第一，课堂上缺乏对扩展词语的有效复习。在教学中，我们只在教授目标词语时展示扩展词语，没有在之后的教学中设计复习环节。而组词测试属于回忆测试,这种测试形式通过某些刺激从被试的记忆中诱发出目标词语。(里德,2000/2010:155)实验室研究和学生学习的实际情况都显示出,回忆测试的难度较高,学生必须达到一定的记忆强度才能够作答。(江新,2007:64—65)显然,只出现过一次的扩展词语很难达到这种记忆强度。第二,由于扩展词语不是教学重点,在教学过程中,我们更多还是将学生的注意力集中在实验词语上,学生可能也因此只会注意到那些比较感兴趣或比较简单的扩展词语,而对其他扩展词语印象不深。我们在教学中也注意到,讲授扩展词语时,学生只是偶尔记一下笔记,这说明学生也认为这些内容不是学习重点,因此只是根据个人兴趣有选择地学习。此外,根据王骏(2005:147—168)、高珊(2009)的研究,教学中坚持使用语素法可以提高学生词汇水平,这其中包含学习者的词汇量,结合本实验的测试结果,是否意味着语素法在扩展词汇宽度方面的作用并不着重表现在所扩展的具体词语的习得上,而是提高学生的语素意识,从而提高其词汇学习效率,达到词汇水平的整体提升?这还有待进一步的研究。

以上实验结果显示出,与语境法相比,语素法更有利于帮助学生系联已学词语,特别是有助于学生尽快建立起熟悉度不太高的词语与同素词语之间的联系,这说明,在教学过程中,利用语素系联新词语与已学词语是有益的。扩展词语的记忆效果不佳则提醒我们,应注意安排扩展词语的复习,偶尔一两次的接触难以使学生记住生词,伴随性词汇习得的相关研究也已证实了这一点(萨拉吉等,1978;罗特,1999;韦林、高木,2003等),因此适当的复习对扩展词语的习得来说十分必要。

第二节 语境法在词语使用方面的作用

一 研究问题与假设

研究问题:语境法能否帮助学生获得更多有关词语使用的知识?
研究假设:语境法有助于学习者获得词语使用的相关知识。

二 实验方法

被试为初级和准中级语素班、语境班学生。

测试形式有二，一是搭配连线，要求学生把可以放在一起的词语连起来，初级班测试词为"提高、丰富、不快、惯例、户外、高峰、下降、年夜饭、搀扶、鲜艳"，准中级班测试词为"山顶、睡眼、诺言、眉睫、碰壁、年会、从业、袖珍、舒心、凉席、嗓音、重播、林立、年迈、眼力、弯路、长眠、擦拭、忙碌、拥挤"，需要说明的是，其中的"长眠、擦拭、拥挤"两个班采用了不同的教学方法教授，不过统计被试的词语了解情况测试结果时，发现认识这三个词的学生人数超过了班级总人数的10%，因此没有将这三个词收录进最终的实验词表。但在进行搭配连线测试时，还未统计了解情况测试结果，三词也放入了测试题中。二是词语填空，测试中，提供词语的部分语素和释义，请被试填写另一语素，初级班测试词为"酗酒、预计、市民、聚会、同期、成文、访谈、多事、说服、如是"，准中级班测试词为"遥控、眼馋、窥视、捐款、插嘴、手慢、了如指掌、两便、心寒、杀生、与众不同、厌倦、挑食、转眼、一尘不染、购置、蜗居、珍藏、面熟、完毕"。测试方法详见本书第二章第七节。

三 实验结果与讨论

（一）成绩计算方法

搭配连线测试中，正确记1分，错误或未连线记0分。

词语填空测试中，正确记1分，错误或不填记0分。由于我们的主要目的在于考查学生能否提取生词，因此，如果学生的回答是拼音或存在汉字书写错误，只要能看出学生记得生词都记为正确。如试题"这孩子_____食（只吃自己喜欢吃的东西），所以身体不太好"的正确答案是"挑"，有的语境班被试将之写为"逃"，我们在计分时也算作正确，记1分。

（二）结果分析与讨论

我们首先对搭配测试的结果进行分析和讨论（见表5—2）。

表 5—2　　　　　　　　　搭配测试平均分及标准差

组别	初级语素班		初级语境班		准中级语素班		准中级语境班	
成绩	平均分	标准差	平均分	标准差	平均分	标准差	平均分	标准差
	0.79	0.20	0.85	0.15	0.45	0.09	0.61	0.15

表 5—2 显示，搭配测试中，初级、准中级语境班被试的成绩都优于语素班，显示出语境班确实能够提供更多有关词语搭配的知识。在语境班引导学生利用语境线索猜测实验词语意义时，我们通常会提醒学生关注与实验词语共现的其他词语，以此作为词义猜测的线索，还会将共现频率较高的词语标注为绿色，通过输入增显加强学生对常用搭配的注意，有时还会将常用搭配提取出来单独呈现，这些方式都可以让学生把更多的注意力资源分配在词语搭配上，丰富学生有关词语使用的知识。

不过，以分班测试成绩作为协变量，使用单因素协方差分析发现两班的搭配成绩差异并不显著，初级 $F(1, 16) = 0.617$，$p = 0.443$；准中级 $F(1, 14) = 2.905$，$p = 0.110$。我们推测原因有二：一是语素班被试可以通过课文获得部分测试词的语境知识。初级班测试词全部为课文生词，准中级班 55% 的搭配测试词为课文生词。统计数据显示，测试中准中级班成绩比较结果的 p 值低于初级班，这说明准中级实验组和对照组出现差异的可能性更大，而恰恰准中级班有部分测试词是学生无法获得任何语境知识的。二是本次实验依托阅读课展开，阅读课的课程任务只要求学生做到识别词义，因此我们没有在课堂上进行词语使用的相关练习，这也使得语境班学生获得的有关词语使用的知识相对有限，这可能是语素班和语境班被试成绩差异不显著的另一个原因。

词语填空测试结果如表 5—3 所示。

表 5—3　　　　　　　　词语填空测试平均成绩及标准差

组别	初级语素班		初级语境班		准中级语素班		准中级语境班	
成绩	平均分	标准差	平均分	标准差	平均分	标准差	平均分	标准差
	0.77	0.22	0.83	0.16	0.44	0.20	0.46	0.24

实验结果显示，初级、准中级语境班的成绩都略高于语素班，这与我们的研究假设相一致，即语境法更有利于学生获得词语使用方面的知识。但单因素协方差分析结果显示，两班词语填空成绩不具显著差异，初级 $F(1, 16) = 0.338$，$p = 0.569$；准中级 $F(1, 14) = 1.256$，$p = 0.281$。我们推断，这一结果的出现除搭配测试部分谈到的语素班被试可以通过课文获得部分语境知识以及语境班缺少词语使用的相关练习这两个原因外，还与测试形式相关，现有的测试题目对于语素班和语境班被试来说，都有可参考的线索。

最初设计词语填空测试时，只提供了释义，没有提供测试词的语素，按此方案实施一次测试后，发现题目太难，出现了地板效应，几乎没有学生答出试题。斯塔尔（Stahl, 1983）的研究也显示出类似的结果，该研究针对母语儿童进行测试，测试时没有提供释义和语素，结果显示，30 分满分的测试题，得分最高组别的平均分为 8.17 分，仅达到满分的 27.2%。

为了降低测试难度，正式施测时，除了提供释义外，我们还参照劳弗尔、内申（Laufer & Nation, 1999）的测试方法，提供了部分语素。初级班由于课时较少，教授的生词量也相应较少，且生词常用度相对较高，修改后的题型难度适宜。但对准中级被试来说，该测试形式依然难度很大，因为准中级班课程生词较多，且常用度都偏低，大部分情况下学生只能做到识别词语意义，而不能在使用过程中提取生词，从表 5—3 可以看出，准中级班的平均分整体偏低。不过，该测试形式与最初的测试形式相比，学生的接受程度已有所提高。但它带来的另一个问题是，这一测试形式对语素班和语境班被试都比较有利，如：

我家_____藏（把贵的、重要的东西很好地保存下来）着一幅齐白石先生的名画。（珍藏）

语素班被试利用语素学习生词，更易于将语素义和词义中的不同部分对应起来，如上题中的"珍"可以和释义中的"贵的、重要的"联系起来，这可以帮助学生回忆语素。语境班被试则在学习过程中接触过类似的句子，对句子语境比较熟悉，这可以帮助学生回忆生词。可以看到，最终结果显示，语素班和语境班被试在成绩上没有显著差异。

不过，通过对比语素班和语境班被试的错误答案，我们也发现了语素教学和语境教学的一些优势。首先，语素法能够加强学生对常用度较高的不自由语素的关注，如：

今年12月下雪天数比去年同_____（一样的时间）多。（同期）

该题中，初级语素班只有1名同学将"期"错填为"时"，而初级语境班有6名同学都填了"时"。根据冯丽萍（2011：165—168）的研究，不自由语素构词能力强弱对大学二年级欧美学生识别语素没有影响，而对韩国学生有较大影响，这显示出，学生的母语背景会影响学生对不自由语素的识别能力。初级班被试以印度尼西亚语、泰语背景学习者为主，母语中没有汉字词，他们的语素识别能力应该更接近于欧美学生，离析词语中常用不自由语素的能力相对较低，因此我们推断，初级语境班被试可能并不清楚"期"的意思，只是根据释义填了一个语素。而语素班被试通过课堂学习，初步建立了语素和意义的联系，"期"又是一个比较常用的不自由语素，学生在其他课程上或生活中再次遇到该语素的可能性较大，反复接触中，进一步巩固了对语素义的认识，因此错填的比例较低。再如准中级班测试词"蜗居"，要求学生填写语素"居"，语素班8名被试中有3名回答正确，1名同学错填为"小"，其他同学没有填写，语境班9名被试中2名回答正确，3名同学错填为"楼""屋"，可以看出这三名被试通过释义判断出了需要填写的语素的意义为"住的地方"，但他们的心理词库中与该义联系得更紧密的是自由语素"楼""屋"，这显示出学生较难自觉建立不自由语素与意义之间的联系，而语素法可以帮助学生获取这方面的知识。

此外，语素法对于汉字学习也有好处，如：

房间打扫得一_____不染（很干净）。（一尘不染）

语素班有5名同学答对此题，其中只有1名被试将"尘"误写为"尖"，语境班有6名同学回答正确，却有3名同学将"尘"写为"尖"或"坐"。语素班的较好表现可能得益于我们在教学中特别提醒学生"尘"就是"小的土"，这可以帮助学生将汉字各部件的意义与语素义联系在一起，避免错记字形。再如语境班的学生将"挑食"的"挑"填写为"逃",语素班则没有出现类似错误。

语境法的优势则在于能够让学生对句法信息有更多的认识,语境班被试错填时,很少会填入词性不符的词语,而语素班被试出现这类错误的情况相对较多,如:

这孩子_____食(只吃自己喜欢吃的东西),所以身体不太好。(挑食)

你这样对你的父母,会让他们心_____(失望、伤心)的。(心寒)

有的语素班同学在第一题处误填"美",第二题处误填"病","美食""心病"都是名词,明显不符合句子空缺处可填词语的词性。我们在语境班引导学生猜测词义时,经常会提醒学生注意目标词词性,江新、房艳霞(2012)的研究也显示出语境线索可以提供更多的句法信息。我们推测,教师的指导和多次的猜词练习让学生给予句法信息更多的关注,这避免他们填入词性不符的词语。

从以上分析中,可以看出语素法和语境法各自的优势所在,语素法有利于学生建立常用不自由语素、汉字部件与意义之间的联系,语境法则可以使学生更多地关注句法信息。

综合以上两项实验结果,我们认为,语境法可以提高学生的词语使用能力,增强学生关注词性和搭配的意识,这对于增加学生的词汇知识深度非常有益。

第三节 语素法和语境法对词义猜测能力的影响

一 研究问题与假设

研究问题:语素法和语境法实施过程中,词义猜测策略的教授和练习是否可以提高学生相应的词义猜测能力?

研究假设:语素法和语境法可以分别帮助学生提高利用语素线索和语境线索推测词义的能力。

二 实验方法

被试为初级和准中级语素班、语境班学生。

初级班测试形式为单项选择,词语全部单独呈现,共计 7 题,测试词包括:多嘴、预告、访友、物价、儿时、艳丽、日用品。测试词均为学生不认识的词语,它们在《大纲》中的分布情况为:乙级词 2 个,丙级词 1 个,超纲词 4 个。虽然有些测试词的语素对于初级阶段学生来说熟悉度较低,但它们均在实验词语中出现过。

准中级班测试形式参考江新、房艳霞(2012),测试词共计 30 个。其中 10 个词单独呈现,如:

"学龄"的意思是_____

10 个词放在句子中呈现。该测试并不要求学生写出具体的词语,只要求他们对可以填在此处的内容进行解释说明,目的并不在于考查学生目标词语的产出能力,而只是观察他们能否充分利用语境线索推断句子空缺处的内容。如:

他不太__A__别人对自己的看法,他觉得,别人怎么看没关系,最重要的是自己想怎么做。(在意)

"A"的意思是_____

10 个词同时提供词语和语境,如:

走在路上,她觉得阳光有些刺眼,于是戴上了太阳镜。

"刺眼"的意思是_____

部分测试词和测试句参考江新、房艳霞(2012)和周小兵、张世涛(1999)。单独呈现词语和同时提供词语和语境的 20 道测试题中,目标词均为学生不认识的词语,包含 6 个丁级词和 14 个超纲词。单独呈现的测试词所包含的汉字都是学生熟悉的或在实验词语中出现过的,同时提供词语和语境的测试词至少包含 1 个学生熟悉的汉字。不提供词语只提供句子时,请三名母语者做填空测试,三人全部填写正确才将之作为测试句。单独呈现的测试词包括:熟手、众望、学龄、偷窥、暂住、群居、不宜、提速、插话、生怕。只提供语境的测试词包括:远见、忽视、赔钱、问世、在意、拮据、呆板、大方、厌食症、幸存者。同时提供词和语境的测试词包括：恩人、先例、反感、动工、无意、刺眼、存心、病号、昼长夜短、衣食父母。

三 实验结果与讨论

（一）成绩计算方法

初级班单项选择的成绩计算方法为：正确1分，错误0分。

准中级班词义解释的成绩计算方法为：未答或回答与词义完全无关，记0分；回答与词义有语义交叠，或答对1个语素义但回答与词义差距较大，记1分；回答与词义非常接近，记2分；完全正确，记3分。

（二）结果分析与讨论

初级和准中级语素班、语境班的测试结果如表5—4、表5—5所示。

表5—4　　初级语素班、语境班词义猜测测试平均分及标准差

组别	初级语素班		初级语境班	
	平均分	标准差	平均分	标准差
成绩	0.81	0.10	0.74	0.15

表5—5　　准中级语素班、语境班词义猜测测试平均分及标准差

类型	词		语境		词+语境	
组别	语素班	语境班	语素班	语境班	语素班	语境班
成绩	1.58 (0.64)	1.34 (0.30)	0.50 (0.60)	1.09 (0.70)	1.13 (0.72)	1.40 (0.53)

表5—4、表5—5显示，单独呈现测试词时，无论初级还是准中级，语素班被试的成绩都优于语境班；只提供语境时，语境班被试的成绩优于语素班。同时提供词和语境时，语境班成绩也高于语素班。以分班测试成绩为协变量，单因素协方差分析结果显示，两班各项测试成绩均不存在显著差异。初级班 $F(1, 16) = 2.186$，$p = 0.159$；准中级班单独呈现测试词条件下，$F(1, 14) = 1.793$，$p = 0.202$，单独呈现语境条件下，$F(1, 14) = 1.116$，$p = 0.309$，词和语境同时呈现条件下，$F(1,$

14） =0.011，$p=0.919$。

测试词单独呈现时，被试只能依靠语素猜测词义，这种情况下语素班被试成绩更好，证明利用语素猜测词义的策略教学和相关练习确实可以提高学生的词义猜测能力，这与帕切科（Pacheco，2005）、张（Zhang，2009）、刘（Liu，2014）的研究结论相一致。不提供词语只提供语境时，被试只能依靠语境猜测词义，这种情况下语境班被试成绩更好，说明利用语境线索猜测词义的策略教学和练习同样有利于培养学生的猜词能力，这与赫金、靳（Huckin & Jin，1987）、沃尔特斯（Walters，2006）、袁（Yuen，2007）等研究结论相一致。可同时依靠语素和语境线索猜测词义时，虽语境班被试成绩略高，但显著水平低于前两个测试结果，说明"词+语境"条件下两组被试出现差异的可能性极小，这显示出该类测试中语素班和语境班被试都能发挥自身的优势，可能由于一些测试词中包含学生不认识的语素，还有一些测试词语素义和词义关系较远，使得语素班被试所能发挥的优势有限，最终成绩低于语境班。

虽然实验结果证实了语素法和语境法均能够提高学生利用相应线索猜测词义的能力，但结果同样显示，所有的差异均不显著，且在没有选项提示的情况下，学生分数较低，这似乎显示出猜测策略的教学和练习效果并不显著，语素班和语境班被试独立运用猜词策略的能力较弱。为何会出现这种现象呢？我们认为与学生水平和母语背景、教师教学以及测试题目都有关系。

（1）学生水平和母语背景对词义猜测成绩的影响

从学生水平和母语背景的角度看，同一班级内，学生水平和母语背景不同，词义猜测策略的教学效果也有差异，对水平较低和非韩语背景学习者，策略教学效果不明显，这使得不同测试条件下，语素班和语境班的成绩没有表现出显著差异。

对学生成绩进行进一步对比分析后，我们发现，在"只有语境"猜测条件下，语素班分班测试成绩低于40分的被试的平均成绩为0.23分，分班测试成绩高于40分的被试平均成绩为0.66分，分数都极低，这说明学生本身猜测能力差异不大。但在"只有词"测试条件下，分班测试成绩低于40分的被试平均成绩仅为0.93分，而分班测试成绩高于40分的被试，平均成绩达到 1.96 分，明显高于分班测试成绩低于 40 分的同学，也明显高于语境班被试的平均分 1.34 分。这显示出，利用语素线索猜测词义的策略教学对于这些水平相对较高的学习者是有效的，但对水平较低学生的作用较小。

语境班被试分班测试成绩均在 40 分以上，在"只有词"猜测条件下，韩语背景学习者的平均成绩为 1.43 分，非韩语背景学习者为 1.28 分，二者差异不大，但在"只有语境"条件下，语境班韩语背景学生的成绩（1.53）明显高于本班其他母语背景学生（0.74），也高于语素班被试的平均成绩（0.50）。这显示出，母语背景会对词义猜测策略的教学效果产生影响，对韩语背景被试来说，利用语境线索猜测词义的策略教学的效果更明显。

为了进一步验证我们的推测，我们分别对在"只有词"和"只有语境"条件下，语素班分班测试成绩 40 分以下被试和语境班非韩语背景被试之间，以及语素班 40 分以上和语境班韩语背景被试之间的词义猜测成绩进行了比较，比较结果如表 5—6 所示。

表 5—6　　　　　　　　两类被试词义猜测成绩比较结果

组别	词	语境
语素班分班测试成绩 40 分以下被试和语境班非韩语背景被试	$p = 0.899$	$p = 0.430$
语素班分班测试成绩 40 分以上被试和语境班韩语背景被试	$p = 0.151$	$p = 0.200$

可以发现，语素班分班测试成绩 40 分以上和语境班韩语背景的被试在"只有词"和"只有语境"条件下成绩差异的显著度，远远高于语素班分班测试成绩 40 分以下和语境班非韩语背景的被试。这说明，前者受策略教学影响较大，后者受策略教学影响较小，这一统计分析结果验证了我们的分析，即语言水平和母语背景会对策略教学效果产生影响。

在测试回答和教学日志中，我们也发现了一些策略教学对低水平和非韩语背景学习者效果不明显的证据。在"只有词"测试条件下，我们设置了一些不太常用但在实验词语中出现过的语素项，语素班水平较高的学生能够将课堂上学习的知识迁移到新词的猜测上，而水平较差的学生在这些语素的识别上存在困难。如"不宜"一词，分班测试中成绩最低的三位同学，一位没有答出，另一位认为"宜"的意思是"便宜"，还有一位汉字识别错误，把"宜"与"易"等同，将词语解释为"不容易"，但另外五位同学很好地将课上学习过的"宜"的"适合"义迁移到了该词的理解上。再比如，"熟手"中的"手"表示"擅长某种技能的人或做某种事的人"，我们在讲解"生手"时，对语素义进行过说明，但只有成绩较高的学生能将之迁移到"生手"的理解上。"插话"中的"插"不太常用，但我们曾对"插花""插嘴"进行过讲解，然而成绩较差的几名同学只知道"话"的意思，对"插"基本没有印象，因此将该词解释为 rumor（传闻）、"说话"或"回答问题"。语境班的被试整体水平高于语素班，其中水平较高的两名韩语背景学生，在教师没有讲解语素义的情况下，上述三词全部回答正确，这与语素班水平较低的被试形成鲜明对比。我们在教学中也感觉到，水平较低的学生利用语素线索的能力很低，比如我们曾引导学生猜测"靠枕"一词的意义，在此之前，先让学生猜测了"靠背"和"靠手"的意思，一名成绩较差的英语背景学生推测"靠枕"的意思是椅腿，在我们反复强调语素的情况下，学生仍利用语义场而非语素进行词义猜测，可见对于低水平学习者，将新学习的语素知识迁移到词义猜测上非常困难。对于语境班被试来说，他们的二语水平相对较高，其新学习的猜测策略的运用能力主要因为母语背景不同表现出一定差异。比如下面两个句子：

现在很多家长非常重视孩子的学习成绩，却＿＿A＿＿了对孩子生活能力的锻炼。（忽视）

在年轻人的想象中，50年代的人谈恋爱一定十分＿＿B＿＿，其实，我的一些同事与朋友当时的恋爱十分浪漫、有趣。（呆板/无聊/无趣）

这是两个只提供语境的测试题。我们在课上曾特别讲授，句子中出现"却""其实"等词语时，前后两个小句的意思相反，但大部分非韩语背景学生都没能将这条规则应用到测试题上。

对测试结果的量化统计和对语料的质性分析都显示出，策略教学对语言水平较低和非韩语背景学习者的影响相对较小，这是什么原因造成的呢？

从语言水平角度来看，我们推测利用语素猜测词义对学习者已有词汇知识的运用能力要求较高，而低水平学习者的某些词汇知识可能只能达到识别水平，而不能较好运用。在词义猜测过程中，学生首先要回忆起构词语素的意义或这些语素构成的其他词语，而只有对这些词汇知识的记忆达到一定强度，学生才有可能在语素的刺激下将之提取出来，如果学生缺乏相应的词汇知识，或对之印象不深，就无法完成这一步骤，更不要说按照一定的词语结构加合语素义得到词义了。比如"暂住"一词，课上学习过"暂时"的意义后，水平较高的学生可以推测出"暂住"的词义，而水平较低的学生都没有回答。但通过初级语素班被试在测试中的良好表现，可以看出水平较低的学生可以通过提示选项正确猜测大部分生词的词义，这说明低水平学习者是可以识别出语素义的，但在准中级班的测试条件下，要求学生提取出语素义，水平较低的学生就难以做到了。这与奥特曼（Otterman，1955）的实验结果相一致，该实验显示，经过策略教学，实验组在语素识别等测试中的成绩高于对照组，但只有高水平学习者能够利用语素解释生词义。因此，我们推断，利用语素线索猜测词义的策略教学对低水平学习者效果不明显，应当由于水平较低学习者只能识别出语素，却不能提取出语素义，在语素义都不清楚的情况下，就谈不上策略运用了。

从母语背景角度来看，一些分班测试成绩较高的非韩语背景学生，在"只有语境"条件下成绩明显低于分班测试成绩不如他们的韩语背景学生，可能由于利用语境线索推测词义对学生的阅读能力有一定要求。沈（Shen，2009）、凯万帕纳、阿拉维（Kaivanpanah & Moghaddam，2012）、王瑛、黄洁芳（2014）等研究均发现，学习者的阅读能力与词义猜测成绩正相关，而有汉字背景的韩国学生阅读能力相对较强，在期末测试中，韩语背景学生在阅读部分的平均成绩为24.25分，而其他母语背景学生的平均成绩为20.2分，学生的阅读能力不足，教师所教授的词义猜测策略也就无法运用到句子语境中。值得注意的是，在非韩语背景的学生中，有一名泰语背景学生在"只有语境"和"词+语境"条件下也都取得了很好的词义猜测成绩，两项测试的平均分均为2分，而其期末阅读成绩也较高，得到了26分，这也证实了策略教学内容也能被非韩语背景学生较好地运用于猜测活动中，主要由于其具备了一定的阅读能力。

综上，我们认为，词义猜测对学习者已有知识的运用能力和阅读能力要求较高，一些学习者受语言水平和阅读能力所限，在词义猜测过程中无法有效利用已有的和新学习的词汇知识和猜词策略，在测试中表现较差，对被试平均成绩产生了较大影响，这是准中级班词义猜测成绩整体偏低、标准差较大的原因之一。

(2) 阅读教学对词义猜测成绩的影响

从教学的角度来看，虽然在准中级班课程的词义猜测教学环节，学生正确猜测的比例较大，但这主要由于供学生练习的词语和句子都是教师特别挑选的，词义猜测线索较为丰富，教师也一直进行引导。而在实际阅读中，由于课文相对困难，生词量偏大，学生可以准确猜出词义的词语较少，一些学生表示他们单凭自己很难猜出词义，词义猜测在阅读中用处很小，因此对词义猜测活动不感兴趣，也很少尝试，这种态度使得学生在日常学习中主动运用猜测策略的情况较少发生，也阻碍了自身猜测能力的进一步提高。这让我们开始思考教授猜词策略和进行词义猜测练习的意义。在 ESL 教学中，学者们是在词汇附带习得假说和输入假说提出后，开始鼓励学生进行词义猜测的，这两个假说的共同点是，认为大部分词语通过阅读而非直接词汇教学习得（科迪，1997/2001：225）。根据克拉申（Krashen，1989）的观点，如果遇到陌生词语就停下来查词典，必然会导致较少的阅读量，认识的单词也就较少，因此克拉申主张在阅读中积极进行词义猜测，即使在阅读文章过程中发现自己猜测错误，也不要查词典，而是进行第二次猜测，直到后文内容再次证实自己猜测错误，才需要查词典。可以看出，词义猜测的主要功用在于帮助学生跨越阅读障碍，保持阅读的流畅性，最终目的是保证足够的阅读量。这显示出，词义猜测是为大量阅读服务的，而大量阅读恰恰是我们的课程所缺乏的，无法进行大量阅读的原因又在于学生词汇量较少，课本生词偏多。这就形成了恶性循环，词汇量少，导致学生无法进行词义猜测，进而影响阅读速度，导致阅读量较低，学生又因此无法习得新词。那么如何打破这种恶性循环呢？以往学者从两方面进行了讨论，一是从学习者入手，科迪等（Coady et al.，1993）建议重点教授使用频率最高的 3000 词，使学习者能够自动识别这些词语；二是通过控制学习者文本的生词量，降低文本难度，即为学生提供分级读本。从以往学者的研究可以看出，词义猜测并非无意义的活动，而是学习者没有达到词汇门槛，在较难文本中无法应用这一策略，而我们又没有为学生提供简单文本，这种应用上的不足，可能是学生自身猜测能力较弱，词义猜测成绩普遍较低的原因。

（3）测试题目的难度对词义猜测成绩的影响

从测试题目的角度来看，有些测试词猜测难度较大，也影响了学生成绩。有些测试词部分或全部语素义和词义关系较远，利用语素猜测词义较难，如"生怕"中"生"的语素义失落，词语单独呈现时，学生无法判断出各语素义是否都起作用，因此很多学生将之解释为"害怕生活""怕生活的问题""生活有很多困难"等。再如"衣食父母""存心"二词，测试题如下：

顾客是我们的衣食父母，顾客来买东西，我们的店才能一直开下去。
你知道他做不到，还一定让他去做，你这是存心让他难做。

这两词的语素义加合后还需进一步引申才能得出词义，虽然语素义很常见，但语素义加合义不适用于语境时，常用语素义反而会给学生词义猜测带来较大干扰，如有学生将"存心"解释为"存心情""没有心"，显然学生在猜测词义过程中，一直在思考"心"与词义的关系。这几个词本身难度较高，学生难以猜出属正常现象。对语境班被试来说，"存心"做副词使用，在句子中并不是不可或缺的部分，学生提取语境线索时，会比较困难，这影响了该词的测试成绩。这些词语的存在，一方面说明很多词语是无法正确猜测出词义的，因此向学生讲授词义猜测技能时，不能过分夸大词义猜测策略的效用，这些策略只是词汇学习的辅助性工具，而不是万能钥匙；另一方面也提示我们，词义猜测能力测试题目的设置要考虑多方面的因素，测试题目本身的难度对测试结果有很大影响。

总体来看，语素法和语境法可以分别帮助学生提高利用语素和语境线索推测词义的能力，但作用不显著，特别是对语言水平较低和阅读能力较低的非韩语背景学习者来说效果不明显。在没有选项提示的情况下，学生词义猜测成绩整体偏低，个体差异较大，这一结果是部分学生综合运用词汇知识和猜测策略能力不足，学生缺乏在阅读中独立运用猜测策略进行词义猜测的机会以及部分测试题目偏难三方面原因造成的。

第四节　结论

本章通过四项测试，从三个方面考察了语素法和语境法对学习者词汇能力的影响。

首先，组词测试结果显示语素法比语境法更有利于帮助学习者系联已学词语，但在扩展新词上的效果不佳，我们推断这是由于教学中缺乏对扩展词语的有效复习。

其次，搭配测试和填空测试结果显示，与语素法相比，语境法可以使学生获得更多有关词语使用的知识，更有利于增强学生关注词性和搭配的意识，而语素法则可以帮助学生建立常用不自由语素、汉字部件与意义之间的联系。

最后，词义猜测测试结果显示利用语素和语境猜测词义的策略教学和相关练习可以帮助学生提高猜词能力，但是利用语素猜测词义的训练对低水平学习者的效果不明显，利用语境线索猜测词义的训练对阅读水平较低的非韩语背景学习者效果也不明显，这些学生一般难以将已有词汇知识和已学策略应用到词义猜测活动中，此外，阅读文本中的词义猜测实践较少也不利于学生词义猜测能力的培养。

第六章

学生对语素法和语境法接受度的调查

第一节 调查目的

本书第三章、第四章、第五章通过测试结果和课堂表现对阅读课上语素法和语境法的教学效果进行了比较，本章则从学习者入手，考察被试对阅读课和两种词汇教学法的总体感受，以及不同汉语水平、不同母语背景学习者对两种教学法接受度的共性与差异。具体来说，问卷调查的目的有以下三点：

（1）了解学生对语素法和语境法的态度和感受。
（2）了解学生对阅读课及阅读课上词汇学习的态度与感受。
（3）了解学生的词汇学习习惯。

第二节 调查对象及问卷设计

调查对象为初级、准中级教学班出勤率达到60%以上的学生，调查均在课上进行。共发放调查问卷55份，回收调查问卷55份，对所有问题都进行了回答的有效问卷共计49份。调查对象汉语水平及来源情况如表6—1所示。

表6—1　　　　　　　调查对象汉语水平及来源情况

组别	初级语素班 （12人）			初级语境班 （14人）			准中级语素班 （11人）				准中级语境班 （12人）			
来源	日本	韩国	东南亚	欧洲	日本	韩国	东南亚	欧洲	日本	韩国	东南亚	欧洲大洋洲	日本	韩国	东南亚	欧洲南美洲
人数	4	1	6	1	1	1	9	3	1	2	6	2	0	5	5	2

调查问卷共设置23题，其中22题为选择题，1题为开放式问答。调查包括三方面内容，分别是：对语素法和语境法的态度和感受，对阅读课及课上词汇学习的态度和感受以及学生的词汇学习习惯。调查问卷详见附录三。

第三节　调查结果与分析

一　学生对语素法和语境法的态度和感受

调查问卷的第8—16题考查了学生对语素法和语境法的态度和感受。第8题考查学生对于不同类别的词语应当使用何种词汇教学法的观点。我们为初级班和准中级班被试各提供了11个词语和4种词语类别。初级班的11个词语为：年轻、平时、酗酒、惯例、说服、如是、多事、强迫、高峰、夫妻、鲜艳，准中级班的11个词语为：完事、遥控、挑食、诺言、转眼、隔壁、蛇行、门牙、佳期、铁窗、与众不同。四种词语类别为：词里面的字都认识、词里面有不认识的字、常用的词、不常用的词。

在对调查结果进行统计分析时，我们从语素义和词义关系、语素项常用度和词义具体性三个角度对11个词语进行了分类，分别计算每类词语下，选择语素法和语境法的受访者数量，以及选择语素法或语境法的受访者数量占同等水平或相同母语背景受访者总数的比例。下面以准中级语素班和两个级别语素班非日、韩语背景学生直接加合型词语各类数据的统计步骤为例，说明数据的计算方法。

第一，准中级语素班直接加合型词语各类数据统计步骤。

①计算每个直接加合型词语下，选择语素法和语境法的被试数量。11 个词语中，直接加合型词语有 3 个，分别为：完事、遥控、与众不同。准中级语素班受访者共计 11 人，三词选择语素法的被试数量分别为 7、6、7，选择语境法的被试数量分别为 4、5、4。

②计算每个直接加合型词语平均有多少被试选择语素法或语境法。以上三词，选择语素法的被试数量共计 20（7+6+7），除以词语数 3，得出每个直接加合型词语有 6.67 个被试选择语素法，按照相同的计算方法，得出选择语境法的被试人数为 4.33。

③计算选择语素法或语境法的被试人数占同等水平受访者总数的比例。即分别用 6.67 和 4.33 除以准中级语素班受访者人数 11，得出选择语素法的受访者比例为 60.61%，选择语境法的受访者比例为 39.39%。

第二，非日语、韩语背景学生直接加合型词语各类数据统计步骤。

①分别计算每个直接加合型词语下，初级语素班和准中级语素班非日、韩语背景学生选择语素法或语境法的受访者数量。初级班 11 个词语中，直接加合型词语有 9 个，分别是年轻、平时、酗酒、惯例、说服、如是、强迫、夫妻、鲜艳。初级语素班非日、韩语背景学生共计 7 个，9 个词语选择语素法的受访者数量分别为 6、5、5、5、5、4、5、7、7，选择语境法的受访者数量分别为 1、2、2、2、2、3、2、0、0。准中级语素班计算方法同初级语素班。

②计算每个直接加合型词语下，初级语素班和准中级语素班平均各有多少受访者选择语素法或语境法。经计算，初级语素班平均每个直接加合型词语有 5.44 个学生选择语素法，1.56 个学生选择语境法。准中级语素班的数据分别为 4.67 和 3.33。

③分别计算初级语素班和准中级语素班选择语素法或语境法的受访者人数占两班相同母语背景受访者总数的比例。即 5.44/7，得到初级语素班选择语素法的受访者比例为 77.78%，1.56/7，得到准中级语素班选择语素法的受访者比例为 22.22%。准中级语素班的数据分别为 58.33% 和 41.67%。

④计算初级语素班和准中级语素班选择语素法的受访者比例的平均

值,得到两班非日语、韩语背景学生选择语素法的受访者比例,即 (77.78% + 58.33%) /2 = 68.06%。按照相同的方法计算两班非日、韩语背景学生选择语境法的受访者比例,计算结果为 31.94%。

按照相同的方法,我们对不同关系类型词语、不同语素项常用度词语及不同具体性词语下,选择语素法和语境法的学生比例进行了统计。

此外,词里面的字都认识、词里面有不认识的字、常用词和不常用词四类词语中,不同水平、不同母语背景选择语素法或语境法的受访者数量所占比例的计算方法为:

$$\frac{\text{同一水平或同一母语背景下选择语素法或语境法的受访者数量}}{\text{该水平或该母语背景的受访者总数}}$$

表6—2展示了不同类别词语下,学生对教学法的选择倾向。其中,"合计"一栏,统计了各类词语中,选择语素法或语境法的总人数。对这些数据进行分析,可以发现学生对教学法的选择倾向与前文测试结果反映出来的语素法和语境法的教学效果差异基本一致。

其一,学习者总体对不同类型词语所适用教学法的选择倾向。

从语素义和词义关系的角度看,均是选择语境法的被试数量略多,但在直接加合型词语下,两种教学法的选择人数仅相差0.45,而引申型词语下,差距已达5.25。本书第四章第三节中,对学生词义记忆情况的测试结果也表明,直接加合型词语两种教学法都适用,而补充型词语、引申型词语更适宜使用语境法。

从语素项常用度角度看,两个以上语素项常用的词语下,选择语素法的被试人数多于语境法,而仅一个语素项常用和所有语素项均不常用的词语下,选择语境法的人数更多,尤其是语素项常用度最低的词语类中,选择语境法和语素法的被试人数相差达11.5。本书第四章第四节中,即时和延时后测结果显示,在语素项中、高常用度词语上,语境法都略占优势,但从学生的角度来看,一些语素项常用度较高词语使用语境法不太必要,而对于语素项常用度较低词语,更需要教师利用语境帮助他们理解和记忆词义。有意思的是,在"词里面的字都认识"和"词里面有不认识的字"这两个词语类别下,选择语素法和语境法的人数多寡正好与不同语素项常用度词语下的统计结果相反。按照我们的设想,"词里

表6—2　不同类别词语适用的教学方法调查

问题	选项		语素班 水平 初级 (12人)	准中级 (11人)	语素班 母语背景 日语 (5人)	韩语 (3人)	非日、韩 (15人)	语境班 水平 初级 (14人)	准中级① (12人)	语境班 母语背景 日语 (1人)	韩语 (6人)	非日、韩 (19人)	合计
8. 下面这些词，在阅读课上，你觉得用A方法讲好，还是B方法讲好？(A为语素法，B为语境法)	直接加合型词	A	56.50%	60.61%	54.17%	75.00%	68.06%	33.33%	52.78%	77.78%	30.00%	40.01%	24.44
		B	43.50%	39.39%	45.83%	25.00%	31.94%	66.67%	50.00%	22.22%	70.00%	62.36%	24.89
	补充型词	A	58.30%	52.27%	37.50%	75.00%	67.86%	35.71%	45.83%	100.00%	35.33%	30.95%	23.25
		B	41.70%	47.73%	62.50%	25.00%	32.14%	64.29%	56.25%	0	65.83%	69.05%	26.00
	引申型词	A	58.30%	36.36%	50.00%	68.75%	56.92%	42.86%	41.67%	0	20.00%	46.43%	22.00
		B	41.70%	63.64%	50.00%	31.25%	43.08%	57.14%	60.42%	100.00%	80.00%	55.35%	27.25
	两个以上语素项常用的词语	A	66.67%	43.18%	59.38%	68.75%	61.61%	45.24%	50.00%	100.00%	30.00%	43.65%	25.08
		B	33.33%	56.82%	40.62%	31.25%	38.39%	54.76%	50.00%	0	70.00%	56.35%	23.92
	一个语素项常用的词语	A	52.08%	59.09%	50.00%	75.00%	65.63%	33.93%	52.08%	75.00%	32.50%	38.10%	23.75
		B	47.92%	40.91%	50.00%	25.00%	34.38%	66.07%	52.08%	25.00%	70.00%	63.69%	25.75
	语素项都不常用的词语	A	54.17%	42.42%	33.33%	75.00%	58.04%	26.79%	33.33%	50.00%	20.00%	27.83%	18.92
		B	45.83%	57.58%	66.67%	25.00%	41.96%	73.21%	69.44%	50.00%	80.00%	72.17%	30.42
	词里面的字都认识	A	25.00%	45.45%	0	75.00%	46.67%	0	58.33%	0	66.67%	15.79%	15.00
		B	75.00%	54.55%	100.00%	25.00%	53.33%	100.00%	41.67%	100.00%	33.33%	84.21%	34.00

① 语境班有两名被试在"隔壁""蛇行""与众不同"三个词上同时选择了A和B，因此该列和之后的"韩国"和"其他"列各类词语中选择A或B的人数占准中级语境班被试总人数的百分比加合超过100%。

第六章　学生对语素法和语境法接受度的调查　/　155

续表

问题	选项		语素班						语境班						合计
			水平		母语背景			水平			母语背景			
			初级 (12人)	准中级 (11人)	日语 (5人)	韩语 (3人)	非日、韩 (15人)	初级 (14人)	准中级 (12人)	日语 (1人)	韩语 (6人)	非日、韩 (19人)	
8. 下面这些词，在阅读课上，你觉得用A方法讲好，还是B方法讲好?（A为语素法，B为语境法）	词里面有不认识的字	A	75.00%	54.55%	80.00%	33.33%	66.67%	42.86%	50.00%	100.00%	33.33%	47.37%	27.00
		B	25.00%	45.45%	20.00%	66.67%	33.33%	57.14%	50.00%	0	66.67%	52.63%	22.00
	抽象词语	A	50.00%	31.82%	25.00%	62.50%	51.34%	27.14%	33.33%	80.00%	20.00%	26.79%	17.30
		B	50.00%	68.18%	75.00%	37.50%	48.66%	72.86%	66.67%	20.00%	80.00%	73.21%	31.70
	不太具体词语	A	58.33%	54.55%	53.12%	75.00%	66.07%	35.71%	45.83%	50.00%	25.00%	40.18%	23.50
		B	41.67%	45.45%	46.98%	25.00%	33.93%	64.29%	58.33%	50.00%	75.00%	63.39%	26.00
	具体词语	A	70.83%	47.73%	62.50%	75.00%	68.93%	50.00%	51.67%	100.00%	34.00%	45.00%	27.30
		B	29.17%	52.27%	37.50%	25.00%	31.07%	50.00%	50.00%	0	68.00%	55.00%	21.90
	常用的词	A	8.33%	45.45%	0	33.33%	33.33%	21.43%	41.67%	100.00%	33.33%	26.32%	14.00
		B	91.67%	54.55%	100.00%	66.67%	66.67%	78.57%	58.33%	0	66.67%	73.68%	35.00
	不常用的词	A	75.00%	54.55%	80.00%	33.33%	66.67%	28.57%	58.33%	0	50.00%	42.11%	26.00
		B	25.00%	45.45%	20.00%	66.67%	33.33%	71.43%	41.67%	100.00%	50.00%	57.89%	23.00

面的字都认识"时，该词的语素项常用度较高，学生应当更倾向于选择语素法，但实际上选择"语境法"学习该类词语的学生居多，反之，"词里面有不认识的字"时，更多学生选择"语素法"。询问学生后，发现学生做此选择的原因是有不认识的汉字时，需要知道汉字的意思，在汉字意思已知的情况下，就可以学习词语的其他知识了。从知识的全面性角度看，同时了解语素义和词义当然优于仅了解其中一个方面，但是从词义理解和记忆的角度看，知道构词语素的意义，并不一定都有好处，这一点我们在前文中已讨论过，这里不再展开。可以看到，学生在"词里面的字都认识"和"词里面有不认识的字"这两种情况下对教学法做出的选择，主要基于知识的全面性这一角度，但在实际教学中，教师还要综合考虑词语的各方面特征，相比之下，学生面对具体词语做出的选择，可能更能反映其对不同教学方法的偏好。不过，学生的选择也提示我们，当了解构词语素的意义可以促进词义理解和记忆时，可适当介绍语素义。

最后，从词义具体性角度看，学生的选择倾向也与之前的测试结果基本一致。本书第四章第五节中，测试结果显示，具体词语语素法和语境法均适用，具体性较低的词语更适合使用语境法。问卷调查结果则显示，学生更希望具体词语使用语素法教授，抽象词语更希望使用语境法教授。

此外，从词语的常用性角度看，学生更希望通过语境法了解常用词语的用法，而不太常用的词语，学生认为借助语素义了解词义是更好的办法。

其二，不同水平、不同母语背景学习者对各类词语所适用教学法的选择倾向。

从学生水平的角度看，初级班被试对教学法的选择反映出"老师怎么教，就怎么学"的倾向，从语素义和词义关系、语素项常用度、词义具体性角度进行分类时，不管是何种类别的词语，初级语素班选择语素法的学生比例均超过语境法，而初级语境班被试则均认为语境法更好。相比之下，准中级班被试对何种词语适合使用何种方法有了更清晰的认识，而准中级班内部，水平更高一些的语境班被试对教学法的选择与测试成绩反映出来的教学效果差异基本一致，这显示出，水平更高学生的词汇学习策略更为成熟。

第六章　学生对语素法和语境法接受度的调查　／　157

从母语背景的角度看，由于日、韩学生数量较少，又存在一定的个体差异，我们没有发现不同母语背景学生在教学法选择上的显著差别，不过有两个数据值得关注。一是初级语素班的 4 名日语背景学生[①]在各类词语上都更希望使用语境法教授，这不同于语素班韩语背景及其他母语背景学生的选择倾向，也不同于准中级语素班和初级语境班日语背景学生的选择倾向。我们推测，可能由于这 4 名初级语素班日语背景学生汉语水平较低，他们是零基础学生，来华之前从未接触过汉语，对于汉语词汇使用缺乏基本的语感，经常会混用非常常用的词语。比如，在学期初，曾有一名日本学生想表达他已经把作业"给"老师了，但说出的是"fù 了"，和学生交谈后发现，学生知道"付钱"的"付"是"给"的意思后，就将"付"与"给"等同起来了。可能由于这种混用现象的存在，学生更希望接触词语使用的语境，而不是只了解词义。二是语素班韩语背景学生对于各类词语选择语境法的比例都低于其他母语背景学生，准中级语境班被试也出现了这一选择倾向[②]，我们推测，这是由于韩语中的汉字词可以使学生的语素意识发展得更快，这使他们利用语素学习生词的能力更强，对语境的依赖相对小一些。

在调查问卷的第 9—16 题，我们考查了学生对语素法和语境法优势和劣势的看法，调查结果如表 6—3 所示。

表 6—3 显示，学生普遍认为语素法可以帮助他们提高猜词能力，了解语素义后，词的意思也更容易记住。而语素法最主要的缺点在于无法学习词的用法，以及有时很难理解词义。需要注意的是，在语素法缺点

---

① 表 6—2 中语素班选择语素法或语境法的日语背景学生比例取的是初级班 4 名日语背景学生和准中级班 1 名日语背景学生的均值，所以选择语境法的倾向体现得不明显。但是从原始数据看，初级班的日语背景学生基本所有词语都选择了使用语境法教授。

② 表 6—2 中语境班选择语素法或语境法的韩语背景学生比例取的是初级班 1 名韩语背景学生和准中级班 5 名韩语背景学生的均值，所以总体数据上没有显示出韩语背景学生更少地选择使用语素法。分开来看，初级班这名被试所有词语都选择了使用语境法教授，而准中级班 5 名被试，各类词语下选择语法的学生数量占准中级语境班韩语背景学生总数的比例为：直接加合型词语，40.00%；补充型词语，35.00%；引申型词语，60.00%；两个以上语素项常用的词语，36.00%；一个语素项常用的词语，50.00%；语素项都不常用的词语，60.00%；抽象词语，60.00%；不太具体词语，40.00%；具体词语，40.00%。

表6—3 语素法和语境法的优缺点调查

问题	选项	语素班 水平 初级(12人)	语素班 水平 准中级(11人)	语素班 母语背景 日语(5人)	语素班 母语背景 韩语(3人)	语素班 母语背景 非日、韩(15人)	语境班 水平 初级(14人)	语境班 水平 准中级(12人)	语境班 母语背景 日语(1人)	语境班 母语背景 韩语(6人)	语境班 母语背景 非日、韩(19人)	合计
9. 你觉得先讲字再讲词有什么好处？	A. 词的意思很容易记住	75.00%	54.55%	100.0%	33.33%	60.00%	64.29%	66.67%	0	83.33%	63.16%	32
	B. 可以学会新字，也可以学会新词	75.00%	54.55%	80.00%	33.33%	66.67%	78.57%	33.33%	100.0%	33.33%	63.16%	30
	C. 可以通过这个字，学会更多的词	41.67%	63.64%	80.00%	66.67%	40.00%	57.14%	50.00%	100.0%	66.67%	47.37%	26
	D. 以后猜词的时候更容易	75.00%	63.64%	60.00%	0	86.67%	71.43%	75.00%	0	83.33%	73.68%	35
	E. 学习时用的时间少	16.67%	0	0	0	13.33%	50.00%	8.33%	0	0.00%	42.11%	10
	F. 知道了这个词为什么是这个意思，很有趣	41.67%	45.45%	20.00%	0	60.00%	14.29%	66.67%	0	66.67%	31.58%	20
	G. 知道了这个词为什么是这个意思，不会把A词的意思记成B词的意思	8.33%	18.18%	20.00%	0	13.33%	14.29%	41.67%	0	33.33%	26.32%	10

第六章　学生对语素法和语境法接受度的调查　/　159

续表

问题	选项	语素班 水平 初级 (12人)	语素班 水平 准中级 (11人)	语素班 母语背景 日语 (5人)	语素班 母语背景 韩语 (3人)	语素班 母语背景 非日、韩 (15人)	语境班 水平 初级 (14人)	语境班 水平 准中级 (12人)	语境班 母语背景 日语 (1人)	语境班 母语背景 韩语 (6人)	语境班 母语背景 非日、韩 (19人)	合计 D/A
10. 第9题中，你觉得最大的好处是哪两项?		D/AB	AD	AD	ABCE	D/AB	B/A	F/AD	BC	ADF	AB	
	A. 有时很难理解词的意思	25.00%	54.55%	60.00%	33.33%	33.33%	57.14%	50.00%	0	50.00%	57.89%	23
	B. 不知道这个词怎么用	66.67%	72.73%	80.00%	100.0%	60.00%	42.86%	58.33%	100.0%	83.33%	36.84%	29
	C. 词的意思很容易忘记	50.00%	54.55%	100.0%	0	46.67%	42.86%	16.67%	0	0	42.11%	20
11. 你觉得先讲字再讲词有什么坏处?	D. 只记住了字的意思，记不住词的意思	41.67%	27.27%	20.00%	0	46.67%	28.57%	16.67%	0	0	31.58%	14
	E. 记不住字的意思，讲了也没有用	8.33%	27.27%	0	0	26.67%	0	25.00%	0	16.67%	10.53%	7
	F. 很多词有一样的字，容易把A词记成B词	33.33%	45.45%	0	0	60.00%	64.29%	16.67%	0	33.33%	47.37%	20

续表

问题	选项	语素班 水平 初级(12人)	语素班 水平 准中级(11人)	语素班 母语背景 日语(5人)	语素班 母语背景 韩语(3人)	语素班 母语背景 非日、韩(15人)	语境班 水平 初级(14人)	语境班 水平 准中级(12人)	语境班 母语背景 日语(1人)	语境班 母语背景 韩语(6人)	语境班 母语背景 非日、韩(19人)	合计
12. 第11题中,你觉得最大的坏处是哪两项?		B/D	B/C	ABC	B/A	B/D	F/B	B/A	B	B/AF	B/F	B/F
	A. 通过句子,很容易记住词的意思	41.67%	54.55%	80.00%	33.33%	40.00%	50.00%	50.00%	0	16.67%	63.16%	24
	B. 知道了词怎么用	66.67%	54.55%	60.00%	66.67%	60.00%	78.57%	91.67%	100.0%	100.0%	78.95%	36
13. 你觉得用句子来学习词语,有什么好处?	C. 在句子里,词很容易理解	75.00%	63.64%	80.00%	33.33%	73.33%	57.14%	66.67%	0	66.67%	63.16%	32
	D. 可以学习怎么通过句子猜词的意思	50.00%	63.64%	60.00%	33.33%	60.00%	71.43%	50.00%	0	50.00%	68.42%	29
14. 第13题中,你觉得最大的好处是哪两项?		B/C	CD	A/C	D/ABC	BC	B/D	B/A	B	B/D	B/D	B/D

第六章　学生对语素法和语境法接受度的调查　/　161

续表

问题	选项	语素班 水平 初级(12人)	语素班 水平 准中级(11人)	语素班 母语背景 日语(5人)	语素班 母语背景 韩语(3人)	语素班 母语背景 非日、韩(15人)	语境班 水平 初级(14人)	语境班 水平 准中级(12人)	语境班 母语背景 日语(1人)	语境班 母语背景 韩语(6人)	语境班 母语背景 非日、韩(19人)	合计
15. 你觉得用句子来学习词语,有什么坏处?	A. 记住了句子,但没记住词的意思	41.67%	54.55%	40.00%	66.67%	46.67%	14.29%	16.67%	0	0.00%	21.05%	15
	B. 有时词很简单,不需要用句子讲	41.67%	27.27%	80.00%	0	26.67%	21.43%	33.33%	0	16.67%	31.58%	15
	C. 花的时间比较多	33.33%	45.45%	0.00%	0	60.00%	42.86%	25.00%	0	33.33%	36.84%	18
	D. 只能学会这一个词,没办法通过这个词学会更多的词	33.33%	36.36%	60.00%	0	33.33%	57.14%	25.00%	100.0%	66.67%	31.58%	19
	E. 词的意思很容易忘记	58.33%	27.27%	100.0%	0	33.33%	42.86%	33.33%	0	33.33%	42.11%	20
16. 第15题中,你觉得最大的坏处是哪两项?		E/AC	AC	E/ABD	AC	C/A	D/C	E/ABC	D	D/BCE	CE	C/E

这一部分，准中级语素班选择"有时很难理解词的意思"和"记不住字的意思，讲了也没用"这两个选项的人数均多于初级语素班。与初级班相比，准中级班的实验词语难度较大，有很多词语的语素项常用度较低，引申型词语数量也远远多于初级班，这些词语无疑增加了记忆语素义和利用语素义理解词义的难度，这也说明，在利用语素法教学时，选对词语可以达到事半功倍的效果，但如果选择的词语不恰当，可能起到相反的作用，教师需要明确语素法所适用的词语类型，针对不同词语选择不同的教学方法。此外，初级班选择"只记住了字的意思，记不住词的意思"的人数多于准中级班，初级班大部分实验词语都是直接加合型词语，还有41.67%的学生产生这种感觉，反映出初级学生按照一定词语结构，将语素义加合为词义的能力较为薄弱。本书第三章的研究也显示出，利用语素法教授词语时，初级班被试词义记忆的保持性效果不佳，这都显示出初级水平学习者语素意识不强，教师运用语素法教授词语时应更为谨慎。

对于语境法，学生普遍认为该教学法的优势在于可以了解词语的用法，在句子中，词义也更容易理解，还有不少学生认为他们可以通过句子进行词义猜测练习。可以看到，语境法恰好弥补了语素法最主要的两个缺点。在语境法的缺点上，学生的选择比较分散，选择人数相对较多的是"词的意思很容易忘记"，其次是无法通过该词学会其他词语，以及花费时间较多。在这一部分，初级语境班被试选择"花的时间较多"和"只能学会这一个词，没办法通过这个词学会更多的词"这两个选项的人数多于准中级语境班，这可能由于初级班教授的词语大部分较为简单，学生理解起来比较容易，而我们一般提供3个左右的例句，还会在猜词过程中反复引导，这让学生产生了着力过多的感觉，学生学有余力，也就更希望学习一些其他的词语。这也提醒我们，应根据词语难度决定例句数量，对于简单的词语，额外的扩展可能是学生更为需要的，而这也正是语素法的优势所在。

二 学生对阅读课和课堂词汇学习的态度和感受

调查问卷的第1—7题和第22题考查了学生对阅读课的态度与感受，其中涉及一些有关词汇学习的内容。统计结果如表6—4所示。

第六章 学生对语素法和语境法接受度的调查 / 163

表6—4 学生对阅读课及课上词汇学习的态度与感受调查

问题	选项	语素班						语境班					
		水平		母语背景			水平		母语背景			合计
		初级 (12人)	准中级 (11人)	日语 (5人)	韩语 (3人)	非日、韩 (15人)	初级 (14人)	准中级 (12人)	日语 (1人)	韩语 (6人)	非日、韩 (19人)	
1. 你觉得下面几门课，哪门课最难？①	A. 综合课	0	9.09%	100.0%	0	6.67%	21.43%	16.67%	0	0	26.32%	6
	B. 听力课	50.00%	36.36%	0	0	33.33%	57.14%	25.00%	100.0%	33.33%	42.11%	21
	C. 阅读课	41.67%	63.64%	0	33.33%	73.33%	21.43%	50.00%	0	50.00%	31.58%	21
	D. 口语课	8.33%	9.09%	0	66.67%	0	0	8.33%	0	16.67%	0	3
2. 阅读课哪些内容让你觉得比较难？	A. 生词太多	58.33%	81.82%	60.00%	66.67%	73.33%	64.29%	50.00%	0	50.00%	63.16%	31
	B. 词的意思知道，但句子的意思不清楚	25.00%	18.18%	60.00%	0	13.33%	42.86%	16.67%	0	50.00%	26.32%	13
	C. 课文背景不清楚	25.00%	0	60.00%	0	0	14.29%	8.33%	100.00%	16.67%	5.26%	6
	D. 读课文的时间不够	16.67%	0	0	0	13.33%	14.29%	8.33%	0	0	15.79%	5
	E. 不认识汉字	50.00%	72.73%	40.00%	66.67%	66.67%	42.86%	75.00%	0	66.67%	57.89%	29
	F. 书面语较多	8.33%	36.36%	20.00%	33.33%	20	14.29%	50	0	33.33%	31.58%	13

① 该题准中级被试有两位同学选了两个选项。

续表

问题	选项	语素班 水平 初级(12人)	语素班 水平 准中级(11人)	语素班 母语背景 日语(5人)	语素班 母语背景 韩语(3人)	语素班 母语背景 非日、韩(15人)	语境班 水平 初级(14人)	语境班 水平 准中级(12人)	语境班 母语背景 日语(1人)	语境班 母语背景 韩语(6人)	语境班 母语背景 非日、韩(19人)	合计
		A	A	ABCEF	AEF	E	A	E	C	B	A	A
3. 第2题中的哪一项你觉得最难? ①	A. 认识更多汉字	58.33%	63.64%	60.00%	33.33%	66.67%	42.86%	50.00%	0	33.33%	52.63%	26
	B. 认识更多的词	50.00%	72.73%	60.00%	66.67%	60.00%	50.00%	58.33%	100.0%	66.67%	47.37%	28
	C. 学习语法知识	41.67%	18.18%	40.00%	0	33.33%	28.57%	16.67%	100.0%	0	26.32%	13
4. 你希望在阅读课上学到什么?	D. 了解中国文化	50.00%	0	60.00%	0	20.00%	21.43%	41.67%	0	66.67%	21.05%	14
	E. 了解中国现在的情况	58.33%	9.09%	60.00%	33.33%	26.67%	21.43%	33.33%	0	66.67%	15.79%	15
	F. 学习怎样猜词	25.00%	45.45%	20.00%	0	46.67%	71.43%	75.00%	0	66.67%	78.95%	27
	G. 学习怎样找文章的主要内容	50.00%	54.55%	20.00%	66.67%	60.00%	64.29%	50.00%	0	16.67%	73.68%	27
	H. 提高阅读速度	41.67%	54.55%	60.00%	66.67%	40.00%	42.86%	41.67%	0	33.33%	47.37%	22
5. 第4题中的哪两项是你最希望学到的? ②		B/ADEF	B/A	BCDE	H/BDEG	ABF	F/G	F/BG	BC	F/BD	F/G	F/B

① 该题显示的是被试选择人数最多的一项,如果几个选项百分比一致,则全部写出。
② 第5题和第7题显示的是选择人数最多的两项。斜杠前为选择人数最多的选项,斜杠后为选择人数排名第二的选项。并列选项全部列出。如果没有斜杠,表明几个选项选择人数并列第一。

续表

第六章 学生对语素法和语境法接受度的调查

问题	选项	语素班 水平 初级(12人)	语素班 水平 准中级(11人)	语素班 母语背景 日语(5人)	语素班 母语背景 韩语(3人)	语素班 母语背景 非日、韩(15人)	语境班 水平 初级(14人)	语境班 水平 准中级(12人)	语境班 母语背景 日语(1人)	语境班 母语背景 韩语(6人)	语境班 母语背景 非日、韩(19人)	合计
6. 你喜欢的阅读课教学方式有哪些?	A. 老师先讲完所有生词,然后学生读课文	58.33%	54.55%	60.00%	0	66.67%	71.43%	50.00%	0	16.67%	78.95%	29
	B. 学生先读课文,然后老师讲生词	8.33%	18.18%	20.00%	0	13.33%	14.29%	25.00%	100.0%	33.33%	10.53%	8
	C. 老师先讲一部分生词,然后学生读课文,最后老师再讲一部分生词	50.00%	45.45%	80.00%	66.67%	33.33%	64.29%	58.33%	0	66.67%	63.16%	27
	D. 文章读得越多越好,老师少讲	16.67%	9.09%	20.00%	33.33%	6.67%	7.14%	0	0	0	5.26%	4
	E. 根据课文内容,安排一些讨论和写作练习	16.67%	18.18%	0	33.33%	20.00%	14.29%	33.33%	0	50.00%	15.79%	10
	F. 讲阅读方法,然后练习	33.33%	27.27%	20.00%	0	40.00%	57.14%	58.33%	100.0%	50.00%	57.89%	22
	G. 阅读后,总结阅读方法	33.33%	36.36%	40.00%	0	40.00%	0	33.33%	0	33.33%	10.53%	12

续表

问题	选项	语素班 水平 初级(12人)	语素班 水平 准中级(11人)	语素班 母语背景 日语(5人)	语素班 母语背景 韩语(3人)	语素班 母语背景 非日、韩(15人)	语境班 水平 初级(14人)	语境班 水平 准中级(12人)	语境班 母语背景 日语(1人)	语境班 母语背景 韩语(6人)	语境班 母语背景 非日、韩(19人)	合计
7. 第6题中的哪两项是你最喜欢的？		A/C	A/C	C/A	C/ABEF	A/C	A/C	A/C	BF	CEF	A/C	A/C
	A. 课文里的生词不常见，用不到	16.67%	90.91%	40.00%	33.33%	60.00%	57.14%	33.33%	0	33.33%	52.63%	24
	B. 课文里的生词太多	33.33%	45.45%	0	0	60.00%	57.14%	58.33%	0	50.00%	63.16%	24
	C. 课文没意思	16.67%	36.36%	20.00%	33.33%	26.67%	21.43%	8.33%	100.0%	16.67%	10.53%	10
22. 阅读课哪些地方让你觉得不满意？	D. 只是看书，不说话	25.00%	18.18%	60.00%	33.33%	6.67%	0	8.33%	0	0	5.26%	6
	E. 和综合课没什么不同	0	18.18%	20.00%	0	6.67%	0	0	0	0	0	2

从课型来看，学生认为难度最大的两门课是阅读课和听力课，而这两门课的课时数都远远少于学生较少选择的"综合课"和"口语课"。对语言学习来说，练习和复习都是十分重要的，缺少足够的时间进行练习、复习可能是这两门课让学生感觉困难的原因之一。对阅读课来说，可能最好的弥补办法在于找到学生感兴趣的阅读材料，增加学生课下阅读的时间。

那么哪些内容让学生感觉到阅读课较为困难呢？根据学生第 2 题、第 3 题的选择，可以看出，生词太多和不认识汉字是最主要的原因。"生词太多"是阅读课本普遍存在的问题，何涛（2002：19）对六本中级阅读教材的统计结果显示，生词量最低的课本也包含 10.13% 的生词，最高的近 16%。根据刘、内申（Liu & Nation，1985）的研究，文章生词率最好控制在 5% 比内，这样学生才有可能根据上下文猜测词义，而要达到"快乐阅读"的目的，生词量需低于 2%（赫什，内申，1992）。显然，现有阅读课本的生词量远远高于这一标准，这大大增加了阅读难度。"不认识汉字"则说明汉字识别对初级和准中级学生来说还是一大难点，特别要注意的是，表 6—4 显示，韩语背景学生和其他母语背景学生在该选项上的选择人数均占各自被试总人数的 66.7%，这说明他们在汉字识别上具有相同的困难，韩语中虽然存在一定量的汉字词，但这些汉字词都是用韩文书写的，韩国学生在汉字书写上并不具优势。韩语背景学生不仅对汉字不熟悉，年青一代对汉语词与汉字词的对应关系也了解甚少（全香兰，2003）。一位韩语背景学生曾表示，他认为日本学生学汉语比他容易得多，尽管韩语中也有很多汉字词，但他往往难以分辨出哪些词语是汉字词。韩语背景学生有时并不能将汉语词与母语汉字词对应起来，这提示我们在教学中不能将日、韩语背景学习者等同起来，夸大汉字词对韩语背景学生的影响，高估他们的能力。

第 4—7 题的统计结果显示，学生最希望在阅读课上学到的内容都与词汇相关，分别是认识更多的词和学习怎样猜词，学生最喜欢的教学方式是老师先讲完所有生词，或先讲一部分生词。通过学生在这几道题上的选择可以看出，生词是学习的难点，也是学生最希望学到的内容，学生对阅读课上的直接词汇教学有较大依赖性。这一方面显示出阅读课词汇教学的必要性，另一方面也说明了控制文本生词量的重要性。第 22 题的统计结果显示，学生对阅读课最不满意的地方在于课文里的生词不常见和生词太多，这反映出学生也希望课文生词比例能有所下降，只有将生词数量控制在一定范围内，才能让学生增大阅读量，循序渐进地提高词汇量和汉字量。不过，词汇对于不同母语背景的学生难度也不一致，在学生觉得较难的内容部分，日语、韩语背景学生中选择"生词太多"的被试比例低于其他母语背景的学生，在学生最喜欢的教学方式部分，日语、韩语背景学生选择"学生先读课文，然后老师讲生词"和"文章读得越多越好，老师少讲"的被试比例高于其他母语背景学生，这些都显示出日、韩学生具有更强的词汇能力。

三　学生的词汇学习习惯

调查问卷的第 17—21 题考查了学生的词汇学习习惯。调查结果如表 6—5 所示。

调查显示，除了生词的意义和用法，学生最希望学习到的是生词的近义词，以及目标词与近义词的差异。但是选择"和这个词有相同字的词"的学生较少，在第 11 题调查学生对语素法缺点的看法时，有近一半学生选择"很多词有一样的字，容易把 A 词记成 B 词"，我们推测这可能是学生不愿同时学习具有相同汉字的其他新词的主要原因。我们考察语素法对扩展学生词汇量的作用时，也发现，学生对扩展词语的记忆情况不佳。这些都提醒我们，进行词语扩展时，要注意扩展词语的数量和难度，在强调两词具有相同语素这一共性的同时，也要帮助学生利用另一语素区分同素词词义，使词语扩展教学真正起到作用。

第 19、20 题的调查结果显示，学生平时记忆生词的方法主要是利用母语和汉语语素，后者体现出学生已具备一定的语素意识。不过学生最常用的方法还是利用母语对译词和汉语释义记忆生词。

第 21 题考查了学生对词义猜测的态度，发现大部分学生会在阅读过程中进行词义猜测，但是在阅读中经常猜测词义的被试以日语、韩语背景学生居多，这与词义猜测结果和学生课堂表现相符。准中级语境班词义猜测测试中，韩语背景学生的平均分为 1.58 分，而其他语言背景学生

第六章 学生对语素法和语境法接受度的调查 / 169

表6—5 学生词汇学习习惯调查

问题	选项	语素班 水平 初级(12人)	语素班 水平 准中级(11人)	语素班 母语背景 日本(5人)	语素班 母语背景 韩国(3人)	语素班 母语背景 非日、韩(15人)	语境班 水平 初级(14人)	语境班 水平 准中级(12人)	语境班 母语背景 日本(1人)	语境班 母语背景 韩国(6人)	语境班 母语背景 非日、韩(19人)	合计
17. 阅读课学习生词时，除了生词的意思和用法外，你还希望老师讲什么内容?	A. 这个词的近义词	75.00%	45.45%	80.00%	66.67%	53.33%	71.43%	50.00%	0	50.00%	68.42%	30
	B. 这个词的反义词	58.33%	45.45%	100.0%	66.67%	33.33%	50.00%	50.00%	0	50.00%	52.63%	25
	C. 这个词和它的近义词有什么不同	50.00%	36.36%	40.00%	33.33%	46.67%	85.71%	41.67%	0	66.67%	68.42%	27
	D. 这个词的常用搭配	41.67%	45.45%	100.0%	33.33%	26.67%	28.57%	58.33%	100.0%	66.67%	31.58%	21
	E. 和这个词有相同字的词	33.33%	36.36%	0	0	53.33%	21.43%	33.33%	0	16.67%	31.58%	15
18. 第17题中，你最想学习的是哪两项?		AB	A/CD	D/B	D	A/CDE	C/A	D/C	D	D/C	C/A	C/AD
19. 你平时怎么记生词?	A 想出这个词在自己语言里怎么说，再看到这个词时，也会想到它在自己语言里的词	83.33%	54.55%	80.00%	33.33%	73.33%	64.29%	58.33%	0	66.67%	63.16%	32

续表

问题	选项	语素班 水平 初级(12人)	语素班 水平 准中级(11人)	语素班 母语背景 日本(5人)	语素班 母语背景 韩国(3人)	语素班 母语背景 非日、韩(15人)	语境班 水平 初级(14人)	语境班 水平 准中级(12人)	语境班 母语背景 日本(1人)	语境班 母语背景 韩国(6人)	语境班 母语背景 非日、韩(19人)	合计
19. 你平时怎么记生词?	B. 直接记生词的汉语意思	16.67%	54.55%	40.00%	66.67%	26.67%	28.57%	41.67%	0	33.33%	36.84%	17
	C. 记每个字的意思,然后想这个字的意思怎么组成词的	58.33%	18.18%	40.00%	33.33%	40.00%	57.14%	41.67%	100.0%	50.00%	47.37%	22
	D. 记一个句子,用句子记词	33.33%	27.27%	40.00%	33.33%	26.67%	35.71%	33.33%	0	50.00%	31.58%	16
	E. 自己想一些图画、故事来帮助自己记生词	25.00%	45.45%	40.00%	0	40.00%	28.57%	16.67%	0	0	31.58%	14
20. 第19题中,你最常用的是哪一种?		A/C	A/B	A/B	BCD	A/C	A/E	A/B	C	A/B	A/BE	A/B
21. 你读汉语文章时会猜词的意思吗?	A. 不会	0	9.09%	0.00%	0	6.67%	0	16.67%	0	16.67%	5.26%	3
	B. 很少	16.67%	27.27%	0.00%	0	33.33%	28.57%	0	0	0	21.05%	9
	C. 有时	50.00%	27.27%	20.00%	33.33%	46.67%	35.71%	41.67%	0	16.67%	47.37%	19
	D. 经常	33.33%	36.36%	80.00%	66.67%	13.33%	35.71%	41.67%	100.0%	66.67%	26.32%	18

的平均分仅为 1.04 分。在教学中，日语、韩语背景学生猜出词义花费时间更少，而且准确率较高，语素班的日语被试还会联想出具有相同语素的其他词语，这些都显示出日语、韩语背景学生在词义猜测中的优越性。

第四节　小结

本章通过对调查结果的分析与讨论，考察了被试对阅读课和两种词汇教学法的总体感受和接受度，以及不同汉语水平、不同母语背景学习者对两种教学法接受度的共性与差异。

调查结果显示，学生对不同类别词语适用教学方法的选择倾向与即时和延时后测结果反映出来的教学效果差异相一致，这进一步验证了我们前文的研究结论。学生普遍认为语素法的优势在于使词义记忆更为容易，并且能够提高词义猜测能力，不足之处在于没有教授词语的用法和有时难以理解词义，语境法则可以有效弥补这两点不足。

调查结果还显示出，生词太多是让学生感觉阅读课难度较大的主要原因，这提醒我们在教学中要注意控制文本生词量。不过，与其他语言背景学习者相比，日语、韩语背景学生的词汇能力更强，主要表现为对语境和课堂直接词汇教学的依赖性更小，词义猜测的频率和成功率更高。

第 七 章

结　　语

第一节　本研究的基本结论与教学建议

一　本研究的基本结论

对一线教师而言，何种情况下选择何种教学法可以达到最优效果始终是课堂词汇教学难以解决的问题。本书针对阅读课上两种最常用的词汇教学法——语素法和语境法展开了实验研究，考察两种教学法的教学效果及其所适用的词语类型与学习者群体，为教师词汇教学法的选择提供依据。

实验以初级和准中级 4 个教学班、36 名学生为被试。初级班实验词语共计 31 个，准中级班实验词语共计 80 个。实验持续一个学期，每次课程临近结束时进行即时后测，一周后进行延时后测。即时和延时后测成绩为本书比较语素法和语境法整体教学效果及对不同类型词语适用性的主要依据。本研究还通过组词、搭配连线、填空和词义猜测测试考察了语素法和语境法在词语扩展、词语运用和词义猜测能力培养上的优势。此外，还通过问卷调查了不同汉语水平、不同母语背景学生对语素法和语境法的接受度。根据测试成绩和调查问卷的统计结果，结合对学生在各类测试中的回答、教学日志和课堂录音的分析，本研究得出以下结论：

（一）语素法和语境法的整体教学效果

语素法和语境法都可以有效帮助学生记忆词义，两种教学法对准中级水平学习者的教学效果基本一致，对初级水平学习者来说，语素法和语境法的即时学习效果没有差异，但语素法的延时效果不佳。

（二）语素法和语境法对不同类型词语的适用性

语素义和词义关系对语素法和语境法都有一定影响，但对语素法的影响更大。语素义和词义联系越紧密，学习效果越好。语素法和语境法在直接加合型词语上的差异不显著，语境法在补充型词语、引申型词语上的教学效果显著优于语素法。

语素项常用度对语素法影响不明显，对语境班的即时学习效果有一定影响，但语素班和语境班被试都表现出语素项常用度越高、成绩越好的趋势。语素班和语境班之间，低常用度词语的即时后测成绩不存在显著差异，中、高常用度词语成绩差异边缘显著。

词义具体性对语素法和语境法均具有显著影响，具体性越高，词义记忆效果越好。具体性较低的词语，语境法的教学效果更好；不过对于抽象度较高的词语，无论使用语素法还是语境法，学生都存在理解困难。而具体性较高的词语，两种教学法的测试成绩无显著差异。

（三）语素法和语境法对词汇能力的影响

语素法能够帮助学生系联已学词语，但复习不充分的情况下，学生对扩展词语的印象不深。语素法还能够加强学生对常用度较高的不自由语素的关注，并有助于学生的汉字学习。

语境法能够提高学生的词语使用能力，特别是能够引起学生对词性、常用搭配和句法信息的注意，这有助于增加学生词汇知识的深度。

语素法和语境法都能够提高学生利用相应线索猜测词义的能力，但效果不显著，特别是对语言水平较低的学生和阅读能力较低的非韩语背景学生效果不明显。文本阅读中的猜测实践较少也是导致学生自身猜测能力较弱的重要原因。

（四）学习者对语素法和语境法的态度

对于不同类别的词语，学生对教学法的选择倾向与语素班和语境班在词义记忆测试中表现出来的教学效果差异基本一致，即对于直接加合型词语，学生认为两种教学法都适用；对于语素项常用度和词义具体性较高的词语，学生更希望使用语素法教授；对于引申型词语、语素项常用度较低和词义具体性较低的词语，学生更希望使用语境法教授。

学生认为语素法最主要的优势在于提高猜词能力，有利于词义记忆，主要缺点为无法了解词语用法，有时很难理解词义。语境法提供的语境知识可以弥补语素法的缺陷，不过学生认为利用语境法学习生词时，容易忘记词义，花费时间较多，也无法同时学习其他词语。

与初级水平学习者相比，准中级水平学习者的词汇学习策略更为成熟。初级水平学习者语素意识较为薄弱，将语素义加合为词义的能力较低。与其他母语背景学习者相比，日语、韩语背景学生对语境和直接词汇教学的依赖性更小，在日常学习中更善于猜测词义，具有更强的词汇学习能力。

二 教学建议

本书基于阅读课课堂实践，对直接词汇教学中的语素法和语境法进行了对比研究，考察了两种教学法的适用性及对不同词汇能力发展的影响，结合测试成绩、课堂实践及问卷调查结果，我们提出以下教学建议：

（一）有关运用语素法进行词汇教学的建议

第一，语素法对不同类型词语、不同汉语水平和不同母语背景学习者的适用性不同，教师应结合词语类型、学生汉语水平和母语背景考虑特定词语是否适合使用语素法教授。

从词语类型角度看，直接加合语素义可得到词义的词语，以及语素项常用度较高和词义具体性较高的词语，较为适宜使用语素法教授。复合词中，如果一个语素项常用，另一个语素项不常用，常用语素项的教授对于词汇习得也是有利的，特别是对于词义、两个语素义三者同义的词语，非常适合使用语素法教授。

从学习者水平角度看，初级水平学习者已可以接受语素教学法，但对词语类型有较多要求。本研究中，语素班被试在即时后测、组词测试、填空测试和词义猜测测试中都取得了不错的成绩，调查结果也显示，近60%的初级班学生会通过字义记忆词义，这说明初级班学生已可以接受语素教学法。但因为该阶段学生的语素意识还比较薄弱，识别语素以及根据一定词语结构加合语素义得到词义的能力尚处在起步阶段，语素法的使用应较为谨慎，最好用于同时满足以上三个条件的词语，即词义等于语素义的直接加合、语素项常用且词义具体的词语，学生才比较易于理解和记忆。比如本研究中的"读物、市民、同期、年夜饭、子女"等词，语素班在词义记忆测试中的得分均超过语境班。从语素义和词义关系角度看，这些词语的意义都可由语素义直接加合而成，从语素项常用度角度看，其中有的语素可以单独使用，学生已较为熟悉，如"读、年、饭"，有的语素项构成的词语是学生很熟悉的，如"市—城市""期—假期""子—儿子""女—女儿"等，有的语素项可以找到学生熟悉的近义词，如"物—东西""民—人""同——样""夜—晚上"等，这些构词语素项的常用度较高，学生易于将之与词义联系起来。从词义具体性角度看，这5个词语中，只有"同期"的具体性略低，其他词语都是意义具体的名词。在使用语素法对初学者教授生词时，最好选择类似的词语。

从学习者母语背景角度看，相比于其他母语背景学习者，日语、韩语背景学习者的语素意识更强，他们在词汇学习中对语境的依赖性也更小，因此对于日语、韩学生，语素法的实施可以较早展开，但对于非日语、韩学习者，最好在学生的汉语水平更接近中级、语素意识进一步发展后，再开始大量使用语素法。

第二，充分发挥语素法的独特优势，促进词汇教学。

虽然从适用范围上看，语素法的实施会受到诸多限制，但它也有一些独特的优势，教师在教学中应充分发挥语素法的这些优势。

首先，语素法可以培养学生的语素意识，让学生逐渐认识到汉语中语素的特殊地位，这有助于建立学习者心理词库中同素词之间的联系，对于词汇能力的长期发展非常有益。在教学中，教师可通过系联已学词语和扩展新词语帮助学生建立同素词之间的联系。在利用常用语素系联已学词语时，最好引导学生自己回忆出包含相同语素的词语，与教师直接提供同素词相比，学生自己检索的过程付出的脑力劳动更多，加工程度更深，更有利于记忆。教师利用语素扩展词语时，应特别注意学生的接受程度，并应及时复习。我们在组词测试中发现，学生记住的扩展词语很少，调查问卷统计结果也显示，学生学习具有相同汉字词语的愿望不强，这都提醒我们，扩展词语一定要适度，且最好为常用词语，讲授不同课文中出现的具有相同语素的新词语时，可选择大致相同的扩展词语，以提高扩展词语的复现率，增强学习效果。

其次,语素法可以提高学生对常用不自由语素的认识,在教学中,教师应给予该类语素特别关注。本研究中的"期、居、预、物、款"等都属于常用不自由语素,一方面,该类语素不能独立使用,教师不引导学生对之加以注意,大部分情况下学生并不能自觉习得语素义,另一方面,这类语素的构词能力较强,学生一旦注意到它们,在日常学习中再次接触该类语素构成的其他词语的概率较大,在反复接触中学生既可以对常用不自由语素产生更为深刻的印象,又可以利用它们学习新的词语。因此,我们认为在教学中遇到由常用不自由语素构成的词语时,应对语素义进行介绍,并通过联系已学词语和扩展新词语强化学生对语素义的记忆。

最后,语素法可以增强学生对汉字字形的认识,在教授生词过程中,教师可对形式和意义联系较为密切的汉字进行介绍。在填空测试中,我们发现语素班被试的错别字数量少于语境班,这显示出语素法有利于汉字记忆。因此,我们认为在利用语素教授词语的过程中,教师可帮助学生拆解汉字,有意识地引导学生关注汉字各组成部分和语素义、词义的联系,这不仅有利于汉字学习,而且有利于学生阅读能力的提高,根据调查问卷统计结果,"不认识汉字"是初级班和准中级班学生在阅读过程中遇到的主要困难,增强汉字识别能力对于阅读水平的提高是非常有益的。

(二)有关运用语境法进行词汇教学的建议

第一,语境能够帮助学生理解词义,对于难度较大的词语和水平较低的学习者,教师应尽可能地提供句子语境。

从词语类型角度看,那些加合语素义后还需进一步引申才能得到词义的词语、语素项常用度较低的词语以及词义抽象的词语,语境的提供能够帮助学生更准确地理解词义。词义等于语素义加补充内容的词语,句子语境可以增强学生对补充内容的理解和记忆。利用语境教授生词时,学生如果能够识别出构词语素的意义,成绩会更好,这显示出在语境教学中引导学生注意熟悉语素的意义是非常有益的。

从学习者水平角度看,语境法对初学者的帮助很大,初级水平学习者主要通过母语对译词义从整体上识解词义,而语境法以整词为单位进行教学,这符合初学者心理词库的表征模式,有利于词汇知识的长久保持。

从学习者母语背景角度看,非日语、韩语背景学习者对语境的依赖性较强,在教学中,应为这些学生提供更多接触语境的机会。

第二,语境法能够增强学生对词语用法的了解,阅读课上可通过输入增显等方式引导学生关注目标词的词性和常用搭配。

除了帮助学生理解和记忆词义外,语境法的另一大优势在于可以让学生了解词语的用法。李红印(2007)探讨对外汉语教学本位问题时,特别提出,理解和运用结合在一起才是词汇学习和教学的完整内容。通过填空和搭配测试,我们发现语境班被试掌握了更多有关词语使用的知识,特别是对生词的句法信息有了更多的了解和认识。不过,阅读课词语学习的主要任务是掌握词义,并不要求学生掌握词语的用法,因此,尽管词语输出练习对于词语运用能力的提高更有帮助,但通过输入增显和口头引导等方式使学生注意到生词的词性和常用搭配可能是更符合阅读课教学目标的教学方法。

(三) 有关综合运用语素法和语境法进行词汇教学的建议

本书的一些研究结果表明,综合运用语素法和语境法比单独使用一种教学法的效果更好,比如初级语素班被试由于能够在学习语素知识的同时集中接触课文语境,在语言水平显著低于语境班被试的情况下,其即时后测成绩与语境班持平,再如准中级语境班被试由于能够识别出常用度较高的语素项,该班学生语素项常用度较高词语的即时后测成绩显著优于语素班。从理论上推测,语素法的优势在于可以系联同素词语,加强学生对语素项的认识,教学效率较高,劣势在于无法让学生了解词语用法,有时会给词语理解带来困难。语境法的优势在于可以让学生获得有关词语使用的知识,便于学生理解词义,劣势在于无法让学习者同时学习其他词语,花费时间较多。语素法和语境法的结合恰好可以发挥各自优长,弥补彼此缺陷。但语素的学习可能会给某些词语的识解带来反作用,一些简单词语使用语境法也不够经济,两种教学法相结合并不适用于所有词语,根据本书的测试结果和教学观察,我们建议教授以下类别词语时同时使用语素法和语境法。

对于补充型词语，即词义等于语素义加补充内容的词语，可先通过句子语境让学生对词义和补充内容形成较为清晰的认识，再通过对常用语素义的介绍强化学生对词义的记忆。对于引申型词语中引申关系较为明晰的词语，在提供句子语境的同时向学生讲授语素义和引申关系，可以提高学生的学习兴趣。对于一个语素项常用度较高，另一个语素项不太常用的复合词，也可同时使用语素法和语境法教授，常用度较高语素项的讲解可以帮助学生记忆词义。抽象词语的教学应以语境法为主，但当词语表达的概念学生比较熟悉，或能够在汉语中找到常用度较高的近义词时，如果语素项常用度较高且引申关系较为清晰，也可向学生讲解语素义。

（四）有关阅读课词汇教学的建议

第一，词义猜测策略教学最好在中级以上水平的学习者中展开，初级水平学习者可进行一定的词义猜测练习，练习题应注意提供提示选项。

词义猜测测试结果显示，词义猜测策略教学和猜测练习对班内语言水平较低和非韩语背景学习者效果不明显。韩语背景学生利用语境线索猜测词义的能力相对较强，主要由于其阅读能力较强，由此我们推测，阅读水平较高的日语背景学习者的词义猜测能力也应该强于同等水平的其他母语背景学习者。因此我们建议，词义猜测策略的讲解最好在接近中级水平或中级以上水平的学习者中展开，对于日语、韩语背景学习者，相关内容的教学可略微提前。对于初级水平学习者，可通过一定的猜测练习培养学生的词义猜测意识。本书的测试结果显示，初级水平学习者在有选项提示的情况下，词义猜测效果较好。因此我们建议，对于语言水平和阅读能力较低的学习者，可通过在阅读课本的页边空白处提供带有选项的生词注释的方式，让学生初步接触词义猜测活动。

第二，控制阅读课本生词量，加强分级读物建设，为扩大学生阅读量提供条件。

调查问卷统计结果显示，"生词太多"是学生阅读课学习的主要困难，同时，课文较高的生词覆盖率也不利于学生在阅读过程中应用词义猜测策略，因此，我们建议，为学生提供的阅读材料中，生词比重最好控制在5%以内。阅读是生词学习的重要途径，但前提是达到一定的阅读量。由于阅读课课时较少，课上阅读时间有限，为了保证阅读量，课下阅读是十分必要的。而让学生能够完成教师布置的阅读作业的前提是，阅读材料内容有趣，生词覆盖率低，最好为 2% 以下（赫什、内申，1992），这样才能实现读得越多，词汇量越大，阅读能力越强的良性循环。但显然，对文本内容和生词量要求如此严格的阅读材料的编写不是任课教师个人可以完成的，必须有系统的分级读物的支持。CSL 的分级读物指"以词汇量为分级标准、促进汉语习得为目的、用有限词汇编写或改写的、供二语学习者在课外阅读的系列阅读教材"。周小兵、钱彬（2013）、崔永华（2009）、刘月华、储诚志等（2009）、陈琦（2009）、陈贤纯（2014）等在这方面做出了很好的实践，但数量还远远不够。提高阅读课教学效果，尚需要阅读材料的进一步完善和扩充。

第二节 本课题的研究价值

一 为 CSL 词汇教学方法研究提供新的路向

20 世纪末，二语教学的研究方法问题开始引起学者的关注，通过比较国内外核心期刊二语教学研究领域内各类研究的比例，多位学者指出，国内二语教学研究普遍存在实证研究偏少的问题，相关研究尚未走出"理论介绍及经验总结的模式"（江新，1999），实证研究中，质化研究又远落后于量化研究，量化研究中调查法远多于实验法，由此，众多学者提出，语言教学研究应注重科学实验的方法，将定量法和定性法有机结合在一起（桂诗春、宁春岩，1997；刘春艳，2005；戴炜栋，2005）。

经过十余年的发展，国内 ESL 教学界实证研究比例得到了大幅度提高，已成为 ESL 教学的主要研究方法，赵蔚、陈永捷、陆伟忠（2014）的统计显示，2004—2013 年国内 8 种外语期刊中的 195 篇二语词汇习得研究论文中，实证研究比例已达到 69.7%，且"几乎所有的实证研究都进行了实验"，不过，仍低于国外 6 种二语习得期刊 121 篇词汇习得文献 88.4% 的实证研究比例。而 CSL 教学界，根据莫丹（2017）对 2007—2016 年国内 10 种汉语作为第二语言和英语作为第二语言习得领域核心期刊 212 篇二语词汇习得论文的统计，CSL 词汇习得实证研究比例虽也占绝对优势,但"采用实验方法的研究仍然显著少于 EFL①"。

"应用语言学的方法论主要是实证论,特别强调所使用的方法要受到实践的检验。"(陈章太、于根元,2003:4)二语教学作为应用语言学的分支学科,实证研究的重要性不言而喻。上文数据已显示,与国外二语教学及国内 ESL 教学研究相比,国内 CSL 教学中的实证研究特别是实验研究相对缺乏。本书采用实验研究的方法,设置多个变量,从不同角度比较语素法和语境法的共性与差异,并将定量研究和定性研究相结合,客观测试与课堂观察相结合,教师内省与学生评价相结合,彼此验证,互为补充。希望本书的研究方法能够对今后的 CSL 教学研究,特别是 CSL 词汇教学法研究有一定启发意义。

二 探明语素法和语境法对不同类型词语、不同学习群体的适用性

自 20 世纪 90 年代起,学界就教学基本单位问题展开了广泛讨论,"字本位"与"词本位"之争持续二十余年。"语素法"和"语境法"实际上也代表了词汇教学的不同单位。对此问题,我们认同施春宏(2012)的主张,即"建立分层次的综合本位观",反对单一本位观。"教学者实际面对的是具有层级关系的语言文字系统和不断发展递升的语言习得过程"(施春宏,2012),不能仅依凭单一语言单位进行教学,二语课堂不存在普适性的教学方法。

那么面对种类繁多的词汇教学方法与技巧,二语教师的选择依据是什么?张博(2018)提出汉语作为第二语言词汇教学应以"时间—效益原则"为基本原则,以提高词汇教学效率为目标,实现这一目标的前提是:基于汉语词汇的主要特征,遵循二语词汇习得规律。本书以"语素法"和"语境法"两种汉语作为第二语言课堂最常用的词汇教学方法为研究对象,考察了两种教学法的实施是否切合词语本体属性、符合词汇习得规律。希望本项教学实验关于语素法和语境法对不同类型词语、不

---

① 根据莫丹(2017)的统计,英语作为第二语言习得领域 5 本核心期刊 123 篇词汇习得文献中,采用实验方法的研究占比 63.9%,汉语作为第二语言习得领域 5 本核心期刊 89 篇词汇习得文献中,采用实验方法的研究占比 47.3%。

同学习群体适用性的探索,能够为一线教师词汇教学方法的选择提供一些依据,提升词汇教学效率。

三 为汉语作为第二语言课堂词汇教学提供有针对性、可操作性的建议

本研究依托初级和准中级阅读课展开,在词语选择和教学内容上充分考虑阅读课课型特点,如实验词语以实词为主,教学内容包括词义猜测策略的教授和训练等。此外,如前文综述所言,阅读课与其他课型的词汇教学方法具有共通性,词汇本体属性和学习者两个角度的变量对二语词汇教学效果具有普遍影响。因此本书的研究结论可适用于汉语作为第二语言不同课型的词汇教学。

本研究基于真实汉语作为第二语言课堂,经过先导实验和正式实验两轮研究,通过长时间的数据收集观测特定教学方法对二语者词汇习得的促进及阻碍作用。真实的课堂环境有助于我们多方位观察教学效果的影响因素,持续近三个月的教学实验有利于我们同时观察词汇教学法对目标词语学习及学习者词汇能力长期发展的作用力。我们相信通过这样的研究方法得出的结论更为贴合教学实际,也希望依此提出的教学建议对汉语作为第二语言课堂词汇教学有所助益。

第三节 有待进一步研究的问题

在后续的数据处理与分析中,我们发现了研究设计的一些不足。第一,语素义和词义关系、语素项常用度、词义具体性三个变量会相互干扰,这不利于单一变量影响度的观察。第二,词语的其他一些属性也会对习得效果产生较大影响,本研究并未对这些变量进行控制。比如语素的义项数,对于常用度较高的多义语素,学习者会对其多个语素义都比较熟悉,但无法分清词语语素项的含义,而对于常用度不是很高的多义语素,学习者只能想到常用语素义,可见语素的多义性与语素项的常用度会相互影响。再比如词语的语法结构,词义推测的相关研究显示语法结构不同的词语词义推测难度不同(郭胜春,2004;干红梅,2009;许

艳华，2014），尽管研究者对不同结构词语词义推测难易度排序还未得出一致的结论，但无疑语法结构会对词语习得产生影响。第三，被试的个体差异会影响实验结果。本研究采用被试间设计，但由于种种原因，被试数量较少，学习者的努力程度、上课专心程度等都可能影响测试成绩进而影响实验结果。倘若采用被试内设计，利用语素法和利用语境法习得的两组词语难度难以均衡，且学习者通过语素法习得生词过程中逐渐培养出的语素意识可能会代入利用语境法习得生词的过程中，这样就难以厘清单一教学法的作用。

  在今后的研究中，需对变量加以控制，进一步考察单一变量对两种教学法实施效果的影响；通过理论分析与实证研究探索语素法和语境法习得效果的其他可能影响因素的影响度；仍采用被试间设计，但需增加被试数量，尽量减少被试间个体差异对实验结果的影响。

附录一　初级班先导实验词表

序号	词目	序号	词目	序号	词目
1	食物	18	婚纱	35	存折
2	丰富	19	常见	36	恋人
3	假期	20	游客	37	新生儿
4	外地	21	团聚	38	无法
5	现代	22	双方	39	读物
6	平时	23	不少	40	抽空
7	毕业	24	爱人	41	看望
8	不快	25	欢喜	42	早出晚归
9	大多数	26	说服	43	喜悦
10	市民	27	团圆	44	照样
11	同期	28	日常	45	多虑
12	外出	29	美味	46	礼品
13	户外	30	多事	47	烦恼
14	酗酒	31	听话	48	预测
15	增多	32	新鲜	49	家长
16	专家	33	顶点		
17	上升	34	少儿		

附录二　准中级班先导实验词表

序号	词目	序号	词目	序号	词目	序号	词目
1	山顶	19	多余	37	异口同声	55	一成不变
2	校花	20	目瞪口呆	38	跟随	56	接收
3	要价	21	美味	39	村长	57	按时
4	尺寸	22	未婚	40	刮目相看	58	重播
5	名牌	23	邻居	41	严冬	59	遥控
6	存款	24	善良	42	首映式	60	窥视
7	转眼	25	不许	43	捐款	61	期间
8	减肥	26	隔壁	44	期待	62	年迈
9	一口气	27	零食	45	炎热	63	了如指掌
10	安稳	28	欠债	46	枝叶	64	失眠
11	养老	29	偷偷	47	沿海	65	抽空
12	吃亏	30	预测	48	与众不同	66	如数家珍
13	争吵	31	潮湿	49	嗓音	67	隔代
14	半天	32	高原	50	彼此	68	探望
15	不厌其烦	33	主演	51	一尘不染	69	原封不动
16	新鲜	34	常年	52	完毕	70	挑选
17	体重	35	贫穷	53	能干		
18	争先恐后	36	无限	54	眼馋		

附录三　调查问卷

说明：初级班和准中级班的问卷调查内容基本一致，只有第8题的例词根据不同水平被试所学习实验词语的不同，有所调整。因此，我们在问卷中的第8题部分，列了两个词表。在施测过程中，只根据被试的语言水平呈现一个词表。

国家：_____
你一共学习了多长时间汉语？_____
在你的国家学习了几年？_____ 每周学习多长时间？_____
在中国学习了多长时间？_____

1. 你觉得下面几门课，哪门课最难？（Which one do you think is the most difficult?）

A. 综合课　B. 听力课　C. 阅读课　D. 口语课

2. 阅读课哪些内容让你觉得比较难？（可以选择多个）

(In reading class, what do you think are difficult? You can choose more than one options.)

A. 生词太多　　　　（There are too many new words.）

B. 词的意思知道，但句子的意思不清楚（I know the word meaning, but don't understand the sentence.）

C. 课文背景不明白 （I don't know the background of the text.）
D. 读课文的时间不够（I don't have enough time to read the text.）
E. 不认识汉字 （I don't know the Chinese character.）
F. 书面语较多 （There are too many written language.）

其他（If you have other difficulties, you can write here. You can write in Chinese character, Pinyin, English, Korean, Japanese, Indonesian or Thai.）：

3. 第2题中的哪一项你觉得最难？（ ）
（Which one do you think is the most difficult in Question 2?）

4. 你希望在阅读课上学到什么？（可以选择多个）
（In reading class, what do you want to learn? You can choose more than one options.）

    A. 认识更多汉字 （Learn more Chinese characters）
    B. 认识更多的词 （Learn more words）
    C. 学习语法知识 （Learn grammar）
    D. 了解中国文化 （Learn Chinese culture）
    E. 了解中国现在的情况 （Learn status of modern China）
    F. 学习怎样猜词 （Learn how to guess word meaning）
    G. 学习怎样找文章的主要内容 （Learn how to find the main idea of text）
    H. 提高阅读速度 （Increase reading speed）

其他（If you have other interests, you can write here. You can write in Chinese character, Pinyin, English, Korean, Japanese, Indonesian or Thai.）：

5. 第4题中的哪两项是你最希望学到的？（ ）（ ）
（Which two do you want most to learn in Question 4?）

6. 喜欢的阅读课教学方式有哪些？（可以选择多个）（In reading

class, what teaching methods do you like? You can choose more than one options.)

 A. 老师先讲完所有生词，然后学生读课文

 (The teacher explains all the new words, then the students read the text.)

 B. 学生先读课文，然后老师讲生词

 (The students read the text, then the teacher explains the new words.)

 C. 老师先讲一部分生词，然后学生读课文，最后老师再讲一部分生词

 (The teacher explains some of the new words, then the students read the text, then the teacher explains the rest new words.)

 D. 文章读得越多越好，老师少讲（Read more texts, with less explanation.)

 E. 根据课文内容，安排一些讨论和写作练习

 (According to the content of text, arrange some discussing and writing practice.)

 F. 讲阅读方法，然后练习　（Teach some reading skills, and then do some practices.)

 G. 阅读后，总结阅读方法　（After reading, summarize some reading skills.)

 其他（If you have other interests, you can write here. You can write in Chinese character, Pinyin, English, Korean, Japanese, Indonesian or Thai.)：

_____

 7. 第6题中的哪两项是你最喜欢的？　（　）（　）

 (Which two do you like most in Question 6?)

 8. 阅读课上，你喜欢什么样的生词讲解方法？（In reading class, when teacher explains the new words, which teaching method do you like?)

 A. 先讲字，然后讲词（Explain the Chinese character, then explain the new word）

如"完事"：完——做完，事——事情

完事——事情做完了

B. 用句子来讲词的意思（Explain the new word through the sentence）

如"完事"：忙了三个月，终于完事了，这周末要好好休息一下。

完事——事情做完了

下面这些词，在阅读课上，你觉得用 A 方法讲好，还是 B 方法讲好？
(In reading class, which one is better, Method A or B?)

初级班

	A 或 B		A 或 B
年轻（young）		高峰（peak）	
平时（usually）		夫妻（husband and wife）	
酗酒（喝太多酒）		鲜艳（bright-colored）	
惯例（convention）		经常用到的词	
说服（to persuade）		不经常用的词	
如是（like this）		词里面的汉字都认识	
多事（meddlesome）		词里面有不认识的汉字	
强迫（to force）			

准中级班

	A 或 B		A 或 B
完事（事情做完了）		佳期（结婚的日期）	
遥控（在远处控制）		铁窗（prison）	
挑食（只吃自己喜欢吃的）		与众不同（和大家不一样）	
诺言（答应别人的话）		常用的词	
转眼（感觉时间很短）		不常用的词	
隔壁（邻居）		词里面的字都认识	
蛇行（像蛇一样走）		词里面有不认识的字	
门牙（最前面的四个牙）			

9. 你觉得先讲字再讲词（Method A）有什么好处？（You can choose more than one options.）

　　A. 词的意思很容易记住　（It is easy to remember the word meaning.）

　　B. 可以学会新字，也可以学会新词（I can learn both the character and the new word.）

　　C．可以通过这个字，学会更多的词（I can learn more words through the character.）

　　D. 以后猜词的时候更容易（I can use this method to guess the word meaning, which make the guessing easier.）

　　E. 学习时用的时间少（It takes less time to learn words in this way.）

　　F. 知道了这个词为什么是这个意思，很有趣（I know why the word meaning is this. It's interesting.）

　　G. 知道了这个词为什么是这个意思，不会把 A 词的意思记成 B 词的（I know why the word meaning is this, so I will not confuse the meaning of Word A with Word B.）

　　其他（If you think Method A have other advantages, you can write here.）：

---

10. 第 9 题中，你觉得最大的好处是哪两项？（　）（　）

（Which two do you think are the most important in Question 9?）

11. 你觉得先讲字再讲词（Method A）有什么坏处？（You can choose more than one options.）

　　A. 有时很难理解词的意思（It is difficult to understand the word meaning sometimes.）

　　B. 不知道这个词怎么用（I don't know how to use the words.）

　　C. 词的意思很容易忘记（It is easy to forget the word meaning.）

　　D. 只记住了字的意思，记不住词的意思（I remember the character meaning, but I can't remember the word meaning.）

　　E. 记不住字的意思，讲了也没有用（I can't remember the character

meaning, so it is useless to explain it.)

F. 很多词有一样的字，容易把 A 词记成 B 词（Many words have the same character, it is easy to confuse Word A with Word B.）

其他（If you think Method A have other disadvantages, you can write here.）:

---

12. 第 11 题中，你觉得最大的坏处是哪两项？（ ）（ ）

（Which two do you think are the biggest problems in Question 11?）

13. 你觉得用句子来学习词语（Method B），有什么好处？（You can choose more than one options.）

A. 通过句子，很容易记住词的意思（It is easy to remember the word meaning through sentence.）

B. 知道了词怎么用（I know how to use the word.）

C. 在句子里，词很容易理解（It is easy to understand the word meaning in sentence.）

D. 可以学习怎么通过句子猜词的意思（I can learn how to guess word meaning through sentence.）

其他（If you think Method B have other advantages, you can write here.）:

---

14. 第 13 题中，你觉得最大的好处是哪两项？　（ ）（ ）

（Which two do you think are the most important in Question 13?）

15. 你觉得用句子来学习词语（Method B），有什么坏处？（You can choose more than one options.）

A. 记住了句子，但没记住词的意思（I remember the sentence, but I forget the word meaning.）

B. 有时词很简单，不需要用句子讲（The word is so easy that it is unnecessary to explain it in sentence.）

C. 花的时间比较多（It takes more time to learn.）

D. 只能学会这一个词，没办法通过这个词学会更多的词（I can learn this particular word, failing to connect it with more new words.）

E. 词的意思很容易忘记（It is easy to forget the word meaning.）

其他（If you think Method B have other disadvantages, you can write here.）：

_____

16. 第15题中，你觉得最大的坏处是哪两项？　（　）（　）

（Which two do you think are the the biggest problems in Question 15?）

17. 阅读课学习生词时，除了生词的意思和用法外，你还希望老师讲什么内容？（可以选择多个）（In reading class, besides the meaning and usage of new word, what else do you want to learn? You can choose more than one options.）

A. 这个词的近义词（synonym）

B. 这个词的反义词（antonym）

C. 这个词和它的近义词有什么不同（the differences between the words and its synonym.）

D. 这个词的常用搭配（collocation）

E. 和这个词有相同字的词（the words have the same character with the new words.）

18. 第17题中，你最想学习的是哪两项？　（　）（　）

（Which two do you want most to learn in Question 17?）

19. 你平时怎么记生词？（可以选择多个）（How do you remember new word? You can choose more than one options.）

A. 想出这个词在自己语言里怎么说，再看到这个词时，也会想到它在自己语言里的词（Translate the word to my native language. When I see the word again, I will think of its translations.）

B. 直接记生词的汉语意思（Remember the word meaning in Chinese.）

C. 记每个字的意思，然后想这个字的意思怎么组成词的（Remember the character meaning, and consider how the character meaning constitute the word meaning.）

D. 记一个句子，用句子记词（Remember the word meaning through sentence.）

E. 自己想一些图画、故事来帮助自己记生词（Remember the word meaning through picture and story.）

其他（If you remember word meaning in other way, you can write here.）：

---

20. 第19题中，你最常用的是哪一种？（　）
（Which one you use most in Question 19?）

21. 你读汉语文章时会猜词的意思吗？（Do you guess new word meaning when you read Chinese text?）

A. 不会

B. 很少

C. 有时

D. 经常

22. 阅读课哪些地方让你觉得不满意？

A. 课文里的生词不常见，用不到（Many new words are not widely used, they are useless.）

B. 课文里的生词太多（There are too many new words in one text.）

C. 课文没意思（The text is boring.）

D. 只是看书，不说话（Only reading, no talking.）

E. 和综合课没什么不同（It has no difference from'综合'class.）

其他（If there are other things you don't feel satisfied, you can write here.）：

23. 你对阅读课还有什么建议？

参考文献

工具书

国家汉语水平考试委员会办公室考试中心：《汉语水平词汇与汉字等级大纲》（修订本），经济科学出版社2001年版。

罗竹风主编：《汉语大词典》，上海辞书出版社2001年版。

中国社会科学院语言研究所词典编辑室编：《现代汉语词典》（第6版），商务印书馆2012年版。

著作

陈贤纯：《现代汉语阅读入门》，现代出版社1994年版。

陈贤纯：《外语阅读教学与心理学》，北京语言大学出版社1998年版。

陈贤纯：《对外汉语阅读教学16讲》，北京语言大学出版社2008年版。

陈贤纯：《学汉语分级读物》，北京语言大学出版社2014年版。

陈琦：《中文小书架——汉语分级读物》，北京语言大学出版社2009年版。

崔永华主编：《实用汉语分级阅读丛书》，北京语言大学出版社2009年版。

崔永华、杨寄洲：《对外汉语课堂教学技巧》，北京语言大学出版社1997年版。

冯丽萍：《现代汉语词汇认知研究》，北京师范大学出版社2011年版。

冯丽萍：《认知视角的对外汉语教学论》，北京大学出版社2013年版。

符淮青：《现代汉语词汇》（增订本），北京大学出版社1985年版。

高燕：《对外汉语词汇教学》，华东师范大学出版社 2008 年版。

高彦德、李国强、郭旭：《外国人学习与使用汉语情况调查研究报告》，北京语言学院出版社 1993 年版。

桂诗春：《多视角下的英语词汇教学》，上海外语教育出版社 2013 年版。

江新：《对外汉语教学的心理学探索》，教育科学出版社 2007 年版。

江新：《对外汉语字词与阅读学习研究》，北京语言大学出版社 2008 年版。

李晓娟：《拾级汉语·第 5 级·泛读课本》，北京语言大学出版社 2009 年版。

刘月华、储诚志主编：《汉语风》，北京大学出版社 2009 年版。

钱旭菁：《英语背景学习者汉语身体动作动词习得研究：基于词语联想的研究》，北京大学出版社 2016 年版。

秦晓晴：《外语教学研究中的定量数据分析》，华中科技大学出版社 2003 年版。

盛炎：《语言教学原理》，重庆出版社 1990 年版。

舒华、张亚旭：《心理学研究方法：实验设计和数据分析》，人民教育出版社 2008 年版。

宋志勤：《英语形态学》，北京科学出版社 2010 年版。

万艺玲：《汉语词汇教学》，北京语言大学出版社 2010 年版。

王改燕：《第二语言阅读中词汇附带习得研究》，北京大学出版社 2013 年版。

王骏：《字本位与对外汉语教学》，上海交通大学出版社 2009 年版。

王甦、汪安圣：《认知心理学》，北京大学出版社 1992 年版。

翟艳、苏英霞、戴悉心：《汉语可以这样教——语言技能篇》，商务印书馆 2006 年版。

张博：《张博词汇学论文集》，北京语言大学出版社 2012 年版。

张和生：《对外汉语词汇教学研究——义类与形类》，北京大学出版社 2010 年版。

章兼中、王武军、俞约法：《国外外语教学法主要流派》，华东师范大学出版社 1983 年版。

张美霞：《阅读课补充课文》，北京语言大学汉语速成学院复印资料。

张世涛、刘若云：《初级汉语阅读教程》，北京大学出版社 2002 年版。

郑蕊：《汉语阅读速成·基础篇》（第二版），北京语言大学出版社 2011 年版。

周小兵、张世涛：《中级汉语阅读教程Ⅰ》，北京大学出版社 1999 年版。

周小兵、张世涛、干红梅：《汉语阅读教学理论与方法》，北京大学出版社 2008 年版。

朱志平：《汉语双音复合词属性研究》，北京大学出版社 2005 年版。

朱子仪、郑蕊编著：《汉语阅读速成·入门篇》（第二版），北京语言大学出版社 2011 年版。

Anderson, N. J. (1999) *Exploring Second Language Reading: Issues and Strategies* (《第二语言阅读探索》)，外语教学与研究出版社 2009 年版。

Ellis, R., Shintani, N., *Exploring Language Pedagogy through Second Language Acquisition Research*, Routledge, 2014.

Folse, K. S., *Vocabulary Myths: Applying Second Language Research to Classroom Teaching*, The University of Michigan Press, 2004.

Nation, I. S. P. (1990) *Teaching and Learning Vocabulary* (《英语词汇教与学》)，外语教学与研究出版社 2004 年版。

Nation, I. S. P., *Learning Vocabulary in Another Language*, Cambridge University Press, 2001.

Nunan, D., Bailey, K. M. (2009) *Exploring Second Language Classroom Research: A Comprehensive Guide* (《第二语言课堂研究：综合指导》)，外语教学与研究出版社 2010 年版。

Read, J. (2000) *Assessing Vocabulary* (《词汇评价》)，外语教学与研究出版社 2010 年版。

Richards, J. C., Rodger, T. S. (2001) *Approaches and Methods in Language Teaching (Second Edition)* (《语言教学的流派》第二版)，外语教学与研究出版社 2008 年版。

论文

白丽芳、戴春燕：《不同等级与层面的词汇知识对阅读和写作水平的影响》，《外语教学理论与实践》2013 年第 2 期。

曹慧：《从留学生作文谈篇章层面的词汇教学》，《语言文字应用》2002 年第 2 期。

曹梦芸：《与人体相关的传承语素构词及其在对外汉语词汇教学中的应用》，硕士学位论文，安徽大学，2013 年。

常敬宇：《语境和对外汉语教学》，《语言教学与研究》1986 年第 2 期。

常敬宇：《结合语境进行词汇教学和阅读教学》，《语文建设》1994 年第 7 期。

陈达芬：《语境在外语词汇直接学习中对意义记忆的作用》，《福建师范大学学报》2010 年第 6 期。

陈俊羽：《语素教学在对外汉语词汇教学中的作用》，硕士学位论文，北京语言大学，2007 年。

陈琳：《语素和整词在初级汉语二语者合成词语音识别中的作用研究》，《华文教学与研究》2015 年第 3 期。

陈琳、王琳莉、吴门吉：《语义相关与语义不相关词汇教学在对外汉语学习中的作用》，《华文教学与研究》2016 年第 2 期。

陈琳、徐贵平、翁斐斐：《首、尾语素频率对中级印尼汉语学习者复合词识别的影响》，《心理与行为研究》2018 年第 2 期。

陈章太、于根元：《应用语言学系列教材总序》，载于根元主编《应用语言学概论》，商务印书馆 2003 年版。

程朝晖：《把语境引入对外汉语教学》，《汉语学习》1991 年第 1 期。

戴炜栋、周大军：《中国的二语习得研究：回顾、现状与前瞻》，《外国语》2005 年第 6 期。

方冰：《与方位相关的传承语素构词及其在对外汉语词汇教学中的应用》，硕士学位论文，安徽大学，2014 年。

方艳：《对外汉语教学中词汇语境的设置》，《北京教育学院学报》2004 年第 3 期。

冯丽萍：《中级汉语水平外国学生的中文词汇识别规律分析》，《暨南大学华文学院学报》2003年第3期。

冯丽萍、宋志明：《语素性质与构词能力对留学生中文词素识别的影响》，《云南师范大学学报》（对外汉语教学与研究版）2004年第6期。

符淮青：《词义和构成词的语素义的关系》，《辞书研究》1981年第1期。

干红梅：《语义透明度对中级汉语阅读中词汇学习的影响》，《语言文字应用》2008年第1期。

干红梅：《词语结构及其识别对汉语阅读中词汇学习的影响》，《语言文字应用》2009年第3期。

干红梅：《词性及其识别对汉语伴随性词汇学习的影响》，《汉语学习》2010年第3期。

干红梅：《上下文语境对汉语阅读中词汇学习的影响》，《语言教学与研究》2011年第3期。

干红梅：《中级汉语学习者猜词过程和阅读模式分析》，《华文教学与研究》2012年第2期。

高杰：《从技能训练的角度考察中级对外汉语阅读教材练习的编写》，硕士学位论文，华东师范大学，2010年。

高珊：《对外汉语词汇教学中的语素教学研究》，硕士学位论文，黑龙江大学，2009年。

高立群、孟凌、刘兆静：《日本留学生心理词典表征结构的实验研究》，《当代语言学》2003年第2期。

桂诗春、宁春岩：《语言学研究方法》，《外语教学与研究》1997年第3期。

郭胜春：《汉语语素义在留学生词义获得中的作用》，《语言教学与研究》2004年第6期。

韩涛：《字本位理念的对外汉语初级阶段精读课词汇教学模式设计探究》，硕士学位论文，新疆师范大学，2011年。

郝静芳：《词义与语素义关系及对外汉语语素教学研究》，《内蒙古师范大学学报》2014年第2期。

郝美玲、张伟：《语素意识在留学生汉字学习中的作用》，《汉语学习》

2006 年第 1 期。

何涛：《对外汉语阅读教材研究——中级汉语阅读教材生词量统计分析》，硕士学位论文，北京语言文化大学，2002 年。

贺晶晶：《与称谓相关的传承语素构词及其在对外汉语词汇教学中的应用》，硕士学位论文，安徽大学，2013 年。

洪炜、冯聪、郑在佑：《语义透明度、语境强度及词汇复现频率对汉语二语词汇习得的影响》，《现代外语》2017 年第 4 期。

洪炜、徐霄鹰：《中级汉语阅读课词汇教学行动研究》，《汉语学习》2016 年第 1 期。

侯宇：《论对外汉语语素教学法》，硕士学位论文，陕西师范大学，2008 年。

胡炳忠：《基础汉语的词汇教学》，《语言教学与研究》1987 年第 4 期。

贾颖：《字本位与对外汉语词汇教学》，《汉语学习》2001 年第 4 期。

贾鸿杰、贾鸿丽：《基于语素意识的中高级词汇教学及教材编写》，载《汉语国际传播与国际汉语教学研究（上）——第九届国际汉语教学学术研讨会论文集》，中央民族大学出版社 2011 年版。

江新：《第二语言习得的研究方法》，《语言文字应用》1999 年第 2 期。

江新、房艳霞：《语境和构词法线索对外国学生汉语词义猜测的作用》，《心理学报》2012 年第 1 期。

姜自霞：《基于义项的语素构词研究——以构词力强的名词性语素为对象》，硕士学位论文，北京语言大学，2005 年。

金季涛：《图式理论在初级汉语阅读教学中的运用研究》，硕士学位论文，北京语言大学，2006 年。

柯葳、董燕萍：《上下文在二语词汇直接学习中的效果研究》，《现代外语》2001 年第 4 期。

李响：《语境理论在对外汉语词义教学中的应用策略探究》，硕士学位论文，内蒙古师范大学，2013 年。

李英、华瑞杰：《语素教学在中级精读教材编写中的应用》，《广东第二师范学院学报》2013 年第 1 期。

李红印：《对对外汉语教学本位讨论的认识与思考——兼谈词语教学单位

问题》，载《汉语教学学刊》第3辑，北京大学出版社2007年版。

李立新：《论对外汉语词汇教学对语境理论的应用》，《陕西师范大学学报》2006年第35卷专辑。

李庆桑：《〈词汇神话：第二语言习得研究在课堂教学中的应用〉述介》，《外语教学与研究》2006年第6期。

李庆桑：《对我国二语词汇习得实证研究现状的思考——基于9种外语类核心期刊12年（1995-2006）的统计与分析》，《外语界》2007年第6期。

李如龙、吴茗：《略论对外汉语词汇教学的两个原则》，《语言教学与研究》2005年第2期。

李如龙、杨吉春：《对外汉语教学应以词汇教学为中心》，《暨南大学华文学院学报》2004年第4期。

李世之：《关于阅读教学的几点思考》，《世界汉语教学》1997年第1期。

厉力：《基于语境的中级对外汉语阅读课词汇教学研究》，硕士学位论文，华东师范大学，2006年。

连先：《速读教学：调查与分析》，《外语界》1998年第2期。

梁静：《中级对外汉语阅读教材的练习设计与编排研究》，硕士学位论文，暨南大学，2006年。

梁茜：《语素法在汉语高级阶段词汇教学中的探究》，硕士学位论文，陕西师范大学，2012年。

刘琴：《初级汉语阅读教材练习设计的考察》，硕士学位论文，湖南师范大学，2012年。

刘秋丽：《中级对外汉语阅读教材练习的考察与分析》，硕士学位论文，北京语言大学，2007年。

刘颂浩：《阅读课上的词汇训练》，《世界汉语教学》1999年第4期。

刘颂浩：《关于在语境中猜测词义的调查》，《汉语学习》2001年第1期。

刘颂浩：《语境及其在对外汉语教学中的作用》，载《对外汉语论丛》（第二辑），上海外语教育出版社2002年版。

刘颂浩：《对外汉语教学中的本位之争》，载《汉语教学学刊》第3辑，北京大学出版社2007年版。

刘艳春：《从〈语言文字应用〉看我国应用语言学研究方法》，《语言文字应用》2005 年第 2 期。

刘艳春：《我国应用语言学研究方法的历史发展》，《语言文字应用》2010 年第 2 期。

卢晓、李文波、余瑾等：《对外汉语课堂词汇教学之语境教学法初探》，《现代语文》2011 年第 10 期。

芦洁媛：《与饮食相关的传承语素构词及其在对外汉语词汇教学中的应用》，硕士学位论文，安徽大学，2013 年。

鲁健骥：《说"精读"和"泛读"》，《海外华文教育》2001 年第 3 期。

陆巧玲：《词汇教学中的语境问题》，《外语与外语教学》2001 年第 6 期。

吕必松：《对外汉语教学概论（讲义）（续五）》，《世界汉语教学》1993 年第 3 期。

吕必松：《对外汉语教学概论（讲义）（续十）》，《世界汉语教学》1994 年第 4 期。

吕必松：《对外汉语教学概论（讲义）（续十五）》，《世界汉语教学》1996 年第 2 期。

吕文华：《建立语素教学的构想》，载《对外汉语教学语法体系研究》，北京语言文化大学出版社 1999 年版。

梅重楠：《对越汉语词汇教学中的语素教学法研究》，硕士学位论文，吉林大学，2012 年。

苗丽霞：《国内第二语言词汇附带习得研究：现状与发展》，《外语界》2013 年第 5 期。

莫丹：《10 年来 CSL 词汇习得研究述评——与 EFL 对比的视角》，《华文教学与研究》2017 年第 3 期。

欧阳普全：《对外汉语报刊阅读教材练习编排的研究与分析——以三套中级对外汉语报刊阅读教材为对象》，硕士学位论文，中山大学，2010 年。

潘宏英：《语境在非目的语国家汉语课堂教学中的应用研究——以孟加拉汉语课堂教学为例》，硕士学位论文，云南大学，2012 年。

彭志平：《"言内语境"在汉语课堂教学中的设置与利用》，《世界汉语教学》2012 年第 1 期。

钱旭菁：《汉语阅读中的伴随性词汇学习研究》，《北京大学学报》（哲学社会科学版）2003 年第 4 期。

钱旭菁：《词义猜测的过程和猜测所用的知识——伴随性词语学习的个案研究》，《世界汉语教学》2005 年第 1 期。

钱旭菁：《基于词语联想的英语背景学习者汉语身体动作动词的习得研究》，博士学位论文，北京语言大学，2010 年。

乔印伟：《汉语阅读教学任务极其量化分析》，《世界汉语教学》2001 年第 2 期。

全香兰：《针对韩国人的汉语教学——"文字代沟"对对外汉语教学的启示》，《汉语学习》2003 年第 3 期。

桑显洁：《整词和语素在初级汉语学习者双字词识别中的作用研究》，硕士学位论文，中山大学，2014 年。

施春宏：《对外汉语教学本位观的理论蕴涵及其现实问题》，《世界汉语教学》2012 年第 3 期。

施雯：《中级对外汉语报刊阅读教材研究——以两部教材为例》，硕士学位论文，沈阳师范大学，2012 年。

施正宇：《词·语素·汉字教学初探》，《世界汉语教学》2008 年第 2 期。

舒华、张厚粲、Anderson，R. C.：《阅读中自然学习生词的实验研究》，《心理学报》1993 年第 2 期。

舒春晖：《传承语素在现代汉语颜色词构成中的使用及对外汉语词汇教学》，硕士学位论文，安徽大学，2013 年。

孙晓明：《国内外第二语言词汇习得研究综述》，《语言教学与研究》2007 年第 4 期。

孙晓羽：《留学生复合词认知中的语素意识》，硕士学位论文，北京语言大学，2004 年。

陶凌寅：《注释顺序和释义内容对不同水平欧美学生汉语生词习得的影响》，硕士学位论文，北京语言大学，2010 年。

汪礼俊：《语素教学及练习设计》，硕士学位论文，复旦大学，2010 年。

王春茂、彭聃龄：《合成词加工中的词频、词素频率及语义透明度》，《心理学报》1999 年第 3 期。

王春茂、彭聃龄:《重复启动作业中词的语义透明度的作用》,《心理学报》2000 年第 2 期。

王骏:《在对外汉语词汇教学中实施"字本位"方法的实验报告》,《暨南大学华文学院学报》2005 年第 3 期。

王丽:《对外汉语词汇教学中的语素教学研究》,硕士学位论文,四川师范大学,2011 年。

王丽宏:《初级汉语阅读教材练习设计考察》,硕士学位论文,北京语言大学,2007 年。

王宁:《论本源双音合成词凝结的历史原因》,载《古典文献与文化论丛》第 2 辑,杭州大学出版社 1999 年版。

王平:《语篇因素和学习者因素对语境词义猜测的影响》,《外语教学理论与实践》2009 年第 2 期。

王瑛、黄洁芳:《二语水平与二语词义猜测的关系研究》,《外语与外语教学》2014 年第 1 期。

王莹:《对乌克兰汉语词汇教学中的整词教学和语素教学研究》,硕士学位论文,兰州大学,2014 年。

王建彬:《词块教学法在中级对外汉语阅读教学中的应用》,硕士学位论文,山东大学,2011 年。

王建华:《关于语境的构成与分类》,《语言文字应用》2002 年第 3 期。

王若江:《由法国"字本位"汉语教材引发的思考》,《世界汉语教学》2000 年第 3 期。

王意颖、宋贝贝、陈琳:《语素义常用度影响留学生语义透明词习得的实证研究》,《语言文字应用》2017 年第 3 期。

王周炎、卿雪华:《语素教学是对外汉语词汇教学的基础》,《云南师范大学学报》2004 年第 5 期。

乌云赛汗:《结合语素法的对蒙大学中级汉语词汇教学设计》,硕士学位论文,山东大学,2013 年。

吴平:《浅谈对外汉语阅读课教学》,《北京第二外国语学院学报》1995 年第 3 期。

吴门吉：《中级汉语阅读教学调查与思考》，载《第十届国际汉语教学研讨会论文选》，万卷出版公司、北方联合出版传媒集团2010年版。

吴门吉、陈令颖：《词汇刻意学习与伴随性学习的比较研究——以初级水平东南亚学习者为例》，《华文教学与研究》2012年第3期。

吴思娜：《词汇知识、语素意识、词汇推理与二语阅读理解——来自结构方程模型的证据》，《世界汉语教学》2017年第3期。

［日］西槇光正：《语境与语言教学》，《语言教学与研究》1990年第4期。

相宜君：《对外汉语阅读教学实践现状及策略探究》，硕士学位论文，西安外国语大学，2012年。

肖贤彬：《对外汉语词汇教学中"语素法"的几个问题》，《汉语学习》2002年第6期。

邢红兵：《留学生偏误合成词的统计分析》，《世界汉语教学》2003年第4期。

邢红兵：《〈（汉语水平）词汇等级大纲〉双音合成词语素统计分析》，《世界汉语教学》2006年第3期。

徐洁：《与事件相关的传承语素构词及其在对外汉语词汇教学中的应用》，硕士学位论文，安徽大学，2014年。

徐晓羽：《留学生复合词认知中的语素意识》，硕士学位论文，北京语言大学，2004年。

许艳华：《复合词结构类型对词义猜测的影响》，《语言教学与研究》2014年第4期。

许艳华：《面向汉语二语教学的常用复合词语义透明度研究》，博士学位论文，北京师范大学，2014年。

寻阳、孙丽：《L2读者词汇知识深度与词义推测策略的成功运用》，《外语界》2006年第4期。

颜彦：《初级阶段汉语阅读课教材练习研究》，硕士学位论文，福建师范大学，2008年。

杨捷：《对外汉语语素教学的实施策略》，《语言文字应用》2006年S_2期。

杨倩：《语境在词汇教学中的释义作用和释义方式》，硕士学位论文，暨南大学，2010 年。

杨涛：《立足于对外汉语词汇教学的"语素法"》，硕士学位论文，湖北大学，2011 年。

杨晶晶：《基于语境理论的中级汉语综合课词汇教学研究》，硕士学位论文，四川师范大学，2009 年。

杨晓黎：《利用传承语素进行词汇教学的思考与实践》，载《第十届国际汉语教学研讨会论文选》，2010 年。

于小雨：《结合语境的对外汉语中级阶段综合课词汇教学模式研究》，硕士学位论文，北京语言大学，2008 年。

苑春法、黄昌宁：《基于语素数据库的汉语语素及构词研究》，《世界汉语教学》1998 年第 2 期。

赵玮：《汉语作为第二语言词汇教学"语素法"适用性研究》，《世界汉语教学》2016 年第 2 期。

赵玮：《"语素法"和"语境法"汉语二语词汇教学效果的对比研究》，《语言教学与研究》2017 年第 4 期。

赵玮：《语素法对汉语二语者词汇能力影响的实验研究》，《汉语学习》2018 年第 5 期。

赵蔚、陈永捷、陆伟忠：《近十年中外二语词汇习得研究比较——基于 14 种语言类期刊的比较分析（2004—2013）》，《外语界》2014 年第 4 期。

张博：《二语学习中母语词义误推的类型和特点》，《语言教学与研究》2011 年第 3 期。

张博：《关于词汇大纲语言单位取向问题的思考——兼议〈新汉语水平考试大纲〉"重大轻小"的收录取向》，《语言教学与研究》2015 年第 1 期。

张博：《提高汉语第二语言词汇教学效率的两个前提》，《世界汉语教学》2018 年第 2 期。

张浩、彭聃龄：《汉语的语境信息对抽象句和具体句回忆的影响》，《心理学报》1990 年第 4 期。

张剑：《对外汉语词汇教学中的语境设计》，《高校讲坛》2010 年第 31 期。

张凯：《汉语构词基本字的统计分析》，《语言教学与研究》1997 年第 1 期。

张荔、盛越：《语义相关和语义无关的词汇呈现法对二语词汇习得的影响》，《外语教学理论与实践》2009 年第 4 期。

张萍：《英汉语心理词库联想反应的具体性效应对比研究》，《外语教学理论与实践》2011 年第 3 期。

张贵荣：《通过语境教学转化接受性词汇为产出性词汇的行动研究》，硕士学位论文，广州大学，2011 年。

张江丽：《词义与语素义之间的关系对词义猜测的影响》，《语言教学与研究》2010 年第 3 期。

张江丽：《提供核心义对汉语第二语言学习者多义词词义猜测的影响》，《语言文字应用》2013 年第 4 期。

张金桥：《汉语词汇直接学习与间接学习效果比较》，《汉语学习》2008 年第 3 期。

张朋朋：《词本位教学法和字本位教学法的比较》，《世界汉语教学》1992 年第 3 期。

张如梅：《对外汉语阅读教材中的词汇积累问题》，《语言教学与研究》2012 年第 6 期。

张淑文：《浅谈英语阅读课的词汇教学》，《中山大学学报论丛》1999 年第 6 期。

郑媛：《对外汉语初级阶段阅读课教材的练习研究》，硕士学位论文，西北大学，2013 年。

曾敏：《对外汉语初级阶段副词教学语境设计研究》，硕士学位论文，湖南大学，2013 年。

周荐：《复合词词素间的意义结构关系》，载《语言研究论丛》（第六辑），天津教育出版社 1991 年版。

周健、廖暑业：《汉语词义系统性与对外汉语词汇教学》，《语言文字应用》2006 年第 3 期。

周天致：《面向国际汉语教学的语素教学法应用研究》，硕士学位论文，沈阳师范大学，2014 年。

朱文文、程璐璐、陈天序：《初级汉语学习者同形语素意识与词义推测、阅读理解的关系研究》，《世界汉语教学》2018 年第 2 期。

周小兵、钱彬：《汉语作为二语的分级读物考察——兼谈与其他语种分级读物的对比》，《语言文字应用》2013 年第 2 期。

朱勇：《汉语阅读教材编写中的若干对矛盾》，《语言教学与研究》2010 年第 6 期。

朱勇、崔华山：《汉语阅读中的伴随性词汇学习再探》，《暨南大学华文学院学报》2005 年第 2 期。

朱湘燕、周健：《留学生阅读中复合词词义猜测研究》，《语言文字应用》2007 年第 4 期。

左一飞：《字本位教学法实证研究及其对词汇教学启示》，硕士学位论文，吉林大学，2014 年。

Altman, R., (1997). "Oral production of vocabulary: A case study", In J. Coady, T. Huckin (eds.) *Second Language Vocabulary Acquisition*（《第二语言词汇习得》），上海外语教育出版社 2001 年版。

Baumann, J. F., Edwards, E. C., Font, G., Tereshinski, C. A., Kame'enui, E. J., and Olejnik, S. F., (2002). "Teaching morphemic and contextual analysis to fifth-grade students", *Reading Research Quarterly*, 2002. 37.

Baumann, J. F., Edwards, E. C., Boland, E., Olejnik, S. & Kame'enui, E. J., "Vocabulary tricks: Effects of instruction in morphology and context on fifth-grade students' ability to derive and infer word meaning", *American Educational Research Journal*, 2003. 40.

Bellomo, T. S., "Etymology and vocabulary development for the L2 college student", *Teaching English as a Second or Foreign Language* (TESL-EJ), 1999. 4 (2).

Bensoussan, M., Laufer, B., "Lexical guessing in context in EFL reading comprehension", *Journal of Research in Reading*, 1984. 7.

Bower, G. H., Karin, M. B., "Depth of processing pictures of faces and recognition memory", *Journal of Experimental Psychology*, 1974. 104.

Bowers, P. N., Kirby, J. R., "Effects of morphological instruction on vocabulary Acquisition", *Reading and Writing*, 2010. 23 (5).

Brown, T. S., Perry, F. L, Jr., "A comparison of three learning strategies for ESL vocabulary acquisition", *TESOL Quarterly*, 1991. 25.

Buikema, J. L, Graves, M. F., "Teaching students to use context cues to infer word meanings", *Journal of Reaing*, 1993. 36.

Carlisle, J. F., "Lexical processing of morphologically complex words in the elementary years", *Scientific Studies of Reading*, 2003. 7.

Carnine, D., Kameenui, E., and Coyle, G., "Utilization of contextual information in determining the meaning of unfamiliar words", *Reading Research Quarterly*, 1984. 19.

Chern, C. L., "Chinese students'word – solving strategies in reading in English", In T. Huckin, M. Haynes, J. Coady (eds), *Second Language Reading and Vocabulary Learning*, Ablex. 1993.

Clarke, D. F., Nation, I. S. P., "Guessing the meanings of words from context: Strategy and techniques", *System*, 1980. 8 (3).

Coady, J., Magoto, J., Hubbard, P., Graney, J. & Mokhtari, K., "High frequency vocabulary and reading proficiency in ESL readers", In T. Huckin, M. Haynes, & J. Coady (Eds.), *Second Language Reading and Vocabulary Learning*, Ablex, 1993.

Coady, J., (1997). "L2 vocabulary acquisition through extensive reading", In J. Coady, T. Huckin (eds.) *Second Language Vocabulary Acquisition* (《第二语言词汇习得》), 上海外语教育出版社2001年版。

Craik, F. I. M., Lockhart, R. S., "Levels of processing: A framework for memory research", *Journal of Verbal Learning and Verbal Behavior*, 1972. 11.

Craik, F. I. M., Tulving, E., "Depth of processing and the retention of words in episodic memory", *Journal of Experimental Psychology: General*, 1975. 104 (3).

Day, R., Omura, C., and Hiramatsu, M., "Incidental EFL vocabulary learning and reading", *Reading in a Foreign Language*, 1991. 7 (2).

De Groot, A. M. B., Keijzer, R., "What is hard to learn is easy to forget: The roles of word concreteness, cognate status, and word frequency in foreign-language vocabulary learning and forgetting", *Language Learning*, 2000. 50 (1).

Dupuy, B., Krashen, S., "Incidental vocabulary acquisition in French as a foreign language", *Applied Language Learning*, 1993. 4 (1).

Elgort, I., Warren, P., "L2 vocabulary learning from reading: Explicit and tacit lexical knowledge and the role of learner and item variables", *Language Learning*, 2014. 64 (2).

Erten, I. H., Tekin, M., "Effects on vocabulary acquisition of presenting new words in semantic sets versus semantically unrelated sets", *System*, 2008. 36.

Fillmer, H. T., "A Generative Vocabulary Program for Grades 4-6", *The Elementary School Journal*, 1977. 78 (1).

Finkbeiner, M., Nicol, J., "Semantic category effects in second language word learning", *Applied Psycholinguistics*, 2003. 24.

Folse, K., "One Japanese ESL learner's use of context clues to complete an assignment", Unpublished manuscript, 2002.

Freyd, P., Baron, J., "Individual differences in acquisition of derivational morphology", *Journal of Verbal Learning and Verbal Behavior*, 1982. 21.

Fukkink, R. G., De Glopper, K., "Effects of instruction in deriving word meaning from context: A meta-analysis", *Review of Educational Research*, 1998. 68.

Gass, S., "Discussion: incidental vocabulary learning", *Studies in Second Language Acquisition*, 1999. 21.

Gibbons, H., "The ability of college freshmen to construct the meaning of a strange word from the context in which it appears", *Journal of Experimental Education*, 1940. 9.

Gipe, J. P., Arnold, R. D., "Teaching vocabulary through familiar associations and contexts", *Journal of Reading Behavior*, 1979. 11.

Graves, M. F., Hammond, H. K., "A validated procedure for teaching prefixes and its effect on students' abllity to assign meaning to novel words", In M. L. Kamil, A. J. Moe (Eds.), *Perspectives on Reading Research and Instruction*, 29th yearbook of the national reading conference, National Reading Conferrence, 1980.

Graves, M. D., Baumann, J. F., Blachowicz, C. L. Z, Manyak, P., Bates, A., Cieply, C., Davis, J. R., and Gunten, H. V., "Words, words everywhere, but which ones do we teach?" *The Reading Teacher*, 2014. 67 (5).

Harris, M. L., Schumaker, J. B, and Deshler, D. D., "The effects of strategic morphological analysis instruction on the vocabularyperformance of secondary students with and without disabilities", *Learning Disability Quarterly*, 2011. 34 (1).

Haynes, M., Baker, I., "American and Chinese readers learning from lexical familiarization in English texts", In T. Huckin, M. Hay nes, J. Coady (eds.), *Second Language Reading and Vocabulary Acquisition.* Ablex, 1993.

Hirsh, D., Nation, I. S. P., "What vocabulary size is needed to read unsimplified texts for pleasure?" *Reading in a Foreign Language*, 1992. 8.

Huckin, T. N., Jin, Z., "Inferring word meaning from context: a study in second language acquisition", In ESCOL 86: Proceedings of the third eastern states conference of linguistics, Department of Linguistics, 1987.

Huckin, T., Coady, J., "Incidental vocabulary acquisition in a second language acquisition: a review", *Studies in Second Language Acquisition*, 1999. 21.

Hulstijn, J. H., "Retention of inferred and given word meanings: Experiments in incidental vocabulary learning", In P. J. L. Arnaud, H. Bejoint (eds.), *Vocabulary and Applied Linguistics.* Macmillan, 1992.

Hulstijn, J. H., (1997) "Mnemonic methods in foreign language vocabulary learning: Theoretical considerations and pedagogical implications", In J. Coady, T. Huckin (eds.) *Second Language Vocabulary Acquisition* (《第二语言词汇习得》), 上海外语教育出版社2001年版。

Hulstijn, J., Hollander, M., and Greidanus, T., "Incidental vocabulary learning by advanced foreign language students: The influence of marginal glosses, dictionary use, and reoccurrence of unknown words", *The Modern Language Journal*, 1996. 80 (3).

Jiang, Nan, "Lexical representation and development in a second language", *Applied Linguistics*, 2000. 21 (1).

Kaivanpanah, S., Alavi, S., "The role of linguistic knowledge in word – meaning inferencing", *System*, 2008. 36.

Kaivanpanah, S., Moghaddam, M., "Knowledge sources in EFL learners'lexical inferencing across reading proficiency levels", *A Journal of Language Teaching and Research*, 2012. 43 (3).

Kang, Sook – Hi, "The Effects of a Context – Embedded Approach to Second – Language Vocabulary Learning", *System*, 1995. 23 (1).

Ke Sihui Echo & Keiko Koda, "Contributions of Morphological Awareness to Adult L2 Chinese Word Meaning Inferencing", *The Modern Language Journal*, 2017. 101 (4).

Kelly, P., "Guessing: No substitute for systematic leaning of lexis", *System*, 1990. 18.

Koda, K., "The effects of transferred vocabulary knowledge on the development of L2 reading proficiency", *Foreign Language Annals*, 1989. 22.

Krashen, S., "We acquire vocabulary and spelling by reading: Additional evidence for the input hypothesis", *Modern Language Journal*, 1989. 73 (4).

Kruse, A., "Vocabulary in Context", *ELT Journal*, 1979. 33 (3).

Kuhn, M. R., Stahl, S. A., "Teaching children to learn word meanings from context: A synthesis and some questions", *Journal of Literacy Research*, 1998. 30.

Laufer, B., "What percentage of lexis is essential for comprehension", In C. Lauren & M. Nordman (Eds.), *From Humans Thinking to Thinking Machines*, Multilingual Matters, 1989.

Laufer, B., "Vocabulary acquisition in a second language: Do learners really acquire most vocabulary by reading? Some empirical evidence", *Canadian*

Modern Language Review, 2003. 59 (4).

Laufer, B., Shmueli, K., "Memorizing new words: Does teaching have any thing to do with it?" *RELC Journal*, 1997. 28 (1).

Laufer, B., Hulstijn, J. H., "Incidental vocabulary acquisition in a second language: The construct of task – induced involvement", *Applied Linguistics*, 2001. 22 (1).

Laufer, B., Nation, I. S. P, "A vocabulary – size test of controlled productive ability", *Language Testing*, 1999. 16.

Laufer, B., "How much lexis is necessary for reading comprehension?" In P. J. L. Arnaud, H. Béjoint, *Vocabulary and Applied Linguistics*. Macmillan, 1991.

Laufer, B., (1997a). "What's in a word that makes it hard or easy: some intralexical factors that affect the learning of words", In Schmitt, N., Carthy, M. M., *Vocabulary: Description, Acquisition and Pedagogy*(《词汇：描述、习得与教学》), 上海外语教育出版社2002年版。

Laufer, B., (1997b). "The lexical plight in second language reading: Words you don't know, words you think you know, and words you can't guess", In J. Coady, T. Huckin (eds.) *Second Language Vocabulary Acquisition* (《第二语言词汇习得》), 上海外语教育出版社2001年版。

Liu Na, Nation, I. S. P., "Factors affecting guessing vocabulary in context", *RELC Journal*, 1985. 16.

Liu Peilin, "Using eye tracking to understand the responses of learners to vocabulary learning strategy instruction and use", *Computer Assisted Language Learning*, 2014. 27 (4).

Markus, B., "Stroop interference in bilinguals: the role of similarity between the two languages", In Alice F. Healy & Lyle E. Bourne (eds.), *Foreign Language Learning: Psycholinguistic Studies on Training and Retention*. Lawrence Erlbaum Associates, 1998.

McDaniel, M. A., Pressley, M., "Putting the keyword method in context", *Journal of Educational Psychology*, 1984. 76 (4).

Meara, P., Jones, J, Eurocentres Vocabulary Size Test, Version E1. 1/K10. Zurich: Eurocentres Learning Service, 1990.

Mondria, J. A., Wit – de Boer, M., "The effects of contextual richness on the guessability and the retention of words in a foreign language", *Applied Linguistics*, 1991. 12.

Moore, J. S., "The context and the keyword methods: A method – comparative study in second – language vocabulary acquisition", Ph. D. diss., University of Wisconsin – Milwaukee, 1989.

Morrison, L., "Talking about words: A study of French as a second language learners' lexical inferencing procedures", *Canadian Modern Language Review*, 1996. 53 (1).

Nagy, W., (1997) "On the role of in first – and second – language vocabulary learning", In N. Schmitt and M. McCarthy (Eds.) Vocabulary description, acquisition and pedagogy (《词汇：描述、习得与教学》), 上海外语教育出版社 2002 年版。

Nagy, W., Herman, P., and Anderson, R., "Learning words from context", *Reading Research Quarterly*, 1985. 20.

Nash, H., Snowling, M., "Teaching new words to children with poor existing vocabulary knowledge: A controlled evaluation of the definition and context methods", *International Journal of Language & Communication Disorders*, 2006. 41.

Nassaji, H., "The relationship between depth of vocabulary knowledge and L2 learners' lexical inferencing strategy use and success", *Canadian Modern Language Review*, 2004. 61.

Nassaji, H., "L2 vocabulary learning from context: Strategies, knowledge sources, and their relationship with success in L2 lexical inferencing", *TESOL Quarterly*, 2003. 37 (4).

Nation, I. S. P., "Beginning to learn foreign vocabulary: A review of the research", *RELC Journal*, 1982. 13 (1).

Nation, I. S. P., Newton, J., (1997) "Teaching vocabulary", In J. Coady, T. Huckin (eds.) *Second Language Vocabulary Acquisition* (《第二语言词汇习得》), 上海外语教育出版社 2001 年版。

Nation, I. S. P., Wang, K., "Graded readers and vocabulary", *Reading in Foreign Language*, 1999. 12.

Nattinger, J., "Some current trends in vocabulary teaching", In R. Carter & M. McCarthy (Eds.). *Vocabulary and Language Teaching*, Longman, 1988.

Nicol, J. E., Graves, M. F., and Slater, W. H., "Building vocabulary through prefix instruction", Unpublished manuscript, Department of Curriculum and Instruction, University of Minnesota, Minneapolis, 1984.

Otterman, L. M., "The value of teaching prefixes and word – root", *Journal of Educational Research*, 1955. 48.

Pacheco, E. C. R., "Affixes as a strategy for vocabulary acquisition in a First year ESL college reading course", Ed. D. diss., University of Puerto Rico, 2005.

Paribakht, T. S., "The role of grammar in second language learning processing", *Language Teaching*, 2004. 35.

Paribakht, T. S., Wesche, M., "The relationship between reading comprehension and second language development in a comprehension – based ESL program", *TESL Canada Journal*, 1993. 11 (1).

Paribakht, T. S., Wesche, M., "Enhancing vocabulary acquisition through reading: a hierarchy of text – related exercise types", *Canadian Modern Language Review*, 1996. 52.

Paribakht, T. S., Wesche, M., (1997). "Vocabulary enhancement activities and reading for meaning in second language vocabulary acquisition", In J. Coady, T. Huckin (eds.) *Second Language Vocabulary Acquisition* (《第二语言词汇习得》), 上海外语教育出版社 2001 年版。

Paribakht, T. S., Wesche, M., "Reading and incidental´L2 vocabulary acquisition", *Studies in Second Language Acquisition*, 1999. 21.

Peter, N. Bowers, John, R. Kirby, "Effects of morphological instruction on vocabulary Acquisition", *Read Writ*, 2010. 23.

Pitts, M., White, H., and Krashen, S., "Acquiring second language vocabulary through reading: A replication of the Clockwork Orange study using second language acquirers", *Reading in a foreign Language*, 1989. 5 (2).

Pressley, M., Levin J., and McDaniel, M., "Remembering versus inferring what a word means: Mnemonic and contextual approaches", In M. McKeown, M. Curtis (eds.), *The Nature of Vocabulary Acquisition*. Lawrence Erlbaum Associates, 1987.

Prince, P., "Second language vocabulary learning: the role of context versus translations as a function of proficiency", *Modern Language Journal*, 1996. 80.

Qian, D. D., "Demystifying lexical inferencing: the role of aspects of vocabulary knowledge", *TESL Canada Journal*, 2005. 22 (2).

Ranjbar, M., "The relationship between grammatical knowledge and the ability to guess word meaning: The case of Iranian EFL learners with upper intermediate level of proficiency", *Theory and Practice in Language Studies*, 2012. 2 (6).

Rodriguez, M., Sadoski, M., "Effects of rote, context, keyword, and context/keyword methods on retention of vocabulary in EFL classrooms", *Language Learning*, 2000. 50 (2).

Rott, S., "The effect of exposure frequency on intermediate language learners' incidental vocabulary acquisition and retention through reading", *Studies in Second Language Acquisition*, 1999. 21 (4).

Saragi, T., "A study of English suffixes", Unpublished MA thesis, Sanata Dharma, Yogyakarta, Indonesia, 1974.

Saragi, T., Nation, I. S. P., Meister, G. F., "Vocabulary learning and reading", *System*, 1978. 6 (2).

Schmidt, R., "The role of consciousness in second language learning", *Applied Linguistics*, 1990. 11.

Schmitt, N., "Reviewarticle: instructed second language vocabulary learning", *Language Teaching Research*, 2008. 12 (3).

Shen, MingYue, Wu, Weishi, "Technical university EFL learners'reading proficiency and their lexical inference performance", *Electronic Journal of Foreign Language Teaching*, 2009. 6 (2).

Spencer, J., "Vocabulary acquisition: A comparison of three methods of teaching vocabulary", M. A. diss., California State University, 2000.

Stahl, S. A., "Differential word knowledge and reading comprehension", *Journal of Reading Behavior*, 1983. 15 (4).

Stahl, S. A., "To teach a word well: A framework for vocabulary instruction", *Reading World*, 1985. 24.

Stahl, S. A., Fairbanks, M. M., "The effects of vocabulary instruction: A model – based meta – analysis", *Review of Educational Research*, 1986. 56.

Stauffer, R. G., "A study of prefixes in the Thorndike list to establish a list of prefixes that should be taught in the elementary school", *Journal of Educational Research*, 1942. 35 (6).

Sternberg, R. B., "Most vocabulary is learned from context", In M. G. McKeown & M. E. Curtis (Eds.), *The Nature of Vocabulary Acquisition*, Lawrence Erlbaum Associates, 1987.

Sternberg, R. J., Powell, J. S., and Kaye, D. B., "Teaching Vocabulary – Building Skills: A Contextual Approach", in A. C. Wilkinson (ed.), *Classroom Computers and Cognitive Science*, Academic, 1983.

Thompson, E., "The 'master word' approach to vocabulary training", *Journal of Developmental Reading*, 1958. 2.

Tinkham, T., "The effect of semantic clustering on the learning of second language vocabulary", *System*, 1993. 21.

Tinkham, T., "The effects of semantic and thematic clustering on the learning of second language vocabulary", *Second Language Research*, 1997. 13.

Twaddell, F., "Uses of reading", *The Modern Language Journal*, 1973. 57 (8).

Van Hell, J. G., Mahn, A. C., "Keyword mnemonics versus rote rehearsal: Learning concrete and abstract foreign words by experienced and inexperience learners", *Language Learning*, 1997. 47.

Walters, J. D., "Methods of teaching inferring meaning from context", *RELC Journal: Regional Language Centre*, 2006. 37 (2).

Waring, R., "The negative effects of learning words in semantic sets: A replication", *System*, 1997. 25.

Waring, R., Takaki, M., "At what rate do learners learn and retain new vocabulary from reading a graded reader?", *Reading in a Foreign Language*, 2003. 15.

Webb, S., "The effects of synonymy on second – language vocabulary learning", *Reading in a Foreign Language*, 2007. 19.

White, T. G., Sowell, J., and Yanagihara, A., "Teaching elementary students to use word – part clues", *The Reading Teacher*, 1989. 42.

Wysocki, K., & Jenkins, J. R., "Deriving word meanings through morphological generalization", *Reading Research Quarterly*, 1987. 22.

Yuen, J., "Context clue detectives: Empowering students with a self – learning device through the teaching of context clues", M. A. diss., University of California, 2007.

Zhang, Baoguo, "Incorporating English morphological knowledge into ESL vocabulary teaching", D. A. diss., Idaho State University, 2009.

Zhang, Dongbo & Keiko Koda, "Contribution of morphological awareness and lexical inferencing ability to L2 vocabulary knowledge and reading comprehension among advanced EFL learners: testing direct and indirect effects", *Read Writ*, 2012. 25.

Zimmerman, C. B., "Self – selected reading and interactive vocabulary instruction: Knowledge and perceptions of word learning among L2 learners", Ph. D. dis., University of Southern California, Los Angeles, 1994.

Zimmerman, C. B., (1997) "Historical trends in second language vocabulary instruction", In J. Coady, T. Huckin (eds.) *Second Language Vocabulary Acquisition*（《第二语言词汇习得》），上海外语教育出版社2001年版。

后　　记

　　本书是在博士学位论文的基础上修改而成的。本书能以今天的面貌出现，倾注了我的导师张博教授的无数心血。选题之初，老师就以敏锐的眼光指出，目前汉语教学领域实证研究较为薄弱，可以对词汇教学法进行实验对比研究。由于我教学经验不足，老师亲自带我参加多位优秀教师主讲的英语、汉语阅读教学观摩课。在我论文准备和写作过程中，老师一步步帮助我认识选题的意义与价值，使我从杂乱无章的思考中梳理出头绪，确定最终的研究目标和研究内容。毕业之后，老师仍一直关心着我的研究进度，每次相见都提醒我需要进一步阅读的文献。在书稿即将付梓之际，老师又在百忙之中抽出时间为之作序，并审阅全书，提出了不少修改建议，甚至对词句不通顺、标点不当之处都进行了批注。毕业三年有余，竟还能得到老师如此细致的指导，学生感激涕零。

　　回想博士三年的学习生涯，老师深厚的思想底蕴、广博的理论视野、严谨的学术作风、谦和的学者风范让我体悟到了真正的治学精神。讨论课上老师的点评，总让我有醍醐灌顶之感，大到理论运用、文章架构，小到遣词造句、格式调整，点点滴滴的教导，直到现在仍让我感到受益无穷。

　　在生活中，老师一直不吝将她丰富的人生经验传授给我们，为人处世、待人接物，大大小小的事情老师都会照顾到、叮嘱到。对老师的感激之情已无法用言语表达，只能说一句，能够追随老师学习，实乃学生一生之幸。

　　衷心感谢我的硕士导师赵倩教授对我的培养，正是赵老师的言传身教，让我对词汇学产生了浓厚的兴趣，坚定了我攻读博士的决心。工作之后，与赵老师接触更多，才发现赵老师研究中敏锐专注，工作上极具理性，生活里又周全洒脱。每每与赵老师交流，都可敞开心扉，无所顾忌。张老师和赵老师都是真正的中文系学者，对我的人生和工作产生了重要的影响，我将终生铭记老师的教诲。

感谢北京师范大学朱志平教授，北京大学李红印教授，北京语言大学程娟教授、江新教授、苏英霞教授拨冗担任博士学位论文答辩专家，对我的研究工作和论文写作进行批评指导，各位先生的宝贵意见为我指明了研究方向，使我在以后的工作中受益无穷。

感谢北京师范大学丁崇明教授，北京语言大学江新教授、苏英霞教授、孟凯副教授，北京大学钱旭菁副教授在百忙之中参加我的论文开题，对实验设计和前期工作多有指正，提出了极具启发性的意见和建议。

北京语言大学陈军、赵秀娟、吴春仙、蒋蓉、管延增、黄柏林、丛琳、魏耕耘、吴铮等诸位老师对本研究提供了大力支持，为教学实验提供了大量指导和帮助，在此表示由衷的谢意。青岛大学高珊老师在数据处理方面提供了巨大帮助，陕西师范大学范莎老师对调查问卷英文翻译进行了细致的校对，对此表示真诚的感谢。特别感谢广西师范学院杨绪明老师、海南师范大学安福勇老师、长春师范大学付丽敏老师、沈阳师范大学唐淑宏老师、云南曲靖师范学院张爱卿老师、新疆石河子大学裴蓓老师、浙江工商大学孙鹏飞老师、郑州航空工业管理学院路沥云老师在语料处理上给予的帮助和对本书的批评指正。

真诚地感谢北京语言大学胡翔老师对我生活上的关心和爱护。感谢上海大学李慧老师、青岛大学张连跃老师在问卷设计方面给予的建议。感谢李美香老师、金雄老师在韩语汉字词判定和韩语翻译上提供的帮助。感谢程潇晓老师在论文写作过程中的陪伴、照顾，为我论文评阅和答辩付出的辛劳，以及多年来在科研上的共同探讨、生活工作上的时时关心。感谢萧贸元老师帮助我校对论文，特别是对论文参考文献部分缺漏文献的核查，工作之精细让我万分感动。感谢北京语言大学李华、苏向丽、于洋老师，中国社会科学院语言研究所付娜老师，华侨大学孙菁老师，北京交通大学刘竹林老师，上海财经大学付冬冬老师、王艺璇、赵凤娇、张妍师妹、田明明师弟等众多同门为本文的撰写和完善提供的无私帮助。

最后，还要特别感谢云南大学王卫东教授、罗江文教授、董秀团教授、保明所副教授、赵燕珍副教授、王仲黎副教授、马艳副教授、刘丽辉老师一直以来对我的教导、督促与帮助。感谢云南大学文学院各位领导对本书出版的支持。

在这些年里，我得到了太多的关心和帮助，再次向所有帮助和关心我的师长同门致以深深的谢意！

赵玮

2019 年 3 月 15 日